모두가 행복한 교육공동체를 꿈꾸다

이우학교 사용설명서

모두가 행복한 교육공동체를 꿈꾸다

이우학교
사용설명서

• 201동 모임 지음 •

부모들이 왜 책을 쓸까?

2015년 봄, 동네에서 열린 공부 모임에 참여했을 때의 일이다. 자기소개 시간에 이우학교 학부모라고 소개를 했다. 동네에서 이우학교를 모르는 사람들이 없으니 그게 친근함을 줄 수 있을 것으로 생각했었다. 하지만 반응은 전혀 예상외였다. '이우'라는 말을 내뱉는 순간 조용해지면서 경계감, 이질감이 느껴졌다. 그렇게 자기소개는 엉망으로 끝나버렸다. 그리고 그것은 끝이 아니었다. 공부 모임이 다 끝난 뒤 어떤 분이 다가와 물었다. "이우 애들도 다 과외 한다면서요?" 이 질문의 의미는 뭘까? 이우학교는 사교육 안 시키는 학교로 잘 알려진 곳인데 굳이 처음 만난 사람한테 와서 '당신들 과외 하지?'라고 묻는 이 상황이 무척 당황스러웠다.

도대체 무엇이 문제인 것일까? 이우학교는 늘 지역사회와 소통하고 협업하기 위해 고민 해왔는데, 정작 지역 내에서 이우는 환영받지 못하고 있었다. 전혀 상상치 못한, 지역 주민들의 반응은 이우학교가 어떤 존재이고 이 사회에 어떻게 비치고 있는지에 대해 고민하게 했다.

이우학교는 정말 어떤 곳일까?

이우학교 내부자로서 이우에 대한 자부심이 없지 않았다. 교육 혁신에 이바지한 학교이고 훌륭한 교육시스템과 교사들이 있는 학교라고 자부했다. 특히 한국 사회에서 사라져가는 공동체적 삶에 대한 지향이 분명하고 그것을 실천하기 위해 노력하는 곳이라는 데 자부심이 있었다.

그러나 사실 사람들은 이우학교에 대해 잘 모른다. 옛날 TV 다큐멘터리 영상이나 서울대 간 졸업생이 쓴 책을 읽고 환상을 키우거나, 전형에서 탈락하는 부모들은 입학기준이 불분명하다며 교육청에 민원을 넣었다. 재벌가나 정치인의 아이가 다니는 귀족학교라며 비아냥거리기도 하고, 반대로 '행복한 학교생활과 대학진학'이라는 두 마리 토끼를 잡을 수 있을 거라는 기대로 이우학교를 바라봤다.

그러나 이우학교 생활은 그런 것들과는 거리가 멀었다. 모든 아이에게 좋은 학교이긴커녕 대한민국의 흔한, 아이 교육에 극성인(?) 평범한 부모들이 내 아이의 성공이란 욕망과 공동체 규범 사이에서 갈지자를 그리며 갈팡질팡하는 곳이었다. 끊임없는 아이들 문제와 관계의 어려움으로 힘들어하면서 평생 갖고 살아온 자신의 습관과 싸우며 성장하는 치열한 전쟁터였다. 이우학교를 향한 질투의 시선들, 이우학교를 대학진학 성공의 발판으로 이용하려는 욕망들 모두 틀렸다.

이우학교는 쉽지 않다

이우학교는 '다양한 주체들이 소통하고 협력하는 교육의 장場이다. 이우학교는 '벗과 함께以友' 배우고 실천하는 삶을 지향하며, 학생과 교사, 학부모, 지역사회가 함께 새로운 미래를 만들고 모두 '이우以友'하는 사람으로 성장하길 소망한다.

그러나 이런 교육철학과 가치를 지켜내기는 쉽지 않다. 교육도 돈만 있으면 살 수 있는 서비스라는 인식이 확산하고 있고, 파편화되고 있는 개인주의는 협력을 통해서만 유지되는 이우학교 시스템에 큰 위협이 되고 있다. '우리의 아이'가 아니라 '내 아이'에 몰입하는 부모들, 이우가 어떤 곳인지 잘 모르고 들어오는 부모들이 공동체 속에 수없이 많은 실금을 내고 있다. 지금 이우학교는 초 경쟁, 무한 질주의 흐름에 대항해서 철학과 가치를 지켜내기 위해 힘겨운 싸움을 벌이고 있다. 그래서 우리는 결심했다. 이우가 어떤 곳인지 알려줘야겠다고. 이우학교 안에서 부모들이 어떻게 살아가는지, 힘겹게 지키려고 하는 가치는 어떤 것인지 말이다.

지금 이 책을 읽는 당신에게

매년 이우학교 설명회에 수천 명이 참여한다. 그러나 우리는 이우학교에 대한 그 뜨거운 관심이 우려스럽다. 이우학교가 지향하는 가치와 철학을 이해하는지, 이우라고 하는 공동체를 유지하기 위해 최선을 다할 의지가 있는지 묻고 싶다. 이우에 대한 환상, 아이에 대한 욕망을 버리고 이우학교의 가치와 철학을 잘 이어갈 만한 사람들이 지금 필요하다. 부디 이 책이 그런 아이와 부모에게 좋은 선택을 하는 데 길잡이가 되었으면 좋겠다.

2023년 지금 이우학교를 지원하려는 분들께

이 책은 이우중학교 11기(2013년 입학), 이우고등학교 14기(2016년 입학) 부모들의 이우학교 경험기이다. 이 책이 나온 지 햇수로 5년이다. 그사이 코로나19는 이우학교에 엄청난 변화를 가져왔다. 늘 얼굴을 맞대고 부대끼던 교육 현장이 온라인 세계로 옮겨졌다. 그러나 이우는 이 변화에 잘 적응했고 온·오프라인이 융합된, 더욱 업그레이드된 교육 환경을 만드는 기회가 되기도 했다. 늘 새로운 환경에 적응하며 변화하는 이우학교이기에 5년 전의 경험은 이미 쓸모를 다했다는 판단에 절판을 결정했었다.

하지만 이 책을 다시 내게 된 이유는 이우학교가 구현하고자 하는 목표, 도전, 상상의 거대한 흐름은 변함없고, 여전히 이우학교에 대해 너무 모른 채 학교에 들어오는 사람들이 많기 때문이다. 이우학교가 왜 세워졌고 무엇을 꿈꾸는지 여전히 사람들과 나눌 필요가 있고 그 일에 이 책이 아직은 유효하다는 요청이 있어 부족하지만 새로운 내용을 추가하여 다시 내게 되었다.

그러나 이 책은 특정 학년의 일정 기간의 경험에 대한 매우 주관적인 기록이라는 점, 현재 이우학교의 구체적인 변화를 담지 못한다는 한계는 있다. 다만 이우가 지키려고 하는 가치, 이우교육의 특징과 의미, 이우학교에서 겪는 실패와 좌절, 그리고 기쁨에 대한 솔직한 기록이라는 점은 분명하다.

이우학교는 아이들의 고유한 힘을 찾아내 발현시킬 뿐 아니라 학부모 또한 건강하고 행복한 공동체를 만드는 사람들로 성장시킨다. 이우학교 내에서의 좌충우돌 부모 성장 이야기가 행복한 교육을 꿈꾸는 다른 분들에게 좋은 교육, 좋은 배움과 성장이 무엇인지 고민하는 계기가 되기를 바란다.

이우학교는?

이우학교는 공교육 개혁의 모델을 자임하며 등장한 대안학교였다.

이우학교는 2003년 9월 개교한 인가 대안학교다. 하지만 이우학교의 시작은 훨씬 더 전으로 올라간다. 1997년 국가의 미래를 위해서 그리고 기능정지 상태에 빠진 당시의 공교육 현실에 대한 대안을 마련해보고자 7명의 사람들이 모여 '(가칭)내일을 여는 학교'를 설립하기 위한 준비를 시작했다. 2001년 7월 드디어 32명의 학교 설립 추진위원회가 구성되어 첫모임을 가졌다. 이들에게는 교육이 그리고 사회가 바뀌지 않으면 대한민국의 미래도 바뀌지 않을 것이란 절박함이 있었다. 그리고 도시에서 공교육 개혁 모델을 협동의 원리를 바탕으로 구현해내겠다는 열망이 있었다.

학교설립추진위원회는 2003년 봄 개교를 목표로 학교 설립을 결정하고, 학교 이름을 '이우학교'로 정하였다. '이우'는 신영복 선생님이 지으신 이름으로 친구와 진정한 우정을 나눈다는 의미이자, 천지만물을 벗 삼는다는 의미를 갖고 있는데 당시에는 발음도 어렵고 낯설다는 의견이 많았다고 한다. 그럼에도 오히려 그 낯섦, 새로움, 그리고 학교의 교육철학을 잘 담고 있어 이우학교가 세상에 나오게 되었다.

이우학교는 '민립학교'다.

추진위원회에서는 학교 설립에 필요한 예산을 약 70억 원으로 예상했는데, 이 중

20억 원 정도는 100인의 시민 설립자를 모아 마련하고 나머지는 기부금 등을 통해 마련하기로 계획을 세웠다. 100인의 시민설립자는 순조롭게 모을 수 있었다. 그야말로 뜻있는 시민이 십시일반 하여 세운 민립학교인 것이다. 이는 당시 대한민국 공교육의 문제에 대한 공감대가 높았다는 것과 새로운 교육 모델에 대한 갈망이 컸다는 것을 보여준다. 하지만 기부금 마련은 예상보다 쉽지 않았다. 그리고 막상 학교를 짓기 시작하니 예상했던 건축비가 크게 늘어났다. 결국 예상했던 70억 원을 훌쩍 넘어 100억 원이 넘게 들었다. 학교 설립을 중단할 수 없었던 설립자들은 개인 대출을 받아가면서까지 예산을 마련했고, 여러 가지 우여곡절 끝에 드디어 2003년 9월 학교가 문을 열었다. 그리고 이우학교 시민설립자들에겐 15억 원의 대출이 남았다.

이우학교의 주춧돌은 이우교육공동체다.

100인의 시민설립자들은 '이우교육공동체'라는 조직으로 이름을 바꾸고 이우학교의 법적인 설립 주체가 되었다. 이우교육공동체는 이우以友 가치와 학교 철학을 만든 사람들이고, 그 정신을 잃지 않도록 유지하는 담지체이며, 학교 교육의 공공성과 민주성을 유지하고 누군가의 학교가 되지 않도록 감시 견제하는 파수꾼이다. 또한 지금까지 재정적으로 이우학교에 대한 무한책임을 지고 있는 세상에 둘도 없는 바보들이다.

2019년 이우교육공동체 총회에서 축하할 일이 생겼다. 개교 후 설립자들이 떠안았던 부채 25억 원을 드디어 15년 만에 다 갚았다는 것이다. 2003년 떠안았던 빚은 25억 원이었는데, 2019년까지 들어간 금융비용이 15억 원이었다. 이 모든 걸 설립자들이 계속 나눠 지며 그 오랜 세월을 버틴 것이다. '축 빚 청산'이라고 플래카드라도 걸어야 하는 거 아니냐'며 다들 즐거워했다. 도대체 이 바보 같은 사람들은 뭘까? 이 정도면 이우학교를 완전히 접수하겠다고 나설 법도 한데, 오히려 반대다. 이우교육공동체는 학교에 대한 실효적 지배권을 행사하지 않는다. 설립자가 행사할 수 있는 권리를 모두 이사회와 교사회에 위임했다. 학교의 공적 운영을 위해 권리와 권한을 위임한 사례는 사립학교 운영의 새로운 전형이라 할 수 있다.

바보정신을 계승하다.

우리 아이들이 2016년 이우고에 입학하던 해, 개교 당시 재정 부족으로 짓지 못했던 학습관을 개교 13년 만에 짓게 되었다. 교육청과 성남시에서 건물을 짓는 데 보조금을 지원받았다. 하지만 그건 건물을 짓는 비용일 뿐 그 안을 채우는 비용은 지원이 되지 않았다. 여기저기 수소문을 해 여러 가지 교육에 필요한 기자재 등은 후원으로 채워나갈 수 있었지만 그것도 한계가 있었다. 이우 구성원 모두가 참여하여 학습관 건립 모금을 시작했다.

농사를 짓는 사람은 농산물을 내놓는 등 십시일반 하여 기부금을 내주었다. 그 밖에도 부모들끼리 재정 마련을 위한 바자회 등을 해서 돈을 모았다. 그렇게 학습관은 완성되었다. 더 이상 교실이 없어 한밤중까지 수업이 미뤄지는 일도 없었고, 좀 더 다양한 방식의 수업이 가능하게 되었다. 학교를 세운 시민설립자들의 정신을 지금 부모들도 이렇게 이어가고 있다.

사립학교는 학교 운영비의 대부분을 시도교육청 재정결함보조금 형태로 지원받는다. 세금으로 사적 기관을 보조하는 셈이다. 그게 가능한 건 교육을 하는 곳이라는 특수성 때문이다. 일반 사학의 경우 재정 책임을 학교법인의 이사장이 맡는다. 이우학교는 설립 때부터 일반 시민들의 후원을 받아 만들어졌고, 유지되어 왔다. 교육청은 학부모들이 학교에 기부금을 내는 행위의 자발성과 대가성 여부를 엄격하게 관리한다. 사회적으로도 이 부분에 대해 엄격한 잣대를 들이댄다. 수없이 많이 보아 온 사학 비리로부터 배운 학습 효과다. 그러나 학교 발전기금이나 학교법인 기부금이 말 그대로 대가성 없는 자발적 동기에 의한 기부라면 그것은 오히려 사회적으로 확대되어야 할 가치다. 그래서 소득공제 같은 혜택도 주는 것이다.

재정책임을 소수가 독점할 경우 교육의 공공성이 훼손될 수 있다. 학교 운영의 민주주의도 퇴색될 수 있다. 그렇게 되지 않도록, 지금까지 이우교육공동체가 떠맡아 왔던 학교 재정의 책임을 이우학교 구성원 모두가 분담할 필요가 있다.

모두가 주인인 학교 운영의 원리를 만들다.

이우학교의 설립은 단지 새로운 학교, 공교육 혁신을 위한 학교에 그치는 것이 아니다. 공동체성에 토대를 두고 학교와 마을, 지역에서의 새로운 삶의 방식을 시도하는 것이 학교 운영원리에 녹아있다. 이우학교 설립은 아이들을 위한 교육과 더불어 부모, 교사, 지역사회까지 모두의 삶의 방식을 바꾸는 기획이다. 그리고 그러한 삶의 방식을 계속 창출하고, 익히고 배우고 수정해가는 곳이다.

우리는 일반 사학들이 이사장과 그 친인척의 횡포와 비리의 온상이 되어온 것들을 너무 많이 봐왔기 때문에 100인 시민설립자는 그 누구의 학교가 아닌 모두의 학교가 될 수 있도록 학교의 공공성을 지키기 위한 운영원리를 만들었다.

이것은 민주적 이사회, 형식적이 아닌 학교의 실질적 주체가 되는 교사회, 교육소비자가 아닌 교육 동반자로서의 학부모회, 그리고 여러 교내 의사결정에 참여할 수 있는 학생회를 구성하는 것으로 구현되었다.

이우학교

이우학교, 누구나 잘 아는 것 같지만, 정확하게 알지는 못하는 학교입니다. 이 책은 부모님들이 직접 보고 듣고 경험하면서 느낀 이우학교에 대한 안내서입니다. 단순히 이우학교를 소개하는 것을 넘어서, 이우학교의 꿈과 희망, 그 속에서 살아가는 사람들의 살아있는 이야기를 부모님들의 생각과 느낌으로 생생하게 담아낸 최초의 책이기도 합니다.

교육수요자 입장에서 학교를 이런저런 서비스를 제공해야 하는 곳으로 여기지 않고, 부모님들이 직접 참여하고 경험한 학교를 자신들의 언어로 정직하게 표현했다는 점에서도 이 책은 감동입니다. 부모님들에게 이우학교는 '학교'가 아니라 '삶' 자체였습니다. 그 과정에서 자신들도 변화하고 성장하면서 좋은 어른, 좋은 사람이 되어간 셈입니다. 삶으로부터 나온 말, 그리고 그 삶을 넘어선 말이 주는 감동이 마음에 오랫동안 머물렀습니다.

책을 읽으며 많이 뭉클했습니다. 더불어 사는 세상을 꿈꾸는 이우학교의 뜻과 마음을 실현하기 위해 노력하는 사람들, 무엇보다 그 속에서 고민하고 도전하고 실패하고 성장하는 아이들의 이야기는 저에겐 가장 큰 사랑이고 자랑입니다. 아이들이 이 책의 주인공입니다.

　오래 천천히 읽었고 밑줄 긋고 싶은 문장들이 많았으며 함께 읽고 이야기 나누고 싶은 마음도 커졌습니다. 책의 저자가 되어주신 부모님들 고맙습니다. 우리 아이들이 자신과 세상을 사랑하고, 삶의 아름다움과 행복을 느끼며 살아가길 기원합니다.

이우학교장 김철원

차례

프롤로그

나는 왜, 어떻게 아이를 이우학교에 보냈는가?

"어떻게 하면 이우학교에 들어갈 수 있어요?"

이우학교를 다닌다고 하면 주위 사람들에게 가장 흔하게 듣지만 대답하기 가장 난감한 질문이다. 늘 '잘 모르겠다'라고 대답하는데, 그게 사실이다. 학생선발 기준을 정확한 어휘로 설명할 수 있는 사람도 없고, 입학한 아이들을 보더라도 다 다르기 때문에 어느 하나의 정해진 기준에 의해서 선발되었다고는 볼 수 없다. 오히려 최대한 다양한 아이들을 골고루 뽑는다고 하는 것이 맞을 듯하다.

그럼 혹시 부모들에게 어떤 공통점이 있는 것은 아닐까 싶지만, 그렇지도 않다. 설사 같은 학년 아이들간 약간의 공통점이 있다 하더라도 또 학년마다 그것이 다르다.

그렇다면 이우학교에는 어떤 부모들이 관심을 갖고 어떤 아이들이 지원하는 것일까? 그래서 이우학교에 입학한 아이들의 부모에게 이우학교에 아이를 보낸 이유를 물어보았다. 역시나 부모들의 답변은 다 달랐다.

- 거친 경쟁 속에서 혼자 버텨나갈 자신이 없었다. 생각이 비슷한 사람들과 함께하고 싶었다.

- 아이가 선생님이나 친구들에게 성적으로 평가받지 않고, 주위 시선으로부터 자유롭고 스스로도 자유롭게 살 수 있었으면 했다.

- 아이 특성과 개성을 잘 살릴 수 있는 학교를 찾았다. 자기세계가 강한 아이가 자신의 세계를 깨고 나와 환경에 잘 적응하고 자주적인 삶, 공동체적 삶을 배울 수 있는 학교를 찾아왔다.

- 정규교육이든 대안교육이든 학교는 다 비슷하다고 생각했다. 다만 최소한 거짓이나 사건 사고가 없는 학교를 원했다. 이우학교가 정직한 학교일 것 같았고, 인문교육이 강한 이우학교가 아이 특성에도 잘 맞을 것 같았다.

- 초등학교 졸업 당시 여러 가지 문제가 있어서 지원해야 할 학교를 찾고 있었다. 그러다 이우학교가 생각났고 지원하게 되었다. 특히 인문학적 소양을 중요하게 여기는 점이 매력적이었다. 큰 기대나 준비 없이 학교에 오게 되었다.

- 나의 학창시절을 돌이켜봤을 때 교사폭력, 성적 중심의 학교운영, 비도덕적이고 비교육적인 학교시스템이 너무 싫었다. 아이를 초등학교 보내면서 그 기억이 떠올라 대안학교를 찾았고, 기숙형이 아닌 학교를 찾다보니 이우에 오게 되었다.

- 학교 설립 때부터 이우에 대한 소문을 들었다. 초창기에 옷 만들고, 농사 짓고, 목공 수업이 있다는 것을 알고 나서 당연히 이우에 보내야겠다고 생각했다.

이우학교에 들어가는 방법, 이우학교의 학생선발 기준은 명확하게 알수 없지만, 부모들이 어떤 마음으로 아이를 이우학교에 보내고자 했는가를 엿볼 수 있다.

왜 이우학교였을까?
이우학교를 지원하게 된 계기 또는 이유는 대략 다음의 네 가지 정도로나눠진다.

첫 번째 이유, 과도한 입시경쟁으로 아이들의 인성이나 진정한 실력향상이라는 본래의 교육목적은 안중에도 없는 공교육의 피해자가 되기 싫어서이다. 부모들은 아이들을 '설국열차'에서 내리게 하고 싶었다.
일반 학교에서 아이들의 삶은 하나의 직선 위에 놓여있는 것으로 취급된다. 좋은 성적을 얻어서 좋은 대학에 진학하고, 좋은 직장에 입사하는위로만 향한 직선의 삶. 일단 취직하고 나면 그 이후의 삶은 어떻게 될지,그 앞에는 어떤 것들이 놓여있는지 어떻게 살아야 하는지는 안중에 없다.일단 출발선에 선 이상 그 길을 따라 뛰어야 한다. 그것도 가능하면 선두에 서서 달려야 한다. 왜 그래야 하는지, 그 길은 어디를 향하고 있는 것인지 알 수 없지만, 남들이 다 가는 그 길을 나만 가지 않는다면 어떻게 될까 불안해진다. 그 길에 있다 하더라도 '낙오하면 어쩌지?' '뒤처지면 어쩌지?' '끝까지 달리지 못하면 어쩌지?' 하는 두려움에 사로잡힌다. 자식들의 삶에 불안감을 가진 부모들은 자신과 같은 불안감을 지닌 사람들과 어깨동무를 하고 싶다. 나 혼자만의 두려움이 아니라는 것을 느끼고 싶다.

나 혼자서는 현실의 교육 문제와 싸워 이길 수 없지만 뜻이 같은 사람 여럿이 모이면 함께 싸울 수 있을 것 같아서이다. 어쩌면 '설국열차'의 맨 끝 칸에 있었을지도 모를, 어쩌면 맨 앞 칸에서 열심히 페달을 밟고 있었을지도 모를 우리 아이를 그 열차에서 내리게 하고 싶었다.

두 번째 이유, 이우학교에 대한 별다른 기대 없이 어쩌다 보니 이우학교에 보내게 되었다.

아이가 중학교에 진학할 때가 되었다. 누구나 다 그러하듯이 집 근처 학교에 배정받아 보내는 것 말고는 별다른 계획이 없었다. 그러다 우연히 주위에서 누군가가 이우학교에 진학했다는 이야기를 들었다. 이우학교에 대해서 모르는 바는 아니나 궁금함이 생겨 인터넷을 검색해봤다. EBS 다큐멘터리에 나온 걸 보니 나쁘지 않은 것 같았다. 마침 집에서도 가깝다. 평소에 아이교육에 열성을 낸 적이 없었는데, 갑자기 이우학교에 보내보겠다는 생각이 들었다. 부랴부랴 이우학교 설명회에 참여하고, 학교를 직접 둘러보았다. 원서를 다운로드 받아 작성하고 추천서를 첨부해 원서를 넣었다. 그런데 붙었다!

세 번째 이유, 더 나은 배움은 가능하다고 믿고 그런 교육을 찾았다.

어려서부터 공동육아를 시켰다. 좀 더 인격적이고 참다운 교육 환경을 원했다. 배움이 즐거울 수는 없는 것일까? 아이들이 즐거운 학교생활을 하는 것은 불가능한 것일까? 아이를 성적이 아닌 아이 그 자체로 봐주는 학교는 없는 것일까? 그런 학교를 찾다가 이우학교에 지원하게 되었다.

아이마다 배움의 속도가 다른데 모두 똑같은 속도로 배우고 일방적인 방식으로 평가받는 것이 아이를 힘들게 했다. 부모의 기대에 부응해야 한다는 부담감, 늘 잘해야 한다는 기대 때문에 아이는 하루도 쉴 틈이 없었다. 성적으로 아이의 모든 것이 재단되고 성적에 비관하고 미래에 대해 불안해하는 학교에서 진정한 배움이 있을 수 없었다. 내 아이가 10대를 그렇게 불행하게 보내는 것을 원치 않았다. 모든 아이마다 개성이 있고 특기가 있다. 그 모든 것이 하나하나 소중하게 인정되고 잘 살릴 수 있는 학교를 원했다. 또 어디서든지 자주적인 삶을 살고 공공의 선을 추구하며 사는 그런 삶을 배우길 바랐다. 그래서 이우학교에 지원하게 되었다.

네 번째 이유, 특별한 교육을 이우에서는 받을 수 있을 것 같았다.

이우학교가 귀족학교라는 소문은 개교 초기부터 지금까지 계속되고 있다. 물론 개교 초기 수업료가 일반학교들과 비교해 비쌌던 건 사실이지만 귀족학교로 불릴 정도는 아니었다. 교육과정이 일반학교와 다르기 때문에 귀족학교 이미지가 있을 수 있다. 토론식 수업, 다양한 학생 자치활동, 해외통합기행과 한여름 밤의 꿈, 인턴십 같은 융합형 교육과정 등이 일반학교의 강의식, 주입식 교육과는 달랐기 때문에 특별해 보일 수 있다. 아이를 다그치지 않아도 아이가 안전하고 행복하게 학교생활을 하고 게다가 대학까지 진학할 수 있다고 하니 더 좋아 보였을 것이다. '행복한 학교생활'과 '대학진학'이라는 두 마리 토끼를 잡을 수 있다는 기대감에 이우학교를 지원하는 부모들이 적지 않았다.

이우의 지극히 평범한 부모와 아이들

아이를 이우학교에 진학시킨 이유는 어찌 보면 지극히 평범한 것일 수 있다. 우리나라 공교육의 문제점을 느끼지 않는 학부모는 없을 것이고 그러므로 대한민국의 모든 부모는 자식을 어떻게 교육해야 할지 고민한다. 안타깝게 고민은 하지만 대안을 찾지 못해 그저 많은 사람들이 하는 대로 일반 학교에 진학시키게 된다. 이우의 학부모들은 이우학교라는 곳이 있다는 것을 알았고, 한번 보내면 어떨까 생각했을 뿐 일반 학교에 진학시킨 부모들과 크게 다르지 않다. 아이들은 어떤가. 아이들은 더 말할 나위가 없다. 그 부모의 그 아이들 아니겠는가.

처음 이우에 발을 들인 부모와 아이들은 여전히 두렵고 걱정스럽다. 과연 내가 가지고 있는 두려움을 여기서 해결할 수 있기나 한 것일까?

'우리 아이가 어떻게 하면 행복해질 수 있을까?'

'우리 아이는 과연 자신이 원하는 것을, 그리고 자신만의 장점을 찾아낼 수 있을까?'

'어떻게 하면 낙오하지 않을 수 있을까?'

'과연 이 무한경쟁에서 살아남을 수 있을까?' 등등.

평범한 이우학교의 학부모들은 이런 질문을 진지하게 던졌고, 그 답을 찾기 위해서 행동했고, 그리고 이우학교에 아이를 입학시켰다. 어찌 보면 공교육에서 살아남기 힘들어 도피한 것일 수도 있고, 어떻게 보면 극성스러운 부모여서일 수도 있다. 회사를 옮기고, 집을 이사하고 다른 자녀들을 전학시키면서까지 이우학교에 오기 위해 노력했으니 말이다. 그러나 문제는 이우에 왔다고 해서 모든 아이가 행복하거나 놀랄 만큼 성장하거나 하지는 않는다는 점이다. 오히려 이우에 들어오는 순간, 이우 입학 합격을 확인하는 순간부터 치열한 이우 부모살이가 시작된다.

■ 혁명과 같은 변화를 몰고 온 이우 입학

2013년 봄!! 우리 가족에게 혁명과도 같은 삶의 변화가 찾아 왔다. 큰딸 아이가 이우중학교에 들어가면서 가족 개개인에게 질풍노도와 같은 변화가 시작된 것이다.

우리 큰딸은 고삐 풀린 망아지처럼 24시간의 세상이 몽땅 자기 것인 양 들뜬 표정으로 하루하루를 살아냈다. 가족 밖에 모르고, 부인 밖에 모르던 남편은 항상 꿍꿍이를 숨기고는 호시탐탐 밖으로 나갈 궁리를 하는 듯 보였다. 급기야 그전에는 언감생심 생각지도 못했던 혼자만의 일탈을 감행했으니, 주말 아침이면 학부모 동아리 이우FC Football Club 일원이 되어 꽁무니 빠지게 운동장으로 달려갔던 것이다. 또한 학교 행사와 모임으로 귀가가 늦어지기 일쑤였다. 둘째 아이는 갑자기 바뀐 가족들의 행동에 부모 형제 잃은 고아가 된 듯 망연자실, 외로움을 혼자서 삭이고 있었다. 가장 큰 복병은 엄마인 내 안에 숨어있었다. 항상 똘똘 뭉쳐 함께 움직였던 가족이 하루 아침에 각자 독립을 외치며 뿔뿔이 흩어져 집안은 고요하고 적막했으니 감당하기 어렵고 현실을 받아들일 수 없어 우울증 증세까지 보이는 극단의 상황까지 치닫게 되었다. 하지만 이런 극단의 상황이 훈훈하게 마무리 되고 안정을 되찾을 수 있었던 이유는 이우학교의 교육철학과 환경, 그리고 믿음직스러운 선생님들과 행복해하는 아이의 모습 때문이었다.

이우학부모의 약속

하나, 원서 쓸 때의 마음을 잊지 않는다.
하나, '나 하나쯤이야'라고 생각하지 말고 적극 참여한다.
하나, 아이에게 바라는 생활방식을 나부터 실천한다.
하나, 학교와 자녀를 믿고 사교육을 시키지 않는다.
하나, 잔소리보다는 따스한 말을 한마디 더 한다.
하나, 지혜, 돈, 힘, 재능 등 각자 가진 것을 적극적으로 나눈다.
하나, 모든 아이를 함께 키운다는 마음가짐으로 대한다.
하나, 교사의 자율성, 전문성을 최대한 존중한다.
하나, 건강한 시민, 따뜻한 이웃이 되기 위해 노력한다.
하나, 우리의 터전이 많은 생명을 빼앗은 결과임을 잊지 않는다.

제1부

이우학교생활

1

입학

"캠프 잘했어? 재밌었니? 가서 뭐했어?"

이우중학교에 입학원서를 넣었고 서류전형에서 통과했다. 그리고 여름방학 때 아이는 2박 3일 캠프에 갔다 왔다. 난생 처음 보는 아이들과의 2박 3일 캠프.

"선생님이 뭐 물어보시던?"

"응, 이우학교에 왜 왔냐고 물어보셨어. 그래서 난 가기 싫었는데, 엄마가 원서 넣어서 왔다고 했어."

"잉? 뭐라구? 가고 싶다고 어필을 해도 모자란 판에 가기 싫은 데 왔다고 했단 말이야?"

순간, 떨어졌구나 싶었다.

아이의 말은 사실이었다. 아이는 이우학교에 대해 사전 지식이 전혀 없었고, 내가 원서를 넣었다. 아이는 아는 친구 하나도 없는, 그것도 멀리 있는 곳으로 이사까지 가야 하는 이우학교 입학에 대해 부정적이었다. 솔직하게 이야기한 걸 뭐라 할 수는 없었지만, 입학 가능성에서 멀어졌다고 생각하니 부모 면접은 부담 없이 갈 수 있었다.

부모 면접이 있는 날, 일찌감치 퇴근하고 이우학교로 향했다.

면접에 들어가니 첫 번째 질문이 '아이는 이우학교 가기 싫었는데, 부모님이 가라고 해서 왔다고 하던데요, 정말인가요?'

"네……. 워낙 오래전부터 이우학교를 보내야겠다는 생각을 하고 있었던 터여서요."

"이 아이는 굳이 이우학교에 들어오지 않아도 어딜 가든지 스스로 알아서 잘할 아이입니다. 아시죠? 그런데도 이우에 들어오고 싶으신 건가요?"

속으로 '떨어졌구나' 싶었다. 이후 면접을 어떻게 했는지도 모르겠다.

이우학교 입학은 아이뿐만 아니라
부모도 입학하는 것이다

아이가 이우중학교에 입학한 정확한 이유는 알 수가 없다. 이우중학교에 아이를 입학시킨 학부모 중에는 자신의 아이가 이우학교에 적합하지 않아서 입학한 것이 아닐까 생각하는 부모도 있다. 즉, 이우학교에 부정적인 아이를 뽑아놓고 과연 어떻게 적응하고 변화해가는지 알아보려고 입학시킨 것이라고.

이우중학교에 입학하기 위해서는 아이의 자기소개서는 물론이고 부모도 자기소개서를 써야 한다. 부모들은 그동안 아이를 키우면서 생각해보지 않았던 질문들을 앞에 놓고 며칠을 고민한다. 서류만 내는 것도 아니다. 아이들은 입학 전에 입학 사정의 일환으로 2박 3일 캠프를 간다. 캠프에서 선생님들은 아이들을 관찰하고 평가한다. 또 면접도 중간 중간 진행한다. 면접은 아이들만 하는 것은 아니다. 부모도 한다. 부모가 같이 참여해야 하는 면접은 약 1시간 정도 소요된다. 그렇게 다면적 평가를 통해 아이를 선발한다.

어떤 해에는 선발 정원 대비 10배가 넘는 사람들이 지원하기도 한다. 10:1이라는 경쟁률. 서류심사를 하는 것만으로도 선생님들의 업무 부하가 만만치 않다. 서류에서 탈락한 부모들은 탈락 사유를 공개해달라고 요청하면서 여기저기에 민원을 넣거나 주위에 이우학교에 대한 불만을 토로하기도 한다. 이런 문제를 조금이라도 해소하기 위해서 2017년도 이우중학교 입학생부터는 추첨을 통해 1차에 약 2배수를 선발한 뒤, 면접을 통해 최종 선발하는 것으로 전형 방법이 바뀌었다.

이우중과 이우고의 차이

이우고등학교는 이우중학교만큼 경쟁률이 높지는 않다. 대학입시가 목전이어서 아마도 그럴 것이다. 전형방식은 학생의 자기소개서와 부모, 학생의 진로보고서를 제출한다. 그리고 별도로 학생, 학부모 면접 심사가 있다.

이우고등학교 면접은 학교와 학생, 그리고 부모가 처음 대면하는 자리이며, 아이와 부모의 성향을 파악하는 자리이기도 하다. 고등학교 지원자 중에는 이우중학교 학생도 있고 일반 중학교 졸업자들도 있다. 이우중학교 졸업자들의 경우 학교에서 학생이나 부모들의 성향을 조금은 알고 있기 때문에 처음 이우에 지원한 학생이나 학부모 면접과는 질문이 약간 다르다.

중학교와 고등학교의 교육과정은 많이 다르다. 이우고등학교 과정이 매우 힘들기 때문에 이우중학교를 다닌 학생들은 오히려 처음 이우고등학교에 들어온 학생들보다 고등학교 과정에 적응하는 데 훨씬 더 어려움을 겪기도 한다. 그러다보니 옆에서 이우고등학교 과정을 지켜본 이우중학교 학부모들은 내심 걱정이 많다.

입학식

이우의 입학식은 일반 학교와는 조금 다르다. 딱딱하고 형식적인 일반 학교의 입학식과는 달리 잔치 분위기를 연상시킨다. 교정에는 풍악이 울려 퍼지고, 대략 1시간 반 정도 진행되는 식에서는 선생님과 선배들의 환영의 말들이 이어지며 노래와 춤도 곁들여진다. 입학식이 끝나면 다 같이 학생식당에서 점심을 먹는다. 신입생과 부모들을 위한 소박한 점심 대접이자 앞으로 아이들이 먹게 될 친환경급식을 체험하는 시간이다. 입학하는 새로운 학생과 학부모를 환영하는, 흥겹고 즐거운 분위기의 입학식 행사가 펼쳐진다.

이우고등학교 진로 진학 보고서(학부모용)

진로 진학에 관한 보고서(학부모용)

이우중학교 3학년   반 이름 :   의 부모

학부모용 진로 진학보고서를 작성하시어 8월 16일(일)까지 담임선생님과의 대화로 제출해 주세요.

1. 진로적 관점에서 볼 때 자녀가 가지고 있는 장점이나 잠재력은 무엇인지 설명해 주세요. 그리고 그것이 미래에 어떻게 발현될 것이라 생각하시나요?

2. 이우중학교생활을 통해 자녀가 성장했다고 여겨지는 영역은 무엇인가요? 어떤 이유로 그 영역이 성장했다고 생각하시나요?

3. 다음은 진로, 진학과 관련된 질문입니다. (1), (2) 중 해당하는 것에 답해 주세요.
   (1) 자녀가 인가학교로 진학하기를 원하는 경우
   (2) 자녀가 인가학교가 아닌 비인가학교 또는 다른 배움의 공간에서 공부하기를 원하는 경우
      ① 자녀는 어떤 공간 또는 기관에서 배움을 진행하기를 원하시나요?
      ② 자녀에게 권하고 하는 배움의 공간이 가진 장점이 무엇이고 그로인해 자녀의 어떤 면이 성장할 것을 기대하시나요?

4. 자녀가 선택하여 조사한 2개 학교 또는 배움의 공간에 대한 조사보고서를 보시고 다음 질문에 답해 주세요.
   (1) 자녀가 선택한 학교나 배움의 공간에 대해 어떻게 생각하셨나요?
   (2) 자녀가 배움을 이어가기 위해 선택한 공간으로 가기 위해 해야 할 현재의 과제는 무엇이라 생각하시고, 그에 대해 어떤 조언을 해 주시고 싶으신가요?

관계맺기
(이우중학교)

　새로운 조직에 들어가 적응하는 것은 어른아이 할 것 없이 누구에게나 힘든 일이다. 초등학교, 중학교, 고등학교, 대학, 직장 등등. 낯선 환경, 낯선 사람들과의 첫 만남과 관계맺기는 이후 생활을 좌우하는 중요한 순간이다. 이우중학교에 처음 입학한 아이들도 낯선 환경과 수업 방식에 적응하는 것이 쉽지 않다. 같은 초등학교를 다니던 친구도 없고, 뭔가 지금까지 경험했던 학교와는 다른 곳인 것 같고, 한 학년이 60명 밖에 안 되니 금방 전교생을 알게 되고, 어디 숨을 수도 없는 이 학교에서 어떻게 행동해야 할지 당황스럽다.

　'관계맺기'는 이우중학교 1학년 신입생들에게 주어지는 첫 관문이다. 이우중학교 신입생, 1학년의 교육목표는 '관계'에 있다. 또래와의 관계, 교사와의 관계, 그리고 부모와의 새로운 관계를 어떻게 맺을 것인가는 이후 학교생활을 잘해내느냐 그렇지 않느냐에 영향을 미친다. 평등하고 수평적인 관계, 서로 공감하고 이해하는 관계가 만들어져야 이우의 교육은 이루어질 수 있기 때문이다.

이우학교에서의 관계맺기는 어떤 의미일까?

초등학교를 졸업하고 중학교에 들어오면 우선 아이들이 안전한 관계 속에 있다는 느낌이 들지 않는다. 초등학교 때부터 우리 아이들은 점수로 매겨지고, 평가받고 또래와 경쟁하는 데에 매우 익숙해져 있다. 또한 청소년기라고 해도 각 세대마다 겪는 어려움은 다를 수 있다. 지금 고3 아이들이 중학생이었을 때와 지금의 중학생들의 고민은 다르다. 몇 년 차이가 나지 않아도 세대 차이가 존재한다. 물론 이들이 공통적으로 겪는 어려움도 있다.

아이들은 초등학교 시절을 보내면서 알게 모르게 많은 상처를 받는다. 부모가 아이를 대하는 태도에서 자아존중감을 잃어버리기도 한다. 부모가 가지고 있는 가치 기준은 이 혼탁한 세상을 살아오면서 가지게 된 욕망에 기초한 기준인 경우가 많고, 그 기준에 의해서 아이의 삶도 규정되는 경우가 많다. 아이는 부모와 친구들, 선생님에게 인정받고 사랑받고 주목받고 싶어 한다. 자신을 둘러싸고 있는 관계 속에서 의미 있는 존재가 되고 싶지만 치열한 경쟁 속에서 자신감을 잃어버린다. 부모나 선생님이나 또래 집단의 기대를 충족할 수 없게 되고, 자신감을 잃게 되면 그 자체가 아이에게는 상처가 된다. 요컨대 아이에게는 부모의 기대나 부모의 말 한마디가 매우 중요한 기준이 되고, 어떻게든 그것에 자신을 맞추려고 노력한다. 그렇게 되면 아이들은 있는 그대로의 자신을 바라보거나 드러내는 것을 어려워하게 된다. 있는 그대로의 자신의 모습을 인정하지 못하고 힘을 과시하려 하거나 남을 괴롭히거나 하는 왜곡된 방식으로 자신을 표현한다. 왜냐하면 아이는 자신의 약한 부분을 드러내는 것이 두렵기 때문이다. 약한 부분이나 잘 못하는 부분이 있어서는 안 된다고 배웠기 때문이다. 부모가 말로 하지 않았다고 해도 부모의 호흡이나 눈빛만으로도 아이는 그러한 것을 느낀다.

그래서 이우중학교에 입학하면 우선 자신을 있는 그대로 바라보고 드러내는 것을 가르친다. 그러기 위해서는 아이들에게 학교는 자신을 포장하지 않아도 안전한 공간이라는 사실을 알려주는 것이 필요하다. 아무도 너를 해치지 않고, 무시하지 않고, 네가 가진 모든 것을 소중하게 여긴다고 믿게 만드는 것이 필요하다.

'부족해도 괜찮아'
'공부 잘하지 않아도 괜찮아'
'센 척하지 않아도, 너 자신을 포장하지 않아도 괜찮아'

경쟁 관계에 있었던 친구, 그리고 선생님과의 신뢰를 온전하게 회복하는 일이 필요하다. 공부하기 전에 그것을 통해서 은연중에 받았던 마음의 상처를 치유하는 것이 우선되어야 한다. 공부, 질투, 경쟁 등을 모두 떨쳐내고 나와의 관계, 친구와의 관계, 선생님과의 관계 등을 회복해서 온전한 관계를 형성하는 것이다.

이우학교 사용설명서

마음 나누기와 상처 에세이

어떻게 온전한 관계를 통해서 자신을 있는 그대로 바라보고, 표현하게 될까? 과연 가능하기는 할까? 이우학교에는 '마음 나누기'와 '상처 에세이'라는 활동이 있다. 물론 이 두 가지 활동만으로 온전한 관계맺기가 가능한 것은 아니다. 이것은 계기일 뿐이다. '마음 나누기'와 '상처 에세이'는 1학년에 국한된 것이 아니라 학교를 다니는 내내 지속되는 활동이다.

마음 나누기

이우중학교에 입학했다. 그런데 학생자치시간이란 것이 있었다. 그리고 그 시간에 '마음 나누기'라는 것을 했다. 선생님이 다 둘러앉으라고 하셔서 아이들이 쭈뼛쭈뼛 움직여 원으로 앉았다. 요즘 문제가 되고 있는 친구 흉보는 문제에 대해 이야기해보자고 했다. '마음 나누기' 할 때는 예외가 없다. 모두 한마디씩 해야 했다. 별로 관심도 없고, 아무 생각도 없었는데, 한마디 해야 한다고 해서 난감했다. 그래도 친구 흉보는 문제가 많이 일어나고 있다는 걸 알게 되었고, 그게 아이들에게 상처를 주고 있다는 것을 '마음 나누기' 시간을 통해서 알게 되었다. 그리고 나는 친구의 흉을 보지 말아야겠다는 생각이 들었다.

'마음 나누기'는 아이들 사이에 나누고 싶은 주제나 문제가 생겼을 때 함께 모여 이야기를 나누는 활동이다. '마음 나누기'를 함께 하는 아이들끼리는 왜 '마음 나누기'를 하는가에 대한 이해가 선행되어야 한다.

'마음 나누기'를 할 때 몇 가지 지켜져야 할 중요한 원칙들이 있다. 첫째, 참여자 모두 동등한 권리와 책임을 가져야 한다는 점이다. 한 사람 한 사람은 신중하게 생각해서 발언해야 하고 발언에는 책임이 따른다. 둘째, 발언에는 자유가 주어져야 한다. 말하고 싶을 때만 말하고 말하고 싶지 않을 때는 말하지 않아도 된다. 누군가 억지로 마음을 드러내도록 강요할 수 없다.

'마음 나누기' 활동의 원칙들을 보면 '마음 나누기'의 목표는 교실에서의 민주적 질서를 세우는 것이라고 말할 수 있겠다. 아이들이나 부모조차도 실지로 여러 관계 속에서 민주주의를 실천해본 적이 별로 없다. 부모가 속해 있는 조직은 상하, 권력 관계가 주를 이루고 있으며, 집에서도 부모와 자식은 평등한 관계가 아니다. 민주적인 질서는 평등하고 수평적인 관계에서 비롯된다.

'마음 나누기'를 주도하는 교사는 세밀하게 기획하고, 섬세하게 접근하는 것이 필요하다. 운영의 묘미를 충분히 살리지 못하면 오히려 해가 될 수도 있다. 마음을 나누는 가운데 상처를 입을 수도 있기 때문이다. 누군가 문제를 일으킨 사람의 행동을 지적하거나 평가하는 형태로 이야기가 흘러가는 경우가 종종 있다. 감정이 격해지거나 시간이 너무 길어지거나 할 때 대안이나 해결책 없이 이야기가 중단되는 경우도 있다. 그러면서 '마음 나누기'의 유용성에 대해 회의를 느끼는 아이들도 생겨난다.

하지만 '마음 나누기'가 비단 문제나 갈등 해결 과정인 것만은 아니다. 다른 사람의 이야기를 들어주고 격려하거나 공감하거나 하는 기능도 있다. 부족국가와 같은 작은 공동체에서 국가, 아니 마을의 문제를 모닥불 앞에 앉아 이야기를 나누는 것과 비슷하다. 그래서 둘러앉는 것이 중요하다. 이야기를 나누는 모두는 평등하며, 어느 누구도 위나 앞에 있지 않다. 참가자는 이야기 하는 사람이 누군가와 상관없이 그를 존중하고, 그의 말에 귀를 기울이게 된다.

상처 에세이

'상처 에세이'는 말 그대로 아이들로 하여금 자신이 받은 상처에 관해서 글로 쓰게 하는 것이다. 성인도 자신이 받은 상처를 다른 사람에게 드러내고 해결하는 것을 잘할 줄 모른다. 글쓰기는 치유의 효과가 있다. 아이들은 학교나 세상 속에서 쉽게 수치심을 느끼게 된다. 실수를 하거나 자신이 가진 어떤 결점으로 인해서 부모나 친구, 교사로부터 부정적인 반응을 받게 되었을 때 아이들은 수치심을 느끼게 된다. 또한 고통을 느끼기도 하는데 그것은 관계 속에서의 사랑이나 소속감을 느끼지 못하기 때문이다.

'상처 에세이'의 목표는 그런 식의 심리적 상처, 마음의 고통을 해소하는 데에 있다. 결점이 없거나 실수하지 않는 사람이 어디 있는가. 자신이 부족한 부분을 드러내는 것은 용기가 필요한 일이다. 그러려면 학교 공동체에 대한 믿음이 쌓여야 한다. 민주적인 교실 문화, 숫자로 매긴 서열이나 순위가 없는 교실이 되어야 한다.

그리고 글쓰기는 독서와 밀접하게 연관되어있다. 아이들은 독서를 통해서 자신의 마음에 신뢰로 응답해주는 사람을 만나게 된다. 그리고 글로 자신을 표현함으로써 상처를 치유하고 마음의 해방감을 느낄 수 있다. 그러므로 '마음 나누기'와 '상처 에세이'는 있는 그대로의 나를 받아들이고 자존감을 회복하는 활동이다.

상처

'상처 에세이'라는 말을 처음 들었을 때 이 기억이 떠오르면서 한숨이 나왔다. 이 상처는 내가 정말 잊고 싶었던 기억이다. 이 이야기는 내 인생에서 가장 힘들었던 시기, 가장 상처가 많았던 시기에 대한 이야기이다.

축구를 좋아하는 아빠 덕분에 난 어릴 때부터 자연스럽게 축구를 좋아하게 되었다. 아빠는 내가 축구에 재능이 있고 전문적인 교육이 필요하다고 생각하셨고, 나는 초등학교 1학년 때, 막 친해지기 시작한 친구들을 뒤로 하고 축구부가 있는 낯선 학교로 전학을 가게 되었다.

그 곳에서 나는 처음으로 경쟁이라는 것을 배웠다. 공부로써의 경쟁보다 축구로 경쟁을 먼저 배운 것이다. 처음 들어갔을 때는 내가 제일 막내여서 귀여움을 받았지만, 차츰 시간이 지나고 같은 동급생 경쟁자가 들어오고 한 살 차이 선배들이 들어오면서 상황이 안 좋아졌다. 훈련을 할 때에도 몸싸움도 치열해 졌고, 숙소에서도 선배들 눈치를 보면서 지내야 했다. 가장 큰 문제는 우리가 선배들의 화풀이 상대가 되어야 한다는 것이었다. 감독님께서 6학년들을 혼내시면 5학년에게 화풀이 하고, 그것을 또 후배들에게, 결국 당하기만 하는 쪽은 맨 아래 즉, 먹이사슬에 가장 바닥에 있던 후배들이었다. 한번은 기숙사 대청소를 하는 날이었는데, 코치님께서 후배들은 그냥 밖에서 놀라고 했다. 그때 날씨가 더워서 내가 땀에 흠뻑 젖어서 들어왔는데, 선배들은 그것을 보고, "얼마나 신나게 놀았으면 땀에 흠뻑 젖어서 들어오냐? 선배들 고생하는 것이 그렇게 좋냐?"하면서 우리에게 화풀이 했다. 또 동급생들끼리

친하게 지내며 서로를 격려해주고 용기를 북돋아 주면서 어려운 난관을 해쳐나갔으면 그나마 괜찮았을 것 같은데, 동급생들도 서로 헐뜯으며 조금만 잘못하면 선배들에게 가서 이르기 바빴다. 그들에게는 내가 친구가 아니라 그냥 자신의 꿈을 방해하는 경쟁자일 뿐인 것이다. 나는 그런 분위기가 너무나 무서웠고 두려웠다.

한번은 어떤 애랑 심하게 싸웠는데, 말다툼이 주먹싸움까지 번졌다. 나는 한번도 맞아 본 적도 없고, 어릴 적부터 워낙 곱게 자라서 맞는 것에 익숙하지가 않았다. 그래서 한 대 맞았을 때 울고 말았다. 그것을 보고 선배들과 동급생들은 찌질이라고 놀렸다. 마침 그 친구가 나보다 축구도 잘하고 달리기도 빨라서 열등감을 느끼고 있었는데, 그때 일로 나는 엄청 자신감을 잃었다. 그날은 너무 분하고 '나는 왜 이정도 밖에 못할까.'라는 생각에 이불을 뒤집어쓰고 엄청 울었다. 또 한번은 훈련 가서 내가 어질러진 가방들을 차곡차곡 정리 해놓았는데, 코치님께서 그것을 보시고는 선배들에게 "너희들이 후배들에게 솔선수범해야지, 네 후배 반만 따라가라!"라고 하시면서 나를 제외한 선배들을 혼냈다. 그리고 잠깐 코치님이 없을 때, 선배들은 "우리가 너 때문에 기합 받으니까 좋냐?"하면서 나를 혼냈다.

그리고 시합을 할 때도 '내가 못하면 어쩌지? 혼나면 어쩌지?'라는 생각에 집중하지 못하고 위축되어서 경쟁에서 조금씩 밀리기 시작했다. 그리고 그때는 감독님의 한 마디 한 마디가 우리의 운명을 좌우했기 때문에 감독님이 지켜보시고 계실 때는 더욱 무서웠다. 감독님과 선배들 때문에 나쁜 욕도 많이 들었고, 많이 배우기도 했다. 아무튼 그때는 못 해도 혼나고, 잘 해도 혼나고, 정말 고통의 나날이었다. 내가 3년 동안 축구부를 하면서 얻은 것들 중 30%는 축구실력, 10%는 추억이었고, 나머지 60%는 상처였다. 내가 꿈꾸고 좋아했던 축구는 이런 것이 아니었다. 이런 힘든 생활을 하면서까지 축구를 배우기 싫었다. 열심히 놀고 즐겼어야 할 나의 저학년 시절이 축구부 따위로 낭비된 것 같았다. 그만 두고 싶었지만 내게 많은 것을 투자해 주시고 기대해 주시는 아빠 때문에 쉽게 축구를 그만하겠다고 말할 수도 없었다. 마침내, 4학년 때 나는 축구부를 그만두고 싶다고 선언했고, 다행히 부모님께서는 나의 뜻을 존중해 주셨다.

원래 상처라는 것이 몸에 생긴 상처도 그렇고 마음의 상처도 그렇고 다시 들추면 고통스럽다. 하지만 마음 속에 담아둔 상처는 잊히지도 않고 더욱 깊어지는 것 같다(준비물하고 숙제는 잘도 까먹으면서 이런 건 왜 못 잊는지 모르겠다). 그런 걸 안다 해도 다른 사람에게 말하고 싶은 마음은 생기지 않는다. 용기를 내서 이렇게 글로 표현하니 마음이 후련하다.

마지막으로 나도 누군가에게 상처를 주었다면, 꼭 그 사람에게 사과하고 싶다. 왜냐하면 나 역시 그 아픔을 잘 알고 있기 때문이다.

관계맺기에 실패할 경우

'마음 나누기'나 '상처 에세이'로 모든 관계가 민주적으로 평등하게 유지되는 것은 아니다. 그 과정에 부작용(?)도 있을 수 있다. 상처를 치유하는 과정에 새로운 상처가 생기기도 한다. 그래서 관계를 맺는 방법, 상처를 치유하는 방법은 매우 세심한 과정과 접근 그리고 선생님들의 조심스러운 개입이 요구된다. 그리고 부모들도 이에 동의하고 동참해야 한다. '마음 나누기'를 하지 않거나 '상처 에세이'를 쓰지 않는 아이들에게는 또 다른 기회가 주어질 수 있다. 다른 교과를 배우는 과정에서 자연스럽게 관계 맺기가 이루어지고 내면의 상처를 치유하기도 한다.

관계맺기에 실패하는 경우도 물론 있다. 관계맺기에 실패할 경우 학교생활이 무기력해진다. 자신감도 급격하게 떨어진다. 이럴 경우 부모의 역할이 중요해진다. 아이를 지켜봐주고 믿어주어야 한다. '네가 뭔가 부족해서 그런 게 아니야. 사람은 누구나 부족한 점이 있어. 그런 것이 너의 삶에 큰 문제나 장애가 되지는 않아. 넌 너야. 너 나름의 생각을 가지고 잘 해나갈 수 있어.'라고 끊임없이 믿어주고 격려해줘야 한다.

실패를 결코 실패라고 말할 수 없는 이유

이우중학교는 한 학년이 60명이다(이우고등학교는 한 학년이 80명이다). 그 부모들은 자랄 때 한 학급의 학생수가 60명 정도였던 것에 비하면 한 반 20명 규모는 완벽하진 않아도 교사가 모든 학생에게 관심과 주의를 기울일 수 있다. 헌신적인 교사와 세밀하게 아이를 살피는 부모가 있다면 문제가 생겨도 해결할 수 있는 기회는 얼마든지 주어질 수 있다.

인간은 누구나 성장의 고통을 겪는다. 다만 그 고통이 성장의 밑거름이 되는가 아니면 그야말로 깊은 상처로 남아 이후 삶의 질곡으로 작용하는 가의 차이가 있을 뿐이다. 아이들은 외부로부터 단절된 진공 상태에서 자라는 것이 아니다. '마음 나누기'나 '상처 에세이'에는 온갖 문제와 여러 종류의 갈등이 등장한다.

중학교 입학해서 친구들의 외모에 대해서 이야기하던 아이들이 점차 성장하면서 고3이 되면 자신만이 아닌 동물의 권리, 성소수자들의 인권, 탈핵 문제 등을 이야기하게 된다. 이러한 성장 과정을 위해 자기 내면(상처, 욕망 등)을 들여다보는 과정은 반드시 필요하다.

자치시간을 통한 문제의 해결

이우학교에는 1주일에 1블록, 학생자치시간이 있다. 중학교의 경우 이 시간에는 반 단위로 모여서 청소 당번 정하기와 같은 학급의 규칙을 정하거나 생활하면서 드러난 문제들을 논의한다. 중학교 때는 논의 주제를 선생님들이 제시하는 적도 있었는데, 대부분의 주제는 '관계'에 대한 것들이었다. 고등학교 때는 선생님이 거의 참석하지 않은 채 학생들끼리만 학업, 수행평가, 그때그때 생기는 학내 이슈, 교사회에 대한 문제의식 등에 대해 논의한다. 반 단위로 할 때도 있고, 학년 단위로 할 때도 있고, 또 반과 상관없이 때론 별도의 논의 단위를 만들어 논의하기도 한다.

이우학교의 학생자치는 학생들이 자신이 속한 조직에서 피동적이기만 한 존재들이 아니라는 것을 학습하는 과정이다. 관계의 문제는 스스로 온전한 주체로 설 경우에만 바람직한 방향으로 해결할 수 있다. 주체가 서고 여러 주체들 사이에 관계가 형성되었을 경우, 학교라는 공동체의 문제가 나의 문제로 다가오고 함께 고민하고 해결해야만 한다는 것을 알게 된다.

3

수업

입학을 했다고 해서 모든 것을 학교에서 해줄 것이라고 순진하게 믿는 부모는 아무도 없을 것이다. 오리엔테이션을 받고, 학교 홈페이지에 나와 있는 각종 학교 소개 자료도 보았지만 경험해보지 않고서야 어떻게 알 수 있으랴. 도대체 공부는 하기는 하는 것일까? 이 학교를 나와서 대학을 진학할 수는 있는 것일까? 어떻게 가르치는 것일까? 이우학교에서 받게 될 수업이 궁금해지는 순간이다. 걱정 반, 기대 반, 새학기가 시작되었다.

공부 안 시키는 학교?

이우학교에 대한 가장 큰 오해 중의 하나는 이우학교에서는 공부를 시키지 않는다고 생각하는 것이다. 이우학교를 지원하는 부모 중에도 이우학교에서는 공부를 안 시키고 실컷 놀리고 단지 인성은 바른 아이로 키워

준다고 생각하고 아이를 입학시킨 부모들이 있다. 영어, 수학, 국어 이런 교과과정이 아니라 동아리, 자치활동, 여러 체험교육 등 '활동'이라고 이름 붙여지는 것들은 공부가 아니며, 그것들이 대부분의 교육과정을 채우고 있다고 생각하면서 말이다. 공부 없는 세상에서 아이가 자유롭고 즐겁게 뛰어놀며 학교생활을 하다가 운 좋게 자기 특성과 재능을 발견하게 될 것을 기대하기도 한다.

그런데 이것은 정말 큰 착각이다. 이우학교는 배움을 매우 중요하게 생각한다. 정확하게는 아이의 성장과 배움을 매우 중요하게 생각한다. 그리고 세상 어느 학교보다 공부를 많이 시킨다. 그 공부가 영어, 수학 같은 특정 과목에 국한되지 않을 뿐이다. 외워서 문제를 풀고, 시험이라는 평가를 통해서 성적을 확인하는 공부가 아닐 뿐이다. 우리가 지금까지 아이들을 이우학교에 보내면서 파악한 이우학교 수업의 특징을 보자.

1. 이우 수업의 특징

수업의 특징 1 대학입시, 수능을 목표로 하지 않는다

이우학교 수업의 특징을 한마디로 말하면, 수업이 수능이나 대학입시의 준비과정이 아니라는 점이다. 수능을 준비해서 대학을 진학하는 것을 중등교육의 유일한 목적이라고 생각한다면 이우학교를 선택해서는 안 된다. 대학입시를 위한 수업이 아이들의 사고력 또는 진정한 실력을 키워주는 것에 가장 큰 걸림돌이라는 것은 교육현장에 있는 교사가 아니더라도 교육에 관심 있는 사람이라면 누구나 절감하는 문제이다.

이우의 교육과정은 시험문제를 잘 맞추기 위한 수업에 초점이 맞춰져 있지 않다. 그러니 자연스럽게 평가도 표준화된 시험문제를 푸는 것에 국한되지 않는다. 일반 학교와는 달리 수업의 재량권은 전적으로 교사에게 있다. 수업은 교과지도서에 나와 있는 내용을 단순히 전달하는 것이 아니라 지식을 내면화할 수 있도록 내용을 조직해서 전달하고 그것이 아이들의 내면에 가 닿는 데에 초점을 둔다. 심지어 고3 교실에서도 수능을 위한 문제풀이식의 수업은 하지 않는다.

수능에서 벗어난 수업을 한다고 하지만 고3의 실력은 나쁘지 않다. 이우학교가 내신도 불리하고 문제푸는 기술은 부족할진 몰라도 교과에 대한 역량이 떨어지지는 않는다. 그래서 고3이 대학진학 준비로 여러 위원회나 동아리, 소모임, 자치 등 학교활동에 소홀해지는 것은 이우 철학에 어긋나는 것이란 비판적 인식이 있다. 고3도 함께하는 문화로 수업시간을 유지하자는 문제의식도 제기되고 있다.

이우학교에서 훌륭한 수업이란 지식이나 정보를 잘 전달하는 수업이 아니라 아이들의 마음을 움직이는 수업이다. 마음이 움직인다는 것은 학생의 마음에 변화가 일어난다는 것이니 어찌 보면 이우의 수업은 진정한 교육 본래의 목적을 지향한다고 말할 수 있다.

대입을 목표로 하지 않는 수업의 어려움은 수업의 결과로 아이들이 얼마나 교육이 되었는지를 바로 평가할 수 없다는 데에 있다. 부모들이 아이를 학원에 보내는 가장 큰 이유는 시험에 대비하기 위해서다. 학원에서는 아이들의 시험성적을 올리는 것이 관건이 된다. 부모는 물론, 아이도 자신의 실력이 향상되었는가를 오직 시험이라는 기준에 비추어 판단한다. 그러니 기다릴 수가 없는 것이다. 학원에 보냈는데 성적이 바로 오르지 않으면 학원을 바꾸거나 과외선생님을 붙이거나 하게 된다. 마찬가지로 일반학교는 교과 진도를 나가야 하기 때문에 깊이 있는 수업은 포기해야 하는 실정이다. 시험결과에 민감하므로 획일적 평가를 하게 된다. 학부모 민원이 심하니 학교의 교육활동은 위축되고 제한적이다. '학교가 제대로 가르치지 않는다'며 교사에 대한 믿음이 약해지고 더욱 사교육에 의지하게 되는 악순환을 겪게 된다.

실력이 쌓이는 것은 시험성적으로 바로 알 수가 없다. 실력은 복잡한 문제해결의 상황에서 종합적으로 판단하고 실행을 하는 과정에서 드러나기 때문이다. 결국 3년, 6년간의 공부의 결과는 대학이나 이후 사회에서 진정한 실력으로 드러나게 된다.

탈수능 수업은 아이들의 생각을 자연스럽게 끌어내고, 그 속에서 아이들도 자신의 생각을 자연스럽게 표현하도록 한다. 왜냐하면 정답이 중요하지 않기 때문이다. 이러한 수업의 특징은 과학이나 수학 수업에서보다 인문영역의 수업에서 일반 학교와는 확연하게 다르게 나타난다. 독서와 글쓰기, 그리고 토론은 생각을 표현하고 정련하고 성장하는 데 필수적이다. 수업의 과정에서 자연스럽게 학습에 동기부여가 된다. 스스로 변화하는 것을 느끼는데 왜 배우나 하는 질문은 생기지 않을 것이다.

그래서 이우 아이들이 선생님의 수업이 좋다, 잘하신다고 말할 때, 그 수업은 스스로 공부에 대한 동기부여가 되는 수업을 가리킨다. 졸업생들은 대학에 가서 오히려 빛을 발한다. 심지어 대학수업이 시시하다고 느끼기도 한다.

수업의 특징 2 이우 수업의 주체는 아이들이다

이우학교에서는 배움 중심 모둠학습을 하고 있다. 모둠학습은 일반학교에서도 하고 있는 방식이다. 그러나 이우학교의 모둠학습의 특징은 형태만이 아닌 탈수능 수업이 밑바탕이 되어 한 명이 공부하는 것보다 많은 것을 이루는 시너지 효과를 낼 수 있다는 데 있다. 이러한 모둠학습은 인문적 가치에 근거한 공동체를 중시하는 분위기가 조성되어있기 때문에 가능하다.

모둠학습의 주체는 전적으로 학생들이다. 아이들이 주체가 되는 수업은 아이들의 입장에서 매우 힘들지만 그런 만큼 아이들은 수업을 준비하는 과정에서 많은 성장을 한다. '해외통합기행' 등의 프로젝트와 조별과제를 준비하면서 심리적 압박감을 느끼고 많은 에너지를 소모하기도 하지만 이 과정을 한번 경험하고 극복하는 사이에 성장이 이루어는 것이다. 개인차는 분명히 존재한다. 그리고 스스로 잘못했다고 생각하는 경우에는 무기력해지기도 한다. 이때는 교사와 부모의 세심한 배려와 도움이 필요하다.

혁신학교는 열악한 지역 아이들의 열패감을 개선하기 위해 수업방법을 고민하고 아이들이 즐겁게 학교생활을 하고 자신의 삶을 건강하게 살도록 지원하는 것을 목표로 하는 학교다. 혁신학교는 어떤 측면에서는 학생이 스스로 주체가 되어서 진행하는 이우수업이 바른 길이라는 것에 대한 확신을 가지게 해준다. 혁신학교에 근무하는 교사들은 처음 1년 차에는 투덜거리다가, 2년 차에는 이게 맞는 것인가 고민하다가, 3년 차가 되면 아이들이 변화하는 모습을 발견하면서 믿음이 생기고, 4년 차가 되면 교육의 본질에 대해서 고민하고, 자발적으로 연구하게 된다는 말을 들은 적이 있다.

혁신학교가 늘어가는 추세인데, 초등학교 중학교는 꾸준하게 확대, 정착되는 반면에 고등학교는 수능이라는 거대한 벽 앞에서 배움중심 수업은 현실에 타협하게 된다. 그래도 혁신학교가 포기하지 않고 계속 갔으면 좋겠다. 비슷한 취지로 교육하는 우리와 어깨동무하면서 말이다. 그러면 우리 교육의 현실이 조금씩 변화할 수 있지 않을까.

물론 학생이 수업의 주체라는 것이 문제가 될 때도 있다. 점심을 먹은 후 나른한 금요일 오후, 과목은 철학. 그런 날이면 거의 수업은 전멸이다. 졸지 않으려고 아무리 눈꺼풀에 힘을 줘도 어느새 나도 모르게 눈을 감고 있다. 그럴 땐 발제수업이든 토론수업이든 다 소용이 없다. 졸음과의 전쟁에 아이들은 거의 모두 패잔병이 된다. 어느 수업이건 꾸벅꾸벅 조는 아이는 있다. 어떤 땐 아예 책상에 엎드려 자기도 한다. 대부분은 선생님이 깨우지만 어떤 선생님은 굳이 깨우지 않으신다. '수업시간에 자는 것도 학생의 권리다'라고 얘기하는 선생님도 계시다. 그런데 재밌는 것은 자는 걸 놔두면 오히려 아이들이 죄책감이 들어 스스로 일어나곤 한다. 물론 졸음에 관대한 것은 일부 수업의 경우다. 대부분의 수업에서는 졸음과의 전쟁이 일어난다.

수업의 특징 3 수업은 전적으로 교사가 책임진다

일반학교의 수업도 그렇지 않은가라고 반문할 수도 있다. 하지만 이 말은 이우학교의 수업은 입시와 수능으로부터 자유롭다는 것을 말하는 것이다. 그렇다면 수업의 내용은 어떻게 구성될까. 수업내용에 있어서는 교사의 자율성을 최대한 존중한다. 독일의 경우 표준화된 교육커리큘럼이 도입된 지 얼마 되지 않았다고 한다. 그 이전에 역사교사가 한 한기 내내 2차 세계대전을 가르쳐도 무방했다고 한다. 만일 그것이 역사라는 교과 본래의 의미를 전달할 수 있는 것이라면 말이다. 마찬가지로 이우학교에서도 각 교과목이 내재하고 있는 비판적 사고나 안목을 키워주기 위해 어떤 내용을 어떻게 조직화해서 가르칠 것인가는 전적으로 교사의 몫이다.

이우학교의 교사들은 이런 교육철학을 공유한다. 어떤 이는 이우학교 교사를 '교육운동가'라고 부르기도 한다. 교직은 다른 어떤 직업보다도 사명감이 중요하다. 교사의 사명감은 자신이 가르치는 아이들에 대한 책임감에서 나온다. 어떻게 교육하는가가 장차 어떤 사람으로 살아가는가에 커다란 영향을 미치게 된다는 것은 말할 필요가 없다. 요컨대 학교에 사명감이 투철하고 자기가 가르치는 교과목의 전문가인 교사가 있다면 사실 교육은 아무런 문제가 없을 것이다.

물론 이우중학교는 검인정 교과서를 사용한다. 고등학교에서는 고전, 수학, 생명과학 같은 과목은 교과서를 쓰고 영어는 사회학 관련 원서를 사용하거나 선생님이 발췌해 온 영어 칼럼, 에세이 등을 활용한다. 사회 수업은 대부분이 발제 수업이기 때문에 딱히 정해진 교재나 교과서가 없고 주로 책을 읽고 발제하는 것을 통해서 이루어진다. 나머지 과목들은 별도로 교재를 사용하지 않는다. 한국사와 세계사, 시민교육, 한국의 사회문화 같은 교재는 선생님이 직접 만든 프린트물을 활용한다. 하지만 교과목마다 선생님마다 정해진 수업 방식이 있는 것이 아닌 것처럼 교과서 사용도 정해진 틀이 있는 건 아니다. 나머지는 모두 선생님들의 교수 방식에 따라 다르다.

수업의 특징 4 평가가 획일적이지 않다

일반학교와 가장 차이가 나는 이우학교의 교육과정의 특징은 아마 평가에 있을 것이다. 내신은 입시에 매우 중요하기 때문에 일반학교에서는 교사의 주관에 의해서 점수를 매기는 평가가 거의 불가능하다. 표준화된 시험을 치르고 점수에 따라 평가하는 것이 일반적이다. 이우학교의 경우 학생들에 대한 평가의 대부분은 과제에 대한 평가다. 쓰고, 말하고, 수많은 에세이를 작성하고 발표하는 것을 교사가 평가한다.

이우학교에는 0점이 존재한다. 시험이 아니라 과제나 수업발표 평가에서 0점을 받을 수 있다. 요컨대 기본점수라는 것이 없다. 일반학교의 수행평가는 최소한의 기준을 충족시키면 점수를 부여한다. 하지만 이우학교에서는 수행평가의 비중이 현저하게 높다. 지필고사의 경우는 10~20퍼센트를 차지할 뿐이고, 나머지 80~90퍼센트는 수행평가다. 수행평가 비중이 높다는 것은 수업에의 성실성과 진정한 실력을 평가하고자 한다는 것을 의미한다. 물론 입시에서 자유롭기에 가능한 평가 방식이기도 한다.

중학교는 각 학기별로 중간고사와 기말고사가 있다. 일 년에 총 4회의 시험을 본다. 지필고사를 보는 과목도 있고 보지 않는 과목도 있었다. 고등학교의 경우 1학년 때까지는 중학교와 같이 중간, 기말 고사가 있다. 물론 고2, 고3 때도 학기마다 중간, 기말고사가 있지만 선택수업을 하기 때문에 시험 기간에 시험 보는 과목은 아이마다 다르다는 점에서 차이가 있다. 시험 기간에 1과목만 시험을 보는 아이도 있고, 많으면 7과목까지 보는 아이도 있었다. 각 학기당 필수과목을 하나 이상 이수해야 하므로 한 과목도 시험을 보지 않는 경우는 없었다.

지필고사를 보지 않는 과목일 경우에는 수행평가를 중심으로 학업성취도를 평가한다. 고등학교에는 교양과목이 있다. 예를 들면 시민교육, 시창작, 영화사, 영화이론, 연극의 이해, 사진의 이해, 환경과 녹색성장 같은 과목들이 그것이다. '시민교육' 같은 교양과목의 경우에는 지필고사나 수행평가가 모두 없는 대신 수업태도와 수업시간 내 학습활동만으로 평가를 하는데 점수나 등급이 나오는 게 아니라 Pass, Fail로 평가된다.

어떤 수업은 선생님이 아닌 학생 스스로 또는 다른 학생을 통해 평가받는 경우도 있다. 중간, 기말고사 때 지필 시험 외에 별도로 해당 수업에 대한 셀프체크 자기 평가를 하는 것이다. 선생님이 만들어준 평가리스트를 보고 스스로 수업에 대한 평가를 한다.

"셀프체크 예시) 이번 수업시간 중에 가장 열정적으로 참여했던 친구를 추천하고 그 이유를 쓰시오."

■ 이게 무슨 영어시험이야, 과거시험이야.

2015년, 중3 2학기 기말고사. 시험문제 주제가 떴다. 요즘 한창 뜨고 있는 '사회적 기업가'다. 사회과목 시험 주제가 아니라 영어시험 주제다. 선생님께서 사회적 기업가에 대해 2개의 질문을 제시하셨는데, 각 질문에 내용을 조사하고 영어로 문장을 만든 뒤 그걸 외워 써야 한다. 중학교 아이들이 사회적 기업가를 이해하는 것도 쉽지 않은데 그걸 영문으로 작성해 써야 한다니… 그나마 제시된 2개의 질문 중 시험에 나오는 문제는 단 하나.

어떤 문제가 나올지 알 수 없다. 한글로 읽어도 생소한 사회적 기업에 대해 영작을 해야 하다니, 주제도 어려울 뿐 아니라 중학교 입학할 때 겨우 a, b, c 만 외우고 들어간 나에겐 너무 어려운 미션이었다. 며칠을 끙끙거리며 자료를 조사하고 영작을 한 뒤 외웠다. 그렇게 1개의 질문에 대한 답을 겨우겨우 준비했지만 나머지 다른 질문에 대한 답은 내용도 부실하고 제대로 외우지도 못한 채 시험날이 다가왔다. 이런, 제대로 찾지 못한 그 질문이 나왔다. 대략적으로 조사했던 내용을 더듬어 냈지만 그걸 조리 있게 영작을 한다는 것은 어려운 일이었다. 도대체 뭐라고 썼는지 기억도 나지 않는다.

그런데 이게 나에게만 어려운 시험은 아니었다. 그 이후로 선생님은 더 이상 이런 스타일의 문제를 출제하지 않았다. 그리고 나중에서야 아이들에게 고백하셨다. "애들아, 미안해. 너무 어려운 미션을 줬던 거 같다."라고.

수업의 특징 5 블록수업

이우 수업의 특징 중 하나는 블록수업이다. 수업의 연속성과 효율성을 높이기 위해 한 과목을 2교시씩 묶어서 90분 동안 진행하는 형태다. 중고 모두 블록수업을 하는데, 오전에 2블록, 오후에 2블록이 기본이며, 이후 5, 6블록까지 수업할 경우도 있다.

수업마다, 교사의 교수 방식에 따라 수업 진행방식이 다 다르다. 교과마다 특성이 있는데다, 선생님들마다 개성이 있어서 하나도 같은 방식으로 운영되는 수업은 없다.

국어수업의 예:

국어 과목 중 '독서와 문법'은 한 학기 수업의 초반에는 선생님이 발췌해 온 책의 일부분이나 지문을 읽고 분석하는 수업을 한다. 글을 다 같이 읽고 분석하고 질문하는 것이다. 그리고 그 질문에 대해서 아이들이 함께 토론을 한다. 예를 들면 사랑에 대한 글을 읽고 '사랑은 영원한가?'란 질문을 어느 아이가 던지면 그것에 대해서 다 같이 토론하는 방식이다. 이런 수업의 경우에는 과제도 글을 읽고 그 글과 관련해 아이가 스스로 질문을 하고 스스로 답을 찾아가는 것을 내주기도 한다.

영어수업의 예 :

영어는 고등학교 2학년 때까지는 교재로 수업을 하는데 그 교재가 해외 원서일 때도 있고, 선생님이 복사해 온 프린트물일 때도 있다. 1학년 때는 2인 1조로 팀을 짜서 읽어야 할 텍스트의 분량을 정하고 자신이 읽은 텍스트를 수업시간에 발표를 하는 방식으로 진행된다. 2학년이 되면 모둠 수업을 하는데 각자가 텍스트에서 맡은 부분을 읽고 와서 모둠 내에서 발표를 한다. 물론 자신의 파트만이 아니라 다른 아이들 파트까지 읽어 와야 한다. 3학년이 되면 선생님이 주도하는 수업을 한다. 수업 전까지 전 시간에 나눠준 교재를 읽어 와야 하며 모두 읽었다는 것을 전제로 수업이 진행된다. 선생님이 텍스트의 내용을 요약정리 해주면 아이들끼리 질문하고 대답을 한다. 필요할 경우 선생님이 보충 답변을 해주기도 한다.

사회수업의 예 :

이우학교에서 가장 다양하게 진행되는 수업이 사회과학 과목들이다. '사회과학방법론', '비교문화' 수업의 경우 수업 초반에 각자가 읽었으면 하는 책을 한 권씩 가지고 와서 학기 동안 읽을 책을 두세 권 정한다. 정해진 책은 한 학기동안 텍스트로 활용되는 데 각자 파트별로 나눠서 발제할 부분을 정하고 수업시간까지 준비를 해온다. 발제의 방식은 자유인데 구두 발제도 되고 PPT를 활용하거나 영상을 보여주어도 된다.

수업의 특징 6 '좋은수업만들기간담회'를 통한 수업의 개선

수업에서 교사나 학생의 자율성을 중요하게 여기는 만큼 자율적으로, 주체적으로 해나가지 못하는 경우에는 어려움이 생긴다. 학생들의 경우 개인마다 태도, 성격의 차이가 있기 때문에 학습을 잘 따라가는 아이와 그렇지 못한 아이가 생기기 마련이다. 숨거나 말이 없어지는 아이들이 생기는데, 이런 아이들의 상황을 이해하고 지원하고 상담하는 것이 필요하다. 뿐만 아니라 같은 수업을 들어도 아이마다 학업능력과 성취에 차이가 있으므로 뒤떨어져서 따라오지 못하는 아이들을 위한 수업도 고려해야 한다. 물론 20명 남짓의 작은 학급이라해도 현실적으로 모든 아이들을 완벽하게 파악하고 지원하는 것은 쉽지 않다.

또한 교사의 개인차로 인한 문제도 있다. 같은 교과목이라도 가르치는 교사마다 수업방식이 다 다르다. 동학년 교사 간 소통이나 정보공유도 원활하지 않다. 같은 교과목 교사들끼리는 서로 수업의 내용을 공유하고 함께 논의할 필요가 있다. 다행히 아이들이 '좋은수업만들기간담회'(이하 줄

여서 좋수만으로 표기)를 운영하고 있으므로 터놓고 아이들과 말할 수 있는
기회가 보장되어있다.

'좋은수업만들기간담회'는 중·고 모두 있는데, 중간고사와 기말고사
후에 한다. 한 분기 동안 들었던 모든 수업들을 평가하고 개선 사항을 제
시하는 작업을 학생들이 직접 한다. 이 작업을 위해 각 반에서 '좋수만' 위
원을 뽑고, '좋수만' 매뉴얼에 따라 '좋수만'을 진행한다. 과목을 수강한 학
생들이 그 수업에 대해 좋았던 점, 고쳐야 할 점, 아쉬운 점을 다 적는다.
그리고 그것을 바탕으로 서로 이야기를 나눈다. 그리고 작성했던 설문지
를 걷어서 해당 과목 선생님께 전달한다.

물론 '좋수만'은 의무 사항이 아니다. 상황에 따라 하지 않는 경우도 있
고, 과목에 따라서 할 필요가 없는 경우도 있다. 아이들의 자치활동 중 하
나이기 때문에 아이들의 제안을 선생님이 반드시 수용할 이유는 없다. 문
제제기를 하더라도 큰 변화 없이 진행되는 수업도 많다. 물론 '좋수만'을
하게 되면 그렇지 않았을 때보다 더 긍정적인 변화가 나타난다.

〈1학년 좋은수업만들기 제안서〉
이우고등학교총학생회 교육문화위원회 작성

1. 일시
□ 11월 5일(월) ~ 11월 9일(금)

2. 장소
□ 각 반 수업시간에 진행

4. 문제의식
□ 수업의 주체는 학생과 교사이며, 좋은 수업을 만들기 위해서는 교사와 학생이 함께 적극적으로 수업에 대해 고찰하고 변화의 방향성을 고민해야 합니다.

□ 현재 1학년 학생 내부에서 제기되고 있는 수업에 대한 문제의식을 나누고자 합니다.

□ 교사가 수업을 준비하고 학생들이 소비자적으로 수업을 평가하는 것을 넘어 학생 스스로 수업 속 모습을 돌아볼 수 있는 시간을 만들고자 합니다.

5. 목적에 대한 세부 설명
① 수업의 주체는 학생과 교사입니다.

학생이 수업의 일원으로서 학생이 생각하는 좋은 수업과 배움이 무엇인지, 우리는 이 수업을 통해서 얻고 싶은 것이 무엇인지에 대해 깊이 이야기해 보아야한다고 생각했습니다. 우리가 생각하는 좋은 배움이 일어나지 않는다고 느꼈을 때, 그렇다면 왜 좋은 배움이 일어나지 않는지에 대해 고민하면서 수업의 방식, 자료 등에 대한 이야기가 이루어져야 한다고 생각합니다. 이번 좋은수업간담회를 통해 학생이 원하는 수업과 배움에 대해 이야기하고 각 교과목을 통해 배우고 싶은 점들과 더불어 좋은 수업을 어떻게 만들어갈 것인지에 대해 이야기해보는 자리가 되었으면 합니다. 단순히 수업의 방법적인 면을 비판하는 자리가 아닌 우리가 원하는 배움을 만들어가는 자리입니다.

② 지속적으로 1학년 학생들 내부에서 수업에 대한 문제제기가 있었습니다.

1학년 학년 내부에서 교과과정과 교육과정에 대한 문제의식은 늘 있었습니다. 학생들은 다양한 형태(이야기장, 대자보 등)으로 문제의식을 공유하였지만 이는 수업을 듣는 모든 학생들이 어떻게 수업을 받아들이고 있는지 객관적으로 알아볼 수 있는 자리가 될 수 없었습니다. 또한 교사회와 문제의식을 나눴지만 여전히 해소되지 못한 문제의식들이 있습니다. 하지만 반복된 좌절로 인해 1학년 학생들 내부에서는 수업에 대한 이야기를 학생들끼리 사적으로 이야기하게 되었으며 '이야기해도 바뀌지 않을 거야'라는 생각이 지배적 담론이 되었습니다. 수업을 듣는 모든 주체들이 수업에 대한 각자의 이야기를 꺼냄으로서 교사와 학생 간 고질적인 소통문제를 타파하고 '함께' 좋은 수업을 만들어가는 시작이 되길 기대합니다.

③ 학생들의 소비자적인 태도

지금까지 좋은수업만들기는 교사에게 '방식을 바꿔달라'는 학생들의 요구만 이루어진다는 점에서 학생들의 소비자적인 태도가 지배적이었습니다. 하지만, 이번 좋은수업만들기에서는 교사분들 또한 수업 분위기에서 느끼시는 어려움들을 적극적으로 나눠주실 수 있도록 방식을 변화시킬 예정입니다. 이를 통해 교사에게 학생이 요구하는 일방향적인 소통을 넘어 교사와 학생의 쌍방향적인 소통이 이뤄질 수 있도록 할 예정입니다. 좋은수업만들기에서 학생들 스스로를 돌아보고 배움에 대해 적극적으로 고민하는 자리가 될 수 있길 바랍니다.

5. 변화된 형식

1) 방식

- 10월 28일(일)까지 학년톡방에 공유된 구글폼을 통해 교사/학생이 문제의식을 가지고 있는 교과목을 선택해 본인의 문제의식과 진행하고 싶은 좋은수업간담회의 방식을 받습니다.

- 구글폼을 통해 들어온 수업 문제의식에 한해 좋은수업만들기를 기획합니다. 각 문제의식마다 이야기가 잘 나올 수 있는 최선의 방식이 다르다는 점에서, 각 교과목마다의 진행방식을 다르게 할 예정입니다.

   ex1) 수업이 교양과목이라 하여 학생들이 적극적으로 수업에 참여하지 않고 쉬는 시간으로 생각하는 것 같다. ⇨ 학생들이 돌아가며 수업에서 자신이 무엇을 배웠고, 배움의 과정에서 어떤 어려움이 있었는지 말한다.

ex2) 수행평가가 지속적으로 있어 긴장상태에서 수업을 듣는다. 불안함을 원동력으로 배우는 것이 옳은 것인지 모르겠다. ⇨ 선생님께서 수업평가계획서를 정하시게 된 이유를 설명해주시고 학생들이 제안하고 싶은 수업방식에 대해 포스트잇으로 써 붙인 후 교사와 함께 이야기한다.

– 11월 1일(목)에 좋은수업만들기를 진행 할 수업을 교사/학생에게 공지합니다. 학생들에게 좋은수업만들기를 수업시간에 진행할 학생진행자를 모집합니다.

– 11월 2일(금)에 학생 진행자들을 만나 교문위의 기획안을 공유합니다.

– 11월 5일(월)~11월 9일(금)까지 수업간담회를 진행합니다.

2) 방식 변화 논의에 있었던 문제의식

모든 수업에 대해 공통적으로 좋은수업만들기를 진행하는 것이 아닌, 학생과 교사 사이에서 문제의식이 제기된 수업에 한해 좋은수업만들기를 진행할 예정입니다. 기존의 좋은수업만들기는 의무적으로 모든 수업을 진행해야 했기에 좋은수업만들기가 학생들에게 절실하지 않음에도 불구하고 진행되어, 각 교과목마다의 편차가 심했습니다. 또한 하나의 똑같은 방식을 정하고 각기 다른 문제의식을 가지고 있는 수업들에 적용시키다 보니, 수업간담회가 형식적이었고 문제의식에 대한 충분한 논의가 이루어지기 어려웠습니다. 좋은수업만들기가 '수업 안 하는 시간'으로 작용하지 않고, 학생들에게 필요한 시간으로 운영되기 위해 문제의식 맞춤형 좋은수업만들기를 진행할 계획입니다.

좋은수업만들기 진행 후 실질적인 변화를 적용시키기 위해서는 단기방학 이후로 미뤄서는 안 된다는 생각, 좋은수업만들기와 관련하여 교문위 내부에서 최근에 논의하기 시작한 점 때문에 이번 좋은수업만들기 일정이 불가피하게도 빠듯하게 잡게 되었습니다. 죄송합니다.

좋은수업만들기는 수업의 주체로서 학생들이 가지는 권리인 만큼, 또한 좋은수업만들기가 수업 방식에 대한 적극적인 고민과 더불어 좋은 배움을 모색할 수 있는 자리가 될 수 있도록 선생님들께서도 적극적으로 학생들과 함께 고민해주시길 바랍니다. 감사합니다.

이우고 총학생회 내 교육문화위원회에서 교사회에 제안한 '고1 좋은수업만들기 제안서'
(2018년 10월 29일 교사대표자회의 자료)

2. 이우고등학교의 선택수업

이우고등학교 수업의 가장 큰 특징은 선택수업이다. 일반적인 자립형사립고나 하나고와 같은 학교에서도 선택수업이 진행되고 있다. 하지만 그학교들에서는 대학입시를 위한 선택수업인 반면, 이우의 선택수업은 정말로 공부하고 싶고, 배우고 싶은 것을 선택해서 수업을 듣는 명실공히 선택수업이라고 할 수 있다. 아이들의 학습 요구에 맞추다 보면 일 년에 거의 100개에 달하는 수업들이 개설되기도 한다.

안정적인 선택수업과 무학년제 수업의 정착

이우학교는 2010년부터 '고교 교육력 제고 시범학교'로 지정되었다. 그전까지는 일반 고등학교 과정을 따라야 했기 때문에 새로운 시도를 하기어려웠다. 하지만 시범학교로 지정된 후에는 '무학년제 실시' 등 새로운시도가 가능해졌다. 이우학교 설립 이념에는 '한 명의 아이에게 하나의 교육과정'이라는 놀라운 모토가 있기 때문에 그런 시도가 가능했다고도 볼수 있다. 시범학교 지정은 그것을 실현할 수 있는 계기가 되었을 뿐이다.

선택수업은 고등학교 2학년부터 본격적으로 시작된다. 선택수업 시행초기에는 고3이 되면 수능준비를 했기 때문에 무학년제, 선택수업을 하는데 어려움이 많았다. 게다가 선택수업은 2명 이상만 신청하면 수업이 개설되는데, 수강자가 13명 이하면 성적 등급이 나오지 않는 것도 문제였다. 성적 대신 성적표에 '·'이 찍혀 나온다. 대부분의 고등학교가 대학진학률을 학교 평가의 기준으로 삼기 때문에 대학에서 어떻게 평가할지 알 수 없

고등학교 1학년 · 고등학교 2학년 · 고등학교 3학년 시간표

고등학교 1학년

요일 / 시간	1반	2반	3반	4반
1교시	학년자치			
2교시				
점심				
3교시	기술가정(대)	국어I(한)	수학I(인)	기술가정(수)
4교시	기술가정(대)	국어I(한)	수학I(인)	기술가정(수)
점심				
5교시	국어I(한)	영어I(예)	미술창작(노)	수학I(인)
6교시	국어I(한)	영어I(예)	미술창작(노)	수학I(인)
7교시	기초수학(현)			
8교시				
저녁				
9교시				
10교시				
영역				
1교시	한국사(강)	기술가정(수)	영어I(한)	한국사(강)
2교시	한국사(강)	기술가정(수)	영어I(한)	한국사(강)
3교시	미술창작(노)	수학I(인)		화학I(황)/지구과학I(영)
4교시	미술창작(노)	수학I(인)		화학I(황)/지구과학I(영)
점심				
5교시	수학I(인)	운동과건강생활(조)	국어I(한)	수학I(인)
6교시				
7교시	영어I(예)		한국사(강)	영어I(영인)
8교시				

고등학교 2학년

요일 / 시간	1반	2반	3반	4반
1교시	학급자치			
2교시				
점심				
3교시	영어독해와작문(다) / 영어II(래)			문학(방)
4교시				
점심				
5교시	일본어I / 중국어I / 독일어I / 프랑스I / 스페인어I / 한문I 정보 / 문경생			
6교시				
7교시	세계사(우) / 경제(진) / 비교문화(재) / 법과정치(A조) / 지구과학I(영)			
8교시				
저녁				
9교시				
10교시				
1교시	미적분I(현)		문학(방)	영어독해와작문(다) / 영어II(래)
2교시				
3교시	노작활동(백)	스포츠문화(정)		미적분I(현)
4교시				
점심				
5교시	음악의이해(K) / 미술과삶(스) / 사창작(P) / 심화영어(왕여)인			
6교시	생활과윤리(신) / 법과정치(B조) / 사회문화(진) / 세계지리(나) / 생명과학I(임)			

고등학교 3학년

요일 / 시간	1반	2반	3반	4반
1교시	학급자치			
2교시				
점심				
3교시	졸업논문 / 졸업인증 / 봉사 / 자기성장보고서			
4교시	수학연습I(최)	환경과녹색성장(박)	인류의미래사회(현)	독서와문법(정)
점심				
5교시	일본어I / 중국어I / 독일어I / 프랑스I / 스페인어I / 한문I / 정보I / 고급수학(진)			
6교시	세계사(우) / 경제(진) / 비교문화(재) / 법과정치(A조) / 지구과학I(진)			
7교시	인류의미래사회(현)			
8교시				
저녁				
9교시	응용수학(최) / 사회과학방법론(재)			
10교시	응용수학A(최)			
1교시	과제연구(영)	인류의미래사회(현)	독서와문법(정)	환경과녹색성장(박)
2교시				
3교시	응용수학I(최) / 실용영어독해와 직문A(리) / 심화영어독해A(다)			
4교시				
점심				
5교시	음악의이해(K) / 미술과삶(P) / 심화영어(왕여) / 사회과학방법론(재)			
6교시	환경과녹색성장(박)			
7교시	독서와문법(정)			생활과윤리(사) / 법과정치(B조) / 사회문화(진) / 세계지리(나) / 생명과학I(임)
8교시				

이우학교 사용설명서

요일	시간	1반	2반	3반	4반
수	저녁				
	9교시	세계사(우) / 경제(진) / 법과정치사A(손) / 지구과학I(영)		생명과학II(임) / 물리II(서)	세계사(우) / 경제(진) / 법과정치사A(손) / 지구과학I(영)
	1교시	생명과학II(임) / 물리II(서)	독서와문법(정)	환경과녹색성장(박)	인류의미래사회(현)
	2교시				
	3교시	응용수학B(최) / 실용영어독해와작문B(채) / 심화영어독해II(다) / 단체운동(조)			
	4교시				
	점심				
	5교시	인류의미래사회(현)	세계사(우) / 경제(진) / 비교문화(체) / 법과정치사A(손) / 지구과학I(영)		
	6교시				
	7교시	교사협의회(수업연구, 교육과정협의회, 교사회의) 일본어I / 독일어I / 프랑스I / 스페인어I / 한문I / 정보 / 고급수학(진)			
	8교시				
	저녁				
	9교시	생활과윤리(신) / 법과정치사A(조) / 사회문화(진) / 세계지리(나) / 생명과학(임)			
	10교시	비교문화 I (체)			

요일	시간	1반	2반	3반	4반
수	저녁				
	9교시	세계사(우) / 경제(진) / 법과정치사A(손) / 지구과학I(준) / 지구과학I(영)		스포츠문화(명)	
		문학(방)	미적분(진)	노작활동(백)	문학(방)
		스포츠문화(명)	미적분I(진)	노작활동(명)	미적분I(현)
	점심				
	저녁	세계사(우) / 경제(진) / 비교문화(체) / 법과정치사A(손) / 지구과학I(영)			
		미술창작(노)	영어I(예)		
	9교시	운동과건강생활(조)		미술창작(노)	
	점심				
	저녁	교사협의회(수업연구, 교육과정협의회, 교사회의)			
	9교시	생활과윤리(신) / 법과정치사A(조) / 사회문화(진) / 세계지리(나) / 생명과학(임)			
	10교시	비교문화 I (체)			

요일	시간	1반	2반	3반	4반
수	1교시	영어I(영아민)	미술창작(노)	수학I(민)	기술가정(대)
	2교시				
	3교시	화학I(유) / 지구과학I(영)	기술가정(대)		영어I(예)
	4교시		기술가정(대)		
	점심				
	5교시	기술가정(수)	수학I(민)	운동과건강생활(조)	미술창작(노)
	6교시		영어I(영아민)		
	7교시	교사협의회(수업연구, 교육과정협의회, 교사회의)			
	8교시				

요일	시간	1반	2반	3반	4반
목	1교시	미적분(현)	문학(방)	스포츠문화(명)	노작활동(백)
	2교시	영어독해와작문(다)	영어II(왕아민) / 영어II(래)	문학(방)	미적분(진)
	3교시				
	4교시				
	점심				
	5교시	생활과윤리(신) / 법과정치사A(조) / 사회문화(진) / 세계지리(나) / 생명과학(임)			
		비교문화 I (체)			

요일	시간	1반	2반	3반	4반
금	1교시	국어I(한)	수학I(민)	기술가정(수)	영어I(예)
	1교시				
	3교시	운동과건강생활(조)	국어I(한)	한국사(강)	수학I(강)
	4교시				
	점심				

2016년 1학기 이우고등학교 시간표

교시	1반	2반	3반	4반
5교시	영어I(예)	한국사(강)	화학I(홍)/지구과학I(영)	
6교시				
7교시	한국사(강)	영어I(예)	수학I(민)	국어I(현)
8교시				
저녁				

요일	월			
시간	1반	2반	3반	4반
1교시	화학I(홍)/지구과학I(영)	국어I(현)		한국사(강)
2교시				
3교시	수학I(민)	한국사(강)	영어I(예)	운동과 건강생활(조)
4교시				
점심				
5교시	기초수학(현)			
6교시				
7교시	동아리 활동			
8교시				
저녁				

점심	1반	2반	3반	4반
음악이해(해)/미술과삶(노)/사랑과성(솔)/심화영어(영)(민)				
미적분I(현)	미적분I(진)	영어독해와작문(영)(민)	영어II(래)
영어독해와작문(영)(민)	영어II(래)	미적분I(현)	미적분I(진)
문학(방)	미적분I(진)		
점심				
영어독해와작문(영)(민)		영어II(영)(민)		
		영어II(래)		
동아리 활동				
저녁				
토				
연극의 이해 / 영화의 이해 / 사진의 이해				

점심			
5교시	생활과윤리(신)/법과정치(B존)/사회문화(진)/세계지리(나)/생명과학I(입)		
6교시			
7교시	환경과녹색성장(박)	응용수학(최)/실용영어독해와작문A(래)/심화영어독해A(다)	
8교시			
저녁			

점심	1반	2반	3반	4반
	독서와문법(정)	음악이해(해)/미술과삶(노)/심화영어(영)(민)/사회과학방법론(채)		
	수학연습I(최)	환경과녹색성장(박)	인류의미래사회(한)	독서와문법(정)
	생명과학II(입)/물리II(사)	생활과윤리II(입)(애인)	독서와문법(정)/환경과녹색성장(박)	인류의미래사회(한)
점심				
동아리 활동				
저녁				
토				
연극의 이해 / 영화의 이해 / 사진의 이해				

62

이우학교 사용설명서

는 이 ' ‥ '을 수용하기 어렵다. 대입을 고려한다면 역시 선택할 수 없는 방식이 바로 선택수업이다. 그러나 새로운 비전을 세우고, 대입 입시에 관한 방침을 명확히 정리한 이후에 이우의 선택수업은 정착할 수 있었다.

2014년 말 '학습풍토개선위원회'가 만들어졌고, 교사와 학부모들 간 논의를 통해 입시를 염두에 두지 않고 고3까지 교과 과정을 충실히 진행하기로 결정하였다. 그러면서 고3도 입시대비, 수능대비가 아닌 수업이 가능해졌고, 다양한 형태의 과제를 수행할 수 있게 되었다. 아이들의 자치나 비교과과정에서의 좀 더 다양한 시도도 가능할 수 있었다. 무학년제 선택수업도 이러한 배경에서 안정되게 실시되었다.

이우학교 선택수업의 운영 방식

이우고등학교 수업은 인원 제한 없이 개설된다. 2명이 신청해도 수업은 열린다. 아이들이 원하는 수업을 선택할 수 있도록 여러 선택과목을 개설한다. 게다가 아이들이 수업을 기획해서 제안하면 선생님과 논의해서 수업을 개설할 계획도 있다. 주제는 교과일 수도 있고, 활동일 수도 있다. 앞으로 실험적으로 할 예정이다.

물론 아이들이 자신이 원하는 모든 수업을 들을 수는 없다. 왜냐하면 열리는 교과가 아무리 많아도 수업시간은 한정되어있기 때문이다. 동시에 열리는 교과를 중복해서 선택할 수는 없으니 말이다. 하는 수 없이 학교에서는 먼저 시간표 가안을 만들고 아이들이 수강신청을 한 후 수강신청자가 많이 겹치는 과목들은 최대한 겹치지 않도록 조정해서 아이들이 자신이 선택한 수업을 가능하면 들을 수 있도록 한다.

그러다 보니 학교 모든 강의실을 다 사용해도 강의실은 항상 부족하다. 또한 여러 활동에서 주체적으로 역할을 해야 하는 고2는 활동에 투여하는 시간이 많고 수업별 과제들이 많아 그 수업을 다 소화하는 것이 어렵다. 그래서 4블럭까지는(8교시 수업) 모든 교과를 끝내고 그 이후 시간은 비교과 활동을 할 수 있도록 결정하였다. 그러자 5단위가 기본인 수학을 4단위로 1단위를 줄여야 하는 문제가 생겼다. 그 1단위를 줄이는 것은 정말 쉬운 일이 아니었지만 교사들간 협의를 통해서 결정할 수 있었다.

버리는 과목은 있어도 망하는 과목은 없다

오래간만에 아이와 저녁 식탁에 앉았다. 고3이 되어 힘들 아이에게 "힘들지?" 하고 위로의 말을 건넸다. 그러자 아이가 "아니, 괜찮아. 수학만 안 들어도 살 것 같아."라고 대답을 했다. 디자인에 관심 있는 아이에게 수학을 듣지 않을 수 있는 권리가 있어 다행이었다.

아이들의 요구에 따라 선택수업을 하게 되면 원치 않는 공부를 하느라 겪는 고생이 좀 줄어든다. 그 중 하나가 수학이다. 대한민국의 많은 아이들이 수포자다. 명문대 선발 과정에 초점을 맞추다 보니 고등학교 수학과정이 지나치게 어렵다. 많은 아이들이 상위권 아이들의 등급을 떠받쳐주기 위해 필요하지 않은 수학을 배운다. 이우학교 아이들도 수학이 어렵다. 선행학습 없이 수업만 가지고 수학과정을 충분히 익히는 것은 힘들다. 지겹고 어렵고 의미가 뭔지도 알 수 없는 수업을 피하지도 못한 채 앉아서

꾸역꾸역 들어야 한다면 얼마나 고통스러울까. 우리도 경험해보지 않았는가? 그런데 이우에서는 기본 단위만 이수하면 수학을 더 이상 수강하지 않아도 된다. 물론 대학을 진학할 계획이고 특히 이과생이라면 수학을 계속 들어야 한다. 하지만 그렇지 않다면, 특히 예체능 학생이나 대학에 진학하지 않는 학생이라면 수학을 듣지 않아도 된다. 수학을 듣지 않아도 된다는 것만으로도 학교생활이 행복해질 수 있었다.

교사의 헌신으로 가능한 선택수업

이우의 진정한 선택수업이 가능한 것은 교사들 덕분이다. 이우 교사들은 매년 새롭게 수업 준비를 해야 한다. 이게 쉬운 일이 아니다. 그런 데다 아이들이 원해서 새로운 수업을 개설했는데 수강신청자가 많지 않아 없어지는 경우도 있다. 실지로 시간표를 짜면서 수강신청을 변경하게 되어 수업이 폐강될 때도 있다.

아이들의 요구와 의향에 따라 새로운 과목이 해마다 생기기도 하고 또 있던 과목들이 사라지기도 한다. 어떤 해에는 아이들이 관심이 많아 수업을 했지만 다음 해에는 없어질 수도 있다. 신청자가 없으면 개설되지 않기 때문에 기껏 새로 개발한 교안이 1년 쓰고 무용지물이 될 수도 있다. 고작 한번 밖에 쓸 수 없는 교안에 시간과 노력을 들이고자 하는 교사가 과연 얼마나 있을까? 이렇게 아이들의 요구에 따라 수업이 생겼다 없어졌다 하는 선택수업 제도는 교사가 수용하지 않으면 원천적으로 실시할 수 없다. 오로지 교육에 헌신하겠다는 교사가 아니면 이런 방식의 선택수업은 불가능한 일이다.

이렇게 선택수업을 하다 보면 인기 과목도 생긴다. 인기 과목의 경우 수강신청자가 너무 많아 빨리 신청하지 않으면 수강을 하지 못하는 경우가 생기고 별로 듣고 싶지 않은 과목을 신청할 때도 있다. 대학의 수강신청처럼 말이다. 이우고등학교의 대표적 인기 수업은 교장선생님이 하시는 '시창작' 수업이다. 최근엔 아이들이 '문학개론'을 개설해달라는 요청이 있어 고민 중이시라고 한다. 2017년도에는 미술 이론 수업이 인기가 높았다. 수강신청자가 너무 많아서 2018년엔 1학기 때는 고3을 먼저 듣게 했고, '미술전공실기'라고 하는 새로운 과목도 개설되었다.

수강신청 TIP

선택수업을 신청할 때 한 가지 주의해야 할 점이 있다. 교과목별로 반드시 이수해야 하는 시수가 정해져 있기 때문에 3학년 동안 그 시수를 잘 안배해야 한다. 좋아하는 것만 먼저 골라서 듣다가 필수 시수를 채우지 못해서 3학년 때 정말로 원하지 않는 교과를 들어야 하는 경우가 생기기 때문이다. 자신이 듣고 싶은 선택수업이 매년 열린다는 보장이 없으니 전략을 잘 짜야 한다. 이수해야 할 시수를 다 채우지 못하면 졸업이 어렵다.

예체능을 하는 아이들의 경우 실수를 많이 한다. 예체능을 한다고 해서 수학을 아예 듣지 않아도 되는 것은 아니기 때문이다. 고3이 되어 수학 시수를 채우기 위해 어쩔 수 없이 수학을 신청해야 하는데 이때 개설된 수학교과목이 기하학이면 기하학을 들어야 하는 웃지 못할 상황도 생길 수 있다.

선생님들도 이런 문제를 해결하기 위해 고민이 많다. 수업과 수강신청에 대해 안내를 잘해줘야 하는데 충분히 안내해줄 여유나 시간을 갖기가 쉽지 않다. 아이들은 알음알음 여기저기서 정보를 듣기도 하고 선배들의 조언을 구해 수강신청을 한다. 물론 수강신청 정정 기간이 있기도 하고 청강도 가능하기 때문에 들어보고 자신에게 맞는 수업을 신청할 수 있다.

앞으로는 교과 신청할 때 선생님들이 다 나와서 자신의 교과를 설명하는 설명회를 기획 중이다.

3. 토요일 수업과 공강

토요일에도 수업은 열려있다

이우에는 토요일 수업을 신청할 수 있다. 토요일 수업은 아이들과 선생님이 의논해서 수업시간을 정하기도 하고, 수업 내용을 논의해서 결정하기도 한다. 평일 수업에 비해 느슨한 분위기지만 그렇다고 절대 시간 때우기 수업은 아니다. 주말을 반납하고 듣는 수업인 만큼 아이들은 정말 진지하고 성실하게 수업에 참여한다.

■ 토요일 수업

"너 이번 학기에도 토요일 수업 신청할 거야? 이번엔 하지 마!"

"왜?"

"엄마 맨날 토요일 아침에 일찍 일어나서 너 데려다주기 귀찮아. 토요일은 좀 쉬자. 토요일에 뭔 수업이야?"

고등학교 입학한 뒤 아이는 매주 토요일마다 학교에 갔다. 주로 영화, 연극, 사진, 등 예능 관련한 수업이 열렸다. 외부 강사가 진행하는 수업이었다. 독립영화에 관심 있는 딸아이는 영화 수업을 듣곤 했다. 근데 매일 잠잘 시간이 없어 수면 부족으로 고생하던 아이가 토요일까지 수업이라니……. 피곤해서 일어나지 못하던 아이가 일어나 지각이라며 난리를 치면, 어쩔 수 없이 차키를 들고 나설 수밖에 없었다. 덕분에 내 휴일의 금쪽같은 늦잠도 사라져 버리고 마는 것이었다. 토요일 수업 덕에 주말에 놀러가는 것도 어려웠다.

■ 공강, 그 아름다운 시간

"엄마, 오늘 도서관에서 진주선생님한테 혼났어."

"왜?"

"도서관에 온돌이 있잖아. 공강 시간에 도서관에 있었는데, 온돌에 앉아 있었더니 따뜻하니 좋더라고. 그래서 잠깐 누워 있었는데, 선생님이 오셨다가 자고 있다고 뭐라고 하시는 거야."

"공강? 너 그런 게 있어? 왜?"

고1 겨울 방학을 코앞에 둔 시점이었다. 도서관에서 자다 담임선생님한테 들켜 애들 보는 앞에서 무안을 당한 것이 분했던지, 웬만해선 학교 이야기를 안 하던 딸아이가 집에 와서 투덜거리며 이야기를 늘어놓는다. 그런데 난 선생님한테 혼났다는 것보다 고등학교 1학년 아이 입에서 나온 '공강'이라는 단어가 더 귀에 꽂혔다. 고등학생이 공강이라니…….

아이들이 수강신청을 하다 보면 중간중간 비는 시간이 생긴다. 고등학생에게 공강 시간이 있다는 것이 이해가 되지 않을 수도 있다. 그리고 공강 시간에 아이들이 도대체 뭘 할까를 생각하다보면 의심부터 하게 된다. 그런데 아이들에게 이 공강 시간이야말로 숨이 트이는 시간이다. 이때 다 못한 과제를 하는 아이들이 많다. 밤을 새워도 과제를 못했을 경우 공강 시간에 모든 집중력을 발휘하여 초고속으로 과제를 해내곤 한다. 또 어떤 아이들에게는 친구들이나 학교에 대해 탐색하는 시간이 되기도 한다. 물론 달콤한 낮잠의 시간이 되기도 한다. 이우학교에만 있는 낮잠 시간인 셈이다.

2010년부터 이우학교에서 시작된 고교 제도 개선의 거대한 실험은 2023년까지 계속되었고, 그 결과 2025년부터는 전국 모든 고등학교에서 '고교 학점제'가 시행된다.

일반 고등학교 현장에서 우려와 불만의 목소리가 있는 것으로 안다. 대학 입시를 목표로 달려가는 일반 학교에서 과연 이우학교에서 이뤄진 실험과 상상을 실현할 수 있을지 확신할 수는 없다. 부디 아이들이 자신에게 맞는 배움의 기회를 얻고 진로를 찾아가는 데 고교 학점제가 도움이 되는 제도로써 안착하길 바랄 뿐이다.

4
수업 외 활동

1. 과제 = 공부

아침에 화장실에서 친구를 만나면 하는 인사, '너 또 밤 샜구나? 눈 밑에 다크 서클이 짙다.' 고2에 들어서면서 아이들은 '나 오늘 이틀째 밤새고 있어' '나 지금 48시간째 깨어있는 중이야', '난 3일 동안 4시간 잤어' 등의 인사를 주고받는다. 고1때는 옷도 깔끔하게 신경 써서 잘 입고 다니던 아이들도 고2, 고3이 되면서 운동복으로 옷이 변해간다. 이게 다 과제 때문이다.

이우학교는 과제가 많다. 중학교 때는 완전 다른 수업 방식과 과제 유형 때문에 힘들고, 고등학교에 들어와서는 분량이 많아 힘들다. 특히 과제 분량은 고2, 고3 때에 정점에 이른다. 고1 때는 모두 같은 교과목을 듣기 때문에 과제의 분량이나 제출기한을 선생님들끼리 조정하여 주지만 선택수업이 진행되는 고2부터는 교과 간 조정이란 것이 불가능하기 때문이다.

과제를 하느라 밤을 새우고 과제를 제대로 못해서 0점을 받고. 이우에서 과제는 과제다. 학습을 평가하는 수단인 이우 과제는 매우 중요하다. 이우에서는 과제를 통해서 학습능력을 키운다고 해도 과언이 아니다. 물론 과제를 하는 데에는 많은 어려움이 따르고 간혹 과제에 따른 부작용도 생긴다.

Ctrl C, Ctrl V 하면 되지 않을까?

이우학교에서는 과제야말로 학생들의 자발적 학습을 추동하는 중요한 학습의 과정이다. 그리고 실지로 과제를 하면서 아이들은 사고가 확장되고, 함께 고민하고 의견을 나누면서 협동심이 커지고 의사소통능력도 나아진다. 그것은 이우학교 과제의 성격에 기인하기도 한다. 요컨대 Ctrl+C와 Ctrl+V를 사용해서 하는 과제는 없다. 과제의 성격에 따라서 그것을 하는 방법도 다양하고, 과제의 제출방식도 다양하다. 일반학교의 과제와는 하나에서 열까지 다 다르다.

이우중학교에 입학하면 아이들 사이의 좋은 관계를 형성하는 것이 학습의 목표다. 대부분의 수업이 모둠수업으로 진행되는데 특히 사회과목은 모둠으로 하는 과제가 많다. 예를 들면 친구집 찾아가서 인증샷 찍어오기, 동천동 공중화장실 조사해서 커뮤니티 맵 만들어오기 등이다. 성격이 좋은 아이들은 친구들과 금방 친해지고 이런 모둠숙제가 쉽지만 소극적인 아이들이나 친구를 사귀는 데 시간이 필요한 아이에겐 이런 식의 숙제가 적지 않은 스트레스가 되기도 한다. 소극적인 아이와 활발한 아이가 한 모둠이 될 때, 또는 덜렁거리는 아이와 꼼꼼한 아이가 한 모둠이 될 때 같이 과제를 하는 과정에서 힘들어하기도 한다. 하지만 그런 과정조차도 아이들 스스로 해결하도록 놔둔다. 그리고 아이들은 상대방을 이해해주거나 또는 자치시간 등을 통해 문제를 이야기하고 토론을 하거나 하는 식으로 서로의 차이를 이해하고 좁혀나간다. 이런 과정이 중학교 내내 모든 수업에서 이뤄진다고 볼 수 있다.

아이마다 차이가 있기는 하겠지만 중학교 때 힘들어하는 대표적 과제 중 하나는 영어 과제다. 꾸준히 해야 할 수행과제가 많다. 매주 신문 기사 스크랩을 하고 리딩 게이트라고 하는 인터넷 사이트에서 책을 읽고 문제를 풀어야 했다. 이와 별개로 수업 시간에 글을 읽고 영작문을 해야 한다.

수업이 끝나긴 했는데 몸이 말을 듣지 않는다. 하는 수 없이 엄마에게 데리러 와달라고 전화를 했다.

"왜? 어디 아파?"

"아니, 너무 배가 고파서 집에 갈 힘이 없어."

"왜? 점심 안 먹었어?"

"응 못 먹었어."

고2 2학기. 어쩌다보니 목요일 듣는 수업은 모두 발제 수업이다. 발제 수업이 3개가 겹친 이날은 점심도 못 먹었다. 발제수업은 오로지 내 책임으로 운영이 되는 수업이다. 내가 수업 준비를 안 해가면 다른 아이들이 수업을 들을 수 없게 되는 것이다. 수업 전체가 엉망이 된다. 그런 발제 수업이 3개가 겹친 날은 그야말로 초비상이 돼서 밥도 못 먹고 수업 준비를 하는 것이다.

발제수업을 하기 위해선 우선 텍스트를 읽는다. 보통은 2~3번을 읽어야 한다. 그래야 내용을 충분히 이해할 수 있다. 책은 반복해서 읽을수록 더 이해 할 수 있다. 2~3시간 동안 계속 반복해서 읽은 뒤 발표 틀을 잡아야 한다. 그리고 내용을 요약 정리해 문서로 학습지를 만든다. 필요할 경우 파워포인트로 만들기도 한다. 그렇게 밤새 자료가 만들어지고 나면 발표 준비를 한다. 학습지에 미처 정리하지 못한 내용은 따로 스크립트를 만든다. 정해진 시간 동안 압축적으로 일목요연하게, 그리고 능숙하게 발표하기 위해 반복적으로 발표 연습을 한다. 밥 먹을 틈이 없다. 1분 1초가 아깝다. 수업 시간이 점점 다가온다. 입이 바짝바짝 타들어간다. 하루에 발제 수업 세 개가 있는 날은 수업이 다 끝난 뒤엔 힘이 빠져 걸을 힘도 없다.

그나마 발표가 매끄럽게, 아이들의 주목을 받으면 힘이 덜 빠진다. 문제는 밤새 준비했는데, 듣는 아이는 한두 명이다. 아~! 인생의 쓴맛이란 게 이런 것일까?

아무 의욕도 안 생기고, 내가 계속 이걸 해야 하나 싶은 절망감이 든다. 그러나 그런 감정도 얼마 못간다. 절망에 빠져 있을 틈이 없다. 또 다른 과제가 기다리고 있다. 또 다시 달려야 한다.

과제에 투여하는 시간이 많으면 많을수록 제출하는 양도 많다고 생각할 수 있지만 전혀 사실이 아니다. 비록 10시간이 넘게 한 과제에 시간과 노력을 쏟아붓더라도 결과물이 나오지 않는 경우도 있다. 단답형이나 문제풀이 방식의 과제는 없다. 질문이 있는 과제는 고민하고 고민해서 글로 작성해야 한다.

아이마다 과제에 들이는 시간과 품이 다 다르다. 많은 시간을 들여도 결과물이 미흡한 아이도 있고 짧은 시간에 과제나 수업준비를 잘 하는 아이도 있다. 수업의 방식이 모든 과목마다 다른 것처럼 아이들이 준비하는 수업이나 과제도 아이마다 다 다르다. 중요한 것은 과제를 잘했느냐, 못했느냐, 수업준비가 완벽했느냐 완벽하지 못했느냐가 아니다. 그 과정에서 아이가 얼마나 노력을 했는지, 그 과정에서 아이 스스로 배움이 있었는지, 그리하여 아이가 얼마나 성장했는지가 중요할 뿐이다.

"A4 3페이지로 작성해오라고 했는데, 5장씩이나 준비했네. 다른 아이들은 3장도 잘 안 해오던데…… 선생님 수업에 이렇게 열심히 준비를 해오다니 정말 감동이구나."

기껏 밤 새서 준비한 발표를 친구들은 집중해서 들어주지 않아 실망스러웠다더니, 철학선생님으로부터는 최고의 칭찬을 들었단다. 이런 칭찬은 아이에게 동기부여가 되고, 힘들지만 다음 수업도 최선을 다해 준비하게 한다.

물론 수업에 참여하는 자세와 열의가 꼭 성적으로 이어지는 것은 아니다. 아이는 그 학기에 그 과목에서 가장 낮은 점수를 얻었다. 그래도 아이는 자신이 정말 열심히 수업을 준비했고 그 과정에서 많은 고민을 했고 선생님께 감동이라는 평가를 받았다는 사실을 기억하고 있다. 졸업한 지금도 그 수업에 대해 즐거운 기억으로 가지고 있고 스스로에 대해 자부심을 느

이우학교 사용설명서

끼고 있다.

철저한 과제 평가

"오늘 역사시간에 혼났어."

"왜?"

"역사 리포트 안 냈다고."

"역사 리포트 기한 여러 번 연장해주셨던 거 아냐? 그런데 안 냈어?"

"응, 내 맘에 드는 글이 안 나와서 안 냈어."

"왜, 만족스럽지 못하더라도 써서 내야지. 기한을 지키는 게 중요한 거야. 그리고 잘 못 썼어도 제출하는 게 중요하지. 선생님이 제출기한까지 여러 번 연장해 주셨는데 안 내면 어떻게 해? 그럼 수행점수도 없겠네."

"응, 아마 그럴걸."

결국 그 학기에 아이는 선생님으로부터 수업에 대한 날카로운 비판이 적힌 성적표를 받았다. 물론 수행평가도 0점을 받았다.

일반학교의 수행평가에는 기본점수가 있고, 비중도 지필고사보다 높지 않다. 하지만 이우의 수행평가 비중은 지필고사 비중보다 높고, 때론 평가의 100%를 차지하기도 한다. 물론 기본점수 같은 건 주어지지 않는다. 그러므로 과제를 제출하지 않으면 0점 처리될 수도 있다. 물론 평가라는 것이 아이를 점수 매기기 위한 것이 아니라 아이의 성장을 위한 훈련이니 선생님과 상의해 최대한 수행할 수 있게 한다.

개인차가 확연히 드러나는 과제 수행능력

어려운 과제도 뚝딱뚝딱 즐겁게 잘해내는 아이가 있는가 하면 과제에 짓눌려서 즐겁지 않은 아이들도 있다. 아이의 역량에 따라 과제의 산출물은 다른 형태, 다른 밀도로 나타난다. 아이들은 각자의 학습능력과 수준에 맞춰서 훈련을 받게 된다. 학생수가 적으니 가능한 일이다. 중학교의 경우에는 아이 스스로 마감시한을 정하고 거기에 맞추어 제출하도록 하거나 스스로 자신이 할 수 있는 도전적인 과제를 정하는 등의 맞춤 교육을 실시한다. 그렇게 하면서 자신이 성장하고 있다는 작은 성취감을 경험하도록 유도하고 있다.

대충은 없다

부모로서 과제를 하느라 밤을 새는 아이를 볼 때면 그렇게까지 해야 할 일인가 하는 마음이 들 때가 있다. 좀 융통성을 발휘해서 대충 할 만큼만 하고 자라고 하면 아이들은 오히려 부모를 부끄럽게 만든다.

고3 한국지리 첫 시간. 이번에 한국지리선생님께서 새로 오셨다.

선생님께서 과제를 내주시면서,

"이우 아이들은 과제가 많고 발표 준비도 잘해 온다고 들었다. 다음 시간부터는 발표시간을 10분 정도 줄 테니 여기에 맞게 발표 준비를 해오도록"

그러자 아이들이 난리가 났다. 어이없어하는 아이들.

"아니, 어떻게 발표를 10분 만에 해요. 그건 불가능해요."

"그래? 그럼 얼마 주면 되겠니?" 하고 선생님이 물어보셨다.

"최소 30분은 주셔야죠. 아니면 1시간을 주시던가요. 암튼 10분은 말도 안 돼요."

발표시간이 길면 길수록 수업 준비를 두 세배 더 긴 시간 동안 준비를 해야 한다. 물론 내용을 아주 잘 안다면 10분이라는 시간만으로도 충분히 내용을 압축해 전달할 수 있겠지만, 매 시간 접하는 모든 내용이 처음 접하는 내용들이니 짧은 시간에 발표를 한다는 것이 쉬운 일이 아니었다. 그렇다고 내용을 대충 준비할 수도 없었다. 이우학교 아이들은 대충이란 걸 모른다. 모든 일에 최선을 다하고자 하고, 그 결과가 스스로에게 만족스러워야 한다.

미리 준비해도 바쁘다!

고등학교 신입생 딱지를 벗게 되면 과제를 조정할 줄 알게 된다. 수강신청을 할 때, 선배나 친구들에게 미리 과목에 대한 정보를 듣는다. 과제의 부담이 어느 정도인지를 가늠해서 적당한 수준에서 신청을 한다. 하지만 그렇게 해도 하루도 빠짐없이 제출해야 할 과제는 있다. 학기 중에는 매일, 매주 정말 바쁘게 돌아간다. 과제뿐만 아니라 소풍, 농촌활동, 예술주간, 환경주간 같은 일정들이 빡빡하다. 그것도 아이들이 준비해야 하는 것이어서 아이들은 24시간이 모자란다. 그러니 학원은 시간이 없어서도 다니지 못한다.

2. 창의적 체험활동

창의적 체험활동(이후 줄여서 창체라 지칭한다)이란 자율활동, 진로활동, 동아리활동, 봉사활동 등을 가리킨다. 현재 교육과학기술부 지침에 학교 상황에 맞춰 자율적으로 운영할 수 있도록 되어있다. 이우학교에서는 각 학년의 교육 목표에 근거해 학년 팀에서 창체의 전 과정을 운영하고 있다. 중1은 관계(안전한 관계를 느껴보는 것), 중2는 자기발견, 중3은 자립과 공공이 교육목표이다. 고1은 더불어 사는 능력, 고2는 사회와 나(가정과 나 뿐만 아니라 사회적 존재로서의 나를 경험), 그리고 고3은 새로운 배움의 기획이다. 이러한 교육목표에 따라 창체가 기획, 운영된다.

목표달성은 중요하지 않아

부모들은 아이들의 결과물에 관심이 많다. 그리고 그 결과물이 과연 얼마나 높은 평가를 받느냐, 즉 좋은 성적으로 이어지느냐에 관심이 많다. 그러나 이우의 창체 과정은 목표로 했던 결과물을 얻는 것이 목표가 아니다. 목표까지 달성하지 못하더라도 아이들이 그 시기에 반드시 경험해봐야 할 것들을 경험하게 하는 것이 목표다. 이게 무슨 말일까?

이우학교에서는 인간이라면 성장과정에서 꼭 거쳐야 할 '생의 중요한 과업'을 어떻게 하면 '충분하게 경험할 수 있도록 할까'를 고민한다. 이우 창체의 목표는 단지 수업의 차원을 넘어서 아이들마다 각자의 성장 시기에 맞는 삶의 과업을 충분히, 그리고 총체적으로 경험하게 함으로써 이후의 삶을 살아갈 수 있는 힘을 기르게 하는 것에 있다. 그러니 뚝딱 목표를 달성하고 좋은 결과물을 만드는가, 아닌가 혹은 성공했는가, 아닌가는 중요하지 않다. 경험 자체가 중요하다.

아이들은 다양한 과업을 수행하는 과정에서, 또 친구가 경험하는 과정을 지켜보면서, 나의 경험을 의미 있게 해석해주는 친구와 서로 교감하면서 훌쩍 성장한다. 즉 공동체 안에서 서로가 서로에게 영향을 주고받음으로써 성장하는 것이다. 창체는 아이들이 새로운 시도를 하고, 그것을 통해서 배우고 성장하는 모든 과정을 포함한다.

창의적 체험활동의 사례들

1) 중2 교과과정 도보기행

인간은 걸으면서 자신의 내면을 들여다보며 성찰하는 시간을 가질 수 있다. 걷다 보면 지나간 시간을 돌아보게 되고, 현재 나의 느낌과 생각에 집중하며, 미래의 모습을 그려보는 일들이 자연스럽게 일어난다. 또 주위 사람들과의 관계에 대해 찬찬히 생각해 볼 여유도 생긴다.

매년 봄, 이우중학교 2학년 아이들은 강원도로 도보기행을 간다. 며칠간 함께 걷다 보면 많은 어려움도 있지만 함께 걸으면서 어려움을 극복하고 서로를 보살피는 방법을 배운다. 그리고 걷기를 마쳤을 때, 작은 성취감을 느낄 수 있다. 중학교 2학년의 시기는 스스로 삶을 주도해보려는 독립성이 강해지는 시기이지만 거기에 따르는 책임감을 생각할 줄 알거나, 세상을 보다 넓은 시각으로 보는 데는 아직 서툰 경우가 많다. 도보기행은 그런 아이들에게 건강한 독립성을 기르고 친구와 가족, 그리고 세상을 좀 더 깊고 넓은 눈으로 볼 수 있는 기회를 제공해주기 위한, '21세기 더불어 사는 삶'이라는 이우학교의 교육이념을 체화하는 교육과정이다.

2014년 도보기행

매년 봄에 떠나는 도보기행. 그러나 2014년은 그럴 수 없었다. 세월호 사고 때문에 거의 모든 야외활동이 금지되었기 때문이다. 2014년 4월 30일 출발예정이었던 중2 도보기행은 전면 취소되었다. 하지만 도보기행은 중2 교육과정 중 매우 중요한 과정이었기 때문에 그해 11월 다시 계획을 세웠다.

이우중학교 2학년 도보기행

구분	내용
목적	함께 걷기를 통해 우리는 서로 마음을 모으는 협동과 곁에서 함께 걷는 이들의 마음을 읽어주는 배려배우기 위함.
일시	2014.11.10(월) ~ 2014.11.12(수), 2박3일
장소	강원도 강릉시 왕산면 대기리 산촌 체험장(016-648-8322)

2014년 중2 도보기행 일정

60명의 아이들과 5명의 선생님들이 2박 3일 동안 대관령 부근 약 60km를 걸었다. 도보기행은 무조건 안전한 코스여야 한다. 특히 차량 소통이 적어야 한다. 그래서 도보기행 장소는 차량 소통이 없어 비교적 안전하고 주변의 경관이 좋으며, 적절한 오르막과 내리막이 있는 산길을 걷는다.

◇ **도보코스**
- 1일차 : 용평돔 경기장 ~ 대기리 산촌체험장 (6시간)

- 2일차 : 대기리 산촌체험장 ~ 안반데기 ~ 도암댐 ~ 대기리 산촌체험장 (8시간)
- 3일차 : 대기리 산촌체험장 ~ 노추모정탑 입구(4시간)

◇ 도보기행 전체 일정 및 코스

일자	시간	장소	거리
첫째 날 11/10(월)	08:00	오자매 앞	
	10:30	여주 휴게소	
	11:30~12:00	용평동 경기장 도착 후 점심식사	
	13:00	수화산문화학교	6km
	14:00	안반덕 입구 삼거리	8km
	16:00	안반덕 정상	11km
	17:00	안반덕 출구(강원도 감자원종장)	15km
	18:00	대기리 숙소도착(산촌제험마을)	18.5km
	19:00	저녁식사	
	21:00	평가회 후 취침	
둘째 날 11/11(화)	08:30	숙소 출발	
	12:00	안반덕 정상	11km
	14:00	안반덕 입구 삼거리	3km
	15:00	도암댐 입구	3km
	18:00	대기리 숙소도착(산촌제험마을)	11km
	19:30	저녁식사	
	21:30	평가회 후 취침	
셋째 날 11/12(수)	08:30	숙소 출발	
	12:00	노추산 모정탑	6km
	15:00	집으로 출발	
	18:00	학교 도착	

도보기행, 준비부터 마무리까지

도보기행은 안전이 중요하기 때문에 반드시 사전답사가 필요하다. 교사 5인과 도보기행준비위원회 학생들이 함께 1박 2일 동안 답사를 한다. 숙박, 식당 등을 확인하고 도보기행 코스의 안전여부도 확인한다. 또 반별로 도보기행 전반에 대한 안전교육을 실시하고 학년별로 차량이용이나 숙박시설, 응급처치 관련 안전교육을 실시한다. 도보기행 날이 가까워지면 모둠별로 조리도구나 식재료 기타 준비물품 등을 준비한다.

도보기행은 단지 걷기만 하고 끝나는 게 아니다. 날짜별로 주제가 있다. 첫째 날은 '그동안의 나', 둘째 날은 '지금의 나', 셋째 날은 '앞으로의 나'가 주제다. 첫째 날은 현재 내가 있기까지 뜻깊었던 일과 사건들을 되돌아보면서 변화하고 성장해온 자신을 살펴본다. 둘째 날은 내가 생각하는 나(장단점, 성격 등)와 타인(부모, 친구, 교사 등)에게 비치는 나를 비교해보고 자신을 좀 더 객관적으로 살펴본다. 그리고 셋째 날은 변화하고 싶은 나의 모습, 10년·20년·30년·40년·50년 이후 자신의 모습을 상상해보게 한다. 매일 밤 모둠별 평가 시간에 낮 동안 걸으면서 사색했던 내용을 서로 이야기하고 그것을 기록한다. 그리고 그 기록과 기행과정에서 찍은 사진, 그리고 기행 감상문 등을 과제로 제출한다.

핸드폰은 전부 선생님이 걷어가므로 걷는 것 말고는 딱히 할 게 없다. 그렇게 오로지 앞서 걷는 친구의 발꿈치만 쳐다보며 조용히 길을 걷다보면 바쁜 일상에서 생각해보지 못했던 것들에 대해 생각하기 시작한다. 미디어 홍수 속에서 한적한 길을 이렇게 몰입하며 걸어보는 경험 자체가 아이에게는 또 다른 소중한 경험이다.

코로나로 인해 대규모 인원이 움직이는 활동이 어려워짐에 따라 잠시 중단되었던 도보기행은 2022년부터는 '나를 바라보는 여행'으로 변경되었다. 학생들이 주제별로 소규모 팀을 구성하고 주제에 맞는 장소로 여행을 기획, 진행하는 방식이다.

2) 중2의 그림자극

중학교 2학년 2학기가 되면 아이들은 그림자극을 준비한다. 그림자극은 이우학교에서 가장 오래된 프로젝트 중 하나로 국어와 미술 교과목이 통합된 프로젝트 수업이다. 그림자극은 빛과 물체를 이용한 그림자놀이를 발전시킨 것으로 파일지, 종이 등을 이용해 천이나 한지 등에 비친 그림자를 이용해 이야기를 꾸며나가는 종합예술공연이다. 쉽게 말해 연극과 같은 형식으로 배우 대신 그림자인형이 움직이면서 연기를 보여준다. 연기자는 인형조종자 또는 성우가 되고, 무대미술이나 분장 등의 역할은 인형을 만들거나, 배경을 디자인하는 역할로 대체된다.

이우의 그림자극은 수업시간에 '이론으로 배운 것'을 실제 '만들고 행동하고 공연하는' 수업으로 아이들이 직접 대본를 쓰고 인형을 만들고 공연한다. 음향과 무대효과까지 전 과정을 아이들이 직접 진행한다. 팀별로 포스터와 안내 팜플렛도 만든다. 공연은 A4 10장 내외 분량의 시나리오를 바탕으로 1편당 약 20분 정도 소요된다.

그림자극은 사춘기의 아이들이 팀을 이루어 작업하는 가운데 친구들과 관계를 맺고, 갈등을 관리하는 법을 배우고 협동심을 기르고, 자신의 감정을 표현하는 법을 배우는 수업이다.

2014년 그림자극 프로젝트 전체 일정

일자	내용	비고
2014.09.01 ~ 09.28	교과 수업 진행 – 2014 그림자극 수업 안내 – 국어: 시나리오 쓰기의 이론과 실제 – 미술: 그림자극 감상 및 전체 안내	각반 교실
2014.09.29 ~ 10.02	2014 그림자극 프로젝트 공식 시작 – 그림자극 조 확정 및 역할 안내 – 그림자극 시나리오 확정 및 검토 수정	각반 교실
2014.10.03 (금)	개천절 휴일, 조별 연습 자유 진행 – 그림자극 캐릭터 디자인 및 배경 제작 – 그림자극 공연 연습	각 조별 공간 / 뒷정리 철저
2014.10.04 ~	그림자극 프로젝트 진행 – 그림자극 시나리오 수정 및 대본 리딩 – 그림자극 인형 및 배경 제작 – 그림자극 선배와의 대화(교과 시간 진행)	각반 교실(조별로 앉기)
2014.10.09 (목)	휴일 조별 연습 자유 진행 – 그림자극 캐릭터 디자인 및 배경 제작 – 그림자극 공연 연습	각 조별 공간 / 뒷정리 철저
2014.10.10 (금)	그림자극 공연 조별 연습 – 조별 연습 및 지도교사 조언 – 조별 포스터 등 홍보자료 제작	각반 교실 / 학생회관 지하
2014.10.13. (월) ~ 10.15(수)	중간고사 기간(그림자극 준비모임 불가)	각반 교실 / 학생회관 지하
2014.10.17 (금)	그림자극 공연 리허설 – 조별 연습 및 지도교사 조언	각반 교실 / 학생회관 지하
2014.10.22 (수)	그림자극 최종 리허설	학생회관 지하
2014.10.24 (금)	그림자극 공연 – 학생, 학부모, 교사 모두가 관람	학생회관 지하 그림자극 무대
2014.10.25 (토)	그림자극 공연 마무리, 후기 등 과제 안내	
2014.10.25 ~ 이후	그림자극 대본집 정리 및 DVD 제작, 평가	

자신들의 이야기를 쏟아놓는 그림자극

'반인반수'라고 불리는 대한민국의 중2, 북한이 대한민국 중2가 무서워 쳐들어오지 못한다는 우스갯소리가 있을 정도로 정말 막무가내인 아이들이 자신들의 이야기를 그림자극에 쏟아놓는다. 부모들과 선생님들, 그리고 친구들에게 하고 싶은 이야기를 그림자극으로 만들고 들려준다. 2014년은 세월호라는 가슴 아픈 사고가 벌어진 후여서 그림자극은 사회문제에 대한 내용이 많았다.

아이들은 공연을 통해 감동이나 재미뿐만 아니라 한국 사회의 민망함과 황당함, 우리의 부끄러운 민낯까지도 보여주었다. 아이들은 6개 팀으로 나누어 팀별로 연극 주제를 정했다. 세월호 문제를 다룬 〈Regret Message: 우리들의 이야기〉와 정부의 스마트폰 해킹과 부모의 사랑을 다뤘던 〈너를 위한 1〉, 우리가 믿고 있는 사실이 진실인가를 물었던 〈ODD〉, 누구나 느낄 수 있는 두려움을 극복하는 방법에 대해 풀어낸 〈두려움이 닿는 곳에〉, 양심을 버린 데서 찾아온 의외의 결과를 다뤘던 〈1223〉, 그리고 인연이 곧 악연이 될 수 있다는 소름끼치는 반전을 보여줬던 〈악연〉까지, 팀 나름의 깊이 있는 주제와 내용으로 공연은 채워졌다.

모두가 참여하고 스스로의 힘으로 완성해가는 극

하지만 아이들이 만드는 공연의 수준이 아주 높을 수는 없다. 공연의 결과물보다 어떻게 함께 만들어나가느냐 하는 과정이 중요하다. 요컨대 주어진 조건과 한계 안에서 각 팀이 팀원 각자의 역할을 나누고, 힘을 합쳐 그림자극을 준비하고 완성해가는 과정이 아이들에게는 더욱 중요한 배움의 과정이다.

그림자극을 준비하면서 팀 안에서 생기는 갈등을 부모나 교사의 개입 없이 팀 구성원들끼리 논의를 통해 조정하고 해결함으로써 아이들은 갈등의 조정과 해결과정을 스스로 배우게 된다. 또한 진행과정에서 아이들은 각각의 맡은 역할에 최선을 다하는 것, 산출된 결과에 대해서 스스로 책임을 지는 것을 배울 수 있다.

이 과정에 제외되는 아이는 한 명도 없다. 음향감독, 조명감독, 미술감독, 사진감독, 총감독, 작가, 총무 등 한 명도 빠지지 않고 역할을 나누고 각자의 몫을 해야 한다. 그리고 끝까지 자신이 맡은 바 역할에 책임을 진다. 학교 일로 단 한 번도 밤을 새워본 적이 없는 아이들이 밤을 새워 공연 준비를 한다. 한 달이라는 짧은 시간, 아이들의 압축된 에너지가 발산된다.

무언가에 집중해서 체력과 열정을 다 쏟고 난 아이들은 믿기 어려울 정도로 성장해 있다. 꼭 큰 역할이 아니어도, 주도적으로 참여하지 않더라도 몰입해서 열정적으로 준비하는 분위기 속에서 자신의 에너지를 끌어 올리는 경험을 하는 듯하다. 아이들은 놀면서, 쉬면서, 만들면서 때로는 다투면서 눈부시게 자라났다.

■ 작은 성공의 경험, 그 무엇보다 값진 배움

아이는 입학할 때부터 이우학교가 싫었다. 초등학교 친구 한명도 없는 낯선 곳에 가서 새롭게 적응하고 지내야 한다는 것이 너무 큰 스트레스였다. 친구를 사귀는 데 시간과 에너지가 많이 드는 성격이니 그럴 수밖에 없었겠지만 암튼 중학교 입학해 1년은 늘 학교와 일정 거리를 두며 적응하는

데 힘들어했다.

그러다 중2에 들어와 그림자극이란 것을 했다. 그림자극이 뭔지 잘 모르겠지만 암튼 아이는 미술감독을 맡아 며칠 밤낮을 인형을 오리고 붙이고, 잠도 못자고 고생하며 그림자극을 준비했다. 그리고 마침내 자신이 만든 그림자극을 무대에 올렸다. 공연이 끝나고 조명이 다 꺼지고 아이들은 공연을 보러 온 부모들과 함께 다 각자의 집으로 돌아갔다. 공연이 끝난 뒤, 뒷정리를 해야 한다며 조금 늦게 나온 아이의 얼굴은 한껏 상기되어있었다. 이우학교에 들어온 이후 처음 보는 모습이었다.

아이는 그림자극이 별문제 없이 잘 끝났고, 또 자신이 만든 인형이 다른 반의 인형보다 섬세하게 잘 만들어졌고, 다양한 모습의 인형들을 만들어서 공연의 질이 가장 높았다고 평가하면서 매우 뿌듯해했다. 성공의 경험으로 인한 자부심은 그 뒤로도 한참동안 이어졌다. 이우학교 와서 적응도 잘 못하고 주변인처럼 주위를 뱅뱅 맴돌던 아이는 그림자극을 몰입해서 준비하고 또 성공적으로 마치고 나서 분위기가 확연히 달라져 있었다. 그림자극을 준비하는 과정에서 갈등도 겪고 힘도 들었지만 함께 고생하면서 우애가 생긴 것 같았다. 또 아이들은 친구들이 가진 재능이 무엇인지, 장점은 무엇인지를 파악하고 서로 이해하는 폭이 넓어진 듯했다. 서로간의 신뢰도 깊어진 것 같았다. 그림자극 이후로 아이는 더 이상 이우학교를 낯설어하지 않았다. 학교에 온전히 마음을 연 것 같았다.

그림자극을 지도한 선생님께서 학교 게시판에 이런 글을 올리셨다. "그림자가 있다는 것은 다른 한편으론 빛이 있다는 증거일 것입니다. 우리 아이들 이야기 속 주인공들이 저마다의 상황 속에서, 삶의 균형을 잃었다가 회복했듯, 우리 아이들 또한 그렇게 '흔들리며', 빛과 그림자를 오가며 그렇게 '진짜' 인생을 살아나갈 것이라 믿습니다."

무엇보다 아이에게는 작은 성공의 경험은 매우 중요했던 듯하다. 뭐든 시도해보는 게 중요하고, 시도해서 최선을 다했을 때 좋은 성과가 있다는 것, 자신이 그런 일을 해냈다는 데에서 자신감을 얻은 것 같았다. 특히 중요한 점은 자신이 디자인과 제작 분야에 관심이 있다는 것을 준비과정에서 깨달았다는 것이다.

세상에서 15살 아이가 이런 작은 성공의 경험을 과연 어디서 어떻게 느껴볼 수 있을까? 인생에서 더 이상 좋을 수 없는 자산을 얻은 셈이다.

아이뿐만 아니라 부모도 함께 성장하는 과정

'설레고 두려웠던' 혹은 '두렵고 설렜던' 그림자극 공연이 끝나고 학교에서는 그림자극 마무리 작업이 이루어졌다. 그림자극 문집 제작을 위한 대본을 정리하고 팀별로 섭섭했던 점, 고마웠던 점을 나누었다. 그리고 '그림자극이 나에게는 무엇이었나?'라고 하는 그림자극 후기 쓰기 등을 진행했다.

그림자극은 아이들뿐만 아니라, 여러 선생님, 학부모님들의 공동작품이기도 하다. 심지어는 졸업생 학부모까지 와서 여러 가지로 재능기부를 해주셨다. 그동안 간식을 마련해주셨던 부모들, 교과 지도뿐만 아니라 당일 행사진행 및 사진, 영상촬영을 해주신 선생님들, 그리고 한편으로는 관객으로 또 한편으로 지지자가 되어준 부모들까지 일일이 그 이름들을 나열하지 못할 만큼 많은 사람들이 도와 함께 만든 교육과정이었다. 여러 사람들의 협업과 지원이 있었기에 그림자극은 소기의 성과를 낼 수 있었다.

물론 그 과정에서 우리 학부모도 자신의 역할이 무엇인가를 깨달을 수 있었다. 준비하는 동안 아이가 스스로를 발견해 가는 것을 격려하고 인정해주는 것이 부모의 역할인 것이다. 부모가 아이의 새로운 시도를 알고 인정해주고 함께 나누지 않으면 이러한 교육은 무의미하게 끝나버릴 수 있다. 그림자극 활동을 통해 부모들은 그 과정 속에서 어떤 질문을 하게 되었는지, 그리고 무엇을 할 때 에너지가 생기고 기뻤는지, 무엇이 어려웠는지, 무엇을 느끼고 생각하게 되었는지, 그리고 이후에 무엇에 도전해보고 싶은지 등에 관심을 가져야 한다는 것을 알게 된다.

이우중학교의 미술, 국어 통합교육과정인 그림자극은 2020년부터 필수 교육과정이 아닌 여러 선택수업 중 하나로 바뀌었다. 모든 아이가 그림자극을 하는 건 아니지만, 지금도 여전히 그림자극을 통해 아이들은 자신의 이야기를 통합적 방식으로 만들어 가고 있다.

3) 3년간 자기탐구 그리고 중3 졸업작품전

이우중학교에 입학하면 방학 때마다 '자기주도탐구(자탐)'라고 하는 과제를 준다. 자신의 관심, 적성, 특기를 발견하고 개발하는 과정인, '자탐 보고회'를 통해서 다른 친구들과 배움과 성장의 경험을 공유한다. 주제는 무엇이든 상관없다. 자기가 해보고 싶은 것을 한 뒤에 결과물을 제출하면 된다. 아이들의 관심사는 다양하다. 요리, 음악, 체육, 그림, 독서, 영화, 여행, 사진 등 끝이 없다. 무엇이 되었건 하나의 주제를 정하고 그것을 꾸준히 해서 결과물까지 낸다는 것이 생각만큼 신나거나 재밌는 일이 아니라는 것을 아이들은 자기탐구를 통해 깨닫게 된다.

인문 탐구 영역	자연 탐구 영역	예체능 탐구 영역	특성화 영역
시, 소설, 시나리오, 희곡, 주제가 있는 논문, 특정 연구보고서, 영작 논문, 영작시, 영작에세이, 주제서평, 영문번역, 주제탐구 등(6명)	실험보고서, 관찰보고서, 수학탐구보고서, 자연과학이론탐구, 컴퓨터프로그래밍, 천문탐구 등(6명)	작곡, 연주, 사진, 그림, 영화, 모노드라마, 만화집, 주제가 있는 음악, 주제가 있는 미술논문, 댄스 또는 체조의 개발, 산악, 특정 스포츠에 대한 탐구 보고서 등(23명)	사회 탐구 논문, NGO 탐구 보고서, 생태탐문보고서, 농작물 재배 보고서, 목공, 도예, 옷 만들기, 직업 탐색 보고서 등(8명)

어려서부터 손으로 그리고, 만드는 걸 좋아하고 잘하던 아이는 중1 여름 방학 '자탐'을 '집 모형 만들기'로 정했다. 우드락으로 집 모형을 만드는데, 금방 만들 수 있으리라 생각했지만 만만치 않았다. 꽤 오랫동안 우드락과 씨름해야 했다. '집 만들기' '자탐'을 하면서 스스로 만들기에 소질이 있다는 확신이 흔들리기 시작했다. 중1 겨울방학 자탐은 '풍경 그리기'를 했다. 만들기보다는 쉽고, 재밌고, 잘할 수 있을 것 같았다. 그런데 '풍경 그리기'는 재미가 없었다. 몇 장 그리지 못하고 겨울 방학이 끝났다. 중2 여름방학 때는 '무대 디자인'을 했다. 다양한 연극 무대를 참고해 디자인을 하고 실제로 셜록 홈즈 시대를 배경으로 한 무대를 만들었다. 이번엔 제대로 실력을 보여주겠다며 나름 계획적으로 진행했지만 결과물은 만족스럽지 않았다. 매번 '자탐'을 하면서 아이는 자기가 막연히 좋아했던, 그리고 잘한다고 생각했던 것들이 실지로는 그렇지 않았다는 걸 깨달아갔다. 결국 '자탐'은 아이의 적성과 특기를 찾아가는 과정이라기보다는 자신에 대한 착각을 깨우치는 과정이 되었다.

그런 중학교 '자탐'의 결정판은 3학년 1년 동안 진행되는 졸업작품전이다. 어떤 아이들은 그동안 해왔던 '자탐'을 연결시켜 졸작을 준비하기도 하고 또 어떤 아이는 완전히 새로운 주제로 준비하기도 한다. 졸업작품을 만들기 위해 연간 계획을 세우고 그 시간계획에 맞춰 작업을 진행한다. 필요한 자료를 직접 조사하고 실행과정에서 어려움이 있으면 관련 분야에서 일하시는 학부모님을 멘토로 삼아 배우기도 하면서 졸업작품을 준비해 나간다.

이러한 과정은 관심 분야를 찾는 과정일 뿐만 아니라 사람들과 네트워크 하는 방법을 배우고, 자신의 대인관계 스타일을 알게 되는 과정이기도 하다. 모든 아이들이 만족할 만한 과정을 겪거나 만족할 만한 결과물을 내는 것은 아니다. 선생님이 하라고 하니 그저 하기도 하고, 어른들의 도움으로 해내기도 하고, 끝까지 혼자 끙끙대면서 엄청나게 스트레스를 받기도 한다.

■ 졸업작품전에 대한 기억

기억을 더듬어보자면, 졸업작품을 준비하는 것이 절대 즐겁지는 않았다. 일 년 내내 지고 가는 짐 같은 느낌이랄까. 꾸역꾸역 겨우겨우 해내긴 했지만, 어쨌든 끝냈을 때 뿌듯하고 후련하기 했다. 나는 그림을 그렸는데, 졸업작품을 하면서 든 생각은 '아. 그림은 절대 업으로 삼지 말아야지.'라는 거였다. 덕분에 진로의 방향성을 얻게 되었다고도 할 수 있겠다. 그렇지만 내게 있어 그 이상의 특별한 의미가 있었던 것은 아니었기에 졸업작품전은 졸업작품 자체보다는 어떤 큰 이벤트로 마음에 남는다. 내가 졸업작품전 준비위원회로 행사 진행에 정신이 없기도 했고, 서로의 작품을 살펴볼 시간도 없어서 졸업작품에 대한 인상은 크게 남지 않았다. 대신 새로운 시작과 아쉬운 작별을 앞둔 싱숭생숭한 시기, 커다란 교회에서 차려입고 다 같이 모인다는 것에 대한 설렘이 컸던 것으로 기억한다. 졸업작품도 끝내고, 입시도 끝내고, 졸업을 앞두고 함께했던 학년 말 이벤트로써 내게는 좋은 추억으로 남아있다.

아이들은 졸업작품을 마치고 나면 뭔가를 해냈다는 사실에서 성취감을 느낀다. 친구들과 선후배들, 선생님과 학부모들의 격려는 그간의 어려움과 짜증을 잊게 한다. 친구들의 작품을 보며 다른 사람을 이해하게 되고, 타인의 성공 경험을 공유하는 과정에서 또 다른 배움이 일어나기도 한다.

3) 고1의 한여름 밤의 꿈

'한여름 밤의 꿈'은 이우고등학교 대표 프로그램 중 하나다. '한꿈'이라고 줄여서 부르는 이 교육과정은 국어와 미술, 음악이 결합된 예술교육 통합 프로그램이다. 한 반이 한 팀이 되어 자신들이 하고 싶은 이야기를 연극, 뮤지컬 형태의 공연으로 만들어 무대에 올린다. 고등학교에 입학해서 친구들과는 아직 서먹서먹하고 공부와 과제는 힘들고, 활동도 많아 바쁠 때 공연을 올리게 된다.

'한꿈'은 주제를 정하고 대본을 쓰는 것으로 시작된다. 이것이 준비 기간의 2/3를 차지한다. 각자 주제를 제시하고 토론을 통해 가장 공감이 가는 주제를 정한다. 주제를 제시한 학생을 중심으로 대본팀이 꾸려지고 대본작성이 시작된다. 아이들이 스스로 하고 싶은 이야기를 할 수 있도록 하는 것이 중요하다. 자신들의 생각을 이야기하고, 상상력을 작동해서 대본을 쓴다.

대본은 대략 한 달이 걸린다. 대본이 완성되면 역할을 정한다. 연기를 하거나 그 외에 각자의 특기나 관심에 따라 음향, 분장, 무대, 소품, 의상, 홍보 등 역할을 분담한다. 각자 맡은 역할에 따라 할 일을 기획하고 다 같이 논의하면서 차근차근 공연을 준비해나간다.

그런데 막상 본격적인 공연 준비가 시작되면 아이들은 혼란스러워진다. 심혈을 기울여 대본을 썼지만 막상 연극을 하려고 보니 주제와 어울리지 않는 대사, 어긋나는 동선, 표현할 수 없는 내용들이 드러난다. 수시로 내용과 대사는 수정되고 뭐 하나 제대로 되는 게 없다. 불과 열흘 앞으로 다가온 공연. 완성도 있는 작품은 고사하고 과연 무대에 오르기나 할 수 있을까. 걱정과 긴장이 고조되면서 아이들 마음속 깊이 있었던 불만이 터져 나오기 시작했다. 아이들은 과연 이 상황을 잘 극복해낼 수 있을까?

아이들에게 이런 극도의 긴장과 스트레스를 주는 교육과정을 왜 하는지에 대한 의문을 품는 부모들이 많다. 그에 대해 '한꿈' 지도선생님은 이렇게 이야기한다. "입시 등은 개인적 스트레스를 주지만 '한꿈' 같은 건 혼자가 아니라 공동체로서 함께 극복한다는 점에서 경험해볼 만한 스트레스인 것 같아요. 지독한 긴장마저도 친구가 있기 때문에 극복 가능하고, 동료애를 바탕으로 공연을 하면 더 큰 성취감을 느낄 수 있을 겁니다. 어려운 과정을 함께 극복해냈으니까요"

실제로 아이들의 공연은 하나같이 빛났다. 과연 갈등이 있었나 싶을 정도로 서로에게 집중했고, 호흡을 맞췄다.

일 년쯤 지나 '한꿈' 대본집이 나왔다. 아이들의 후기와 지도교사선생님의 '한여름 밤의 꿈'에 대하여 라는 글이 실렸다. 그 글을 요약해본다.

■ '한여름 밤의 꿈'이 끝나고 남은 것은……

수업이 끝난 후 대본팀 5명이 교실에 모여 일렬로 앉아 1인 1노트북으로 대본을 썼다. 비록 모두 초췌한 상태였지만 대본을 쓰는 뒷모습만큼은 '파워레인저'였다. 밤 11시. 대본95팀은 각자 집에서도 보이스톡을 하면서 구글 드라이브로 새벽 5시까지, 아침 새가 우는 소리를 들으며 대본을 썼다, 아마 이때가 시험 일주일 전이었지 아마? 하아…….

―1반 대본팀

원래 소심한 성격인 나는 자기주장도 제대로 하지 못하고 사람들 앞에 서면 얼굴이 빨개지고 부끄럼을 느꼈다. 이런 나에게 한꿈은 큰 부담이었고 너무나 싫었다. 하지만 친구들의 열정과 노력이 이런 나를 크게 바꾸어 놓았다.

처음엔 대충대충 했다. 이 지겨운 시간들이 빨리 지나가기만을 바랐다. 그런데 정말 중요한 일을 하는 것처럼 적극적으로 참여하는 친구들을 보며 부끄럽기도 하고 미안한 마음이 들었다. 친구들은 멋진 극을 올리기 위해 저렇게 안간힘을 쓰는데…….

친구들에 대한 미안함은 나를 변화시켰다. 대본을 짤 때 아이디어를 내기도 했고 소품을 만들 때는 잡일을 찾아 했다. 내가 한 잡일들이 예쁘고 멋진 소품을 만드는데 도움이 된 것 같아 좋았다. 마음이 바뀌니 친구들과 함께 준비하는 것도 좋았고 잡일을 하는 것도 좋았다. 비록 엑스트라였지만 작은 역

이우학교 사용설명서

을 맡은 것도 좋았다. 훌륭한 극을 만들기 위해, 나에게도 인생에 한 번뿐인 한꿈인데 열심히 하자라는 생각을 했다. 엑스트라로 1인 4역을 맡아 연기한 것은 아마 내가 유일할 것이다. 친구, 선배, 관객들이 내가 나오는 부분이 웃음 포인트였다며 칭찬 해주고 격려 해줄 때마다 너무 행복했고 고마웠다. '한여름 밤의 꿈'은 죽을 때까지 잊지 못할 좋은 추억으로 남아있을 것이다.

　　　　　　　　　　　　　　　─1반 금창대(미술팀, 남자친구, 우체부, 의사선생님, 벨라 부하 役)

　아직까지도 '한꿈'이라는 단어를 들으면 정리되지 않은 많은 감정과 기억들이 나를 들뜨게 만든다. 정말 말도 안 되는 많은 일들이 드라마처럼 일어났고, 짧은 시간동안 많은 것들을 생각하고 상상하고 고민하고 갈등했던 것 같다. 정리되지 않은 감정들 때문에 나는 무작정 버스 여행을 떠났다. 버스 창밖의 풍경을 보면서 기억과 감정들을 하나하나 정리해 나갔다. 나의 어떤 점이 미숙했는지, 내가 무엇을 느끼고 배웠는지, 어디서 힘을 얻었는지를……

　첫 번째는 새로운 일에 도전할 수 있는 힘이었다. 한꿈은 내겐 도전의 연속이었다. 체력적인 면에서나 결정하는 일에 있어서나 항상 용기와 도전을 필요로 했고 그 난관을 헤쳐 나가면서 나 스스로 새로운 일에 도전할 수 있는 강한 힘이 생긴 것 같다.

　두 번째는 '함께'의 가치였다. 한꿈 기간 동안 대본팀을 하면서 생각을 맞춰 나가고, 연기를 서로 도와주면서 호흡을 맞춰가고 뮤지컬을 준비하며 목소리를 맞춰가며 그 전보다 '함께'에서 나오는 힘과 가치를 몸소 느끼고 체험하였고, 왜 더불어 사는 것이 중요한 것인지 다른 사람의 말이 아닌 나의 말로 이해할 수 있었다.

　무거운 부담감과 긴장감을 줬던 눈부시도록 환하고 넓었던 무대도, 세상 그 어디보다 마음이 잘 통했던 무대 뒤 작은 공간도 모두 그립다. 선배들의 한꿈 또 하고 싶다던 말도, 후회 섞인 넋두리도 이제는 공감되고 이해가 된다. 그 때가 그립다. '한여름 밤의 꿈'이라는 말은 정말 잘 지은 것 같다. 꿈이라는 말 외에 그 시간을 표현할 수 있는 말이 또 있을까? 정말 꿈같은 시간이었다.

－2반 최연호(길상 役)

　지금까지 써 온 시나리오의 단점을 보완하기 위해 여러 차례 수정을 해 왔는데 하면 할수록 이야기가 산으로 가는 것이었다. 그래서 내린 결론은 '우리들의 이야기로 하자'였다. 우리반 아이들은 과감히 대본을 엎고 동그랗게 모여 각자의 이야기를 나누었다. 아주 진지했고 감히 건드릴 수 없는 깊은 상처들이었고, 큰 용기를 내어 말해준 소중한 이야기들이었다. 그렇게 우리의 '말할 수 없는 상처 이야기'가 시작되었다. ……

　여러 가지 이야기를 하나의 연극으로 만들어 내는 과정은 너무 멋있었다. 대본팀 뿐만 아니라 반 아이들 모두 우리가 함께 만들어낸 우리의 이야기를 만족스러워했다. 꼬박 밤을 새우는 건 기본이고, 밥도 제대로 못 챙겨 먹으면서 내가 무엇을 위해 그저 공연 하나 완성하겠다고 이렇게까지 해야 하나 하는 생각이 들기도 했었지만 끝나고 난 지금은 내가 그랬던 것에 대한 이유를 찾을 필요가 없어졌다. 그냥 이건 해보면 알게 되는 것이다.

－3반 송난슬(삐삐 役, 대본팀)

힘들었던 건 사실이다. 수명이 한 달 정도 단축되었다고 느껴질 정도로 많은 것을 배웠지만 결국 가장 빛나는 것은 추억이다. 친구들과 며칠 밤낮을 세워가며 준비하는 과정이 너무 즐거웠고 그 과정들로 인해 우리가 하나가 되었다는 느낌을 받았다. 그 느낌은 하루하루 전쟁 같은 나날 속에서도 나에게 안락함과 행복감을 주었다.

나는 한창 새벽감성이 차오를 때면 집 앞에 있는 놀이터 해먹에 누워 하늘을 구경한다. 하늘에 떠있는 별을 보면서 대부분 혼자만의 감정에 부풀어 시를 쓰곤 했다. 이번 '한여름 밤의 꿈'에 의미를 부여하자면 "혼자가 아닌 친구들과 함께 놀이터에 모여 누워 하늘을 보며 서로의 별을 여행했다. 그리고 사랑했다."였다.

　　　　　　　　　　　　　　　　　　　　—3반 조세현(한서 役, 대본팀)

한꿈은 힘들고 졸리고 제정신이 아니게 만든다. 한꿈 기간 동안 우리는 한꿈 이외의 생각은 할 수 없었다. 모든 애들이 반 이상 정신을 놓고 피곤에 찌든 몰골로 학교를 누비고 다녔다. 우리는 누가 우리에게 10초만 눈감고 있어도 좋다고 하면 언제, 어디서든 깊이 잘 수 있었고, 심지어 서로 이야기를 하면서 둘 다 조는 사태에 이르렀다. 공연은 다가오고 매순간 긴장감과 불안감의 연속이었다. 이렇게 한꿈은 확실하고도 명백하게 힘든 것이었다. 하지만 아이러니하게도 한꿈을 하는 나는 즐거웠다. 무언가에 열정을, 나의 모든 신경, 감각을 한 곳에 맘껏 집중할 수 있다는 게 너무 좋았다.

　　　　　　　　　　　　　　　　—3반 권정민(정민 役, 미술팀장, 분장팀)

#1 어쩌다보니 연출이 되었다. #4 한꿈이 일주일 앞으로 다가오자 초인적인 힘이 발현되었다. 이틀 동안 총 5시간도 채 못잔데다 금요일까지 3일 연속 밤샘 작업을 해야 하는 상황속에서 커피를 너무 많이 마셔서인지 몸이 오히려 깃털처럼 가벼워진다고 느꼈다. 드디어 해탈의 경지에… #7 공연 4일전 새벽, 나는 교실에서 잠시 눈을 붙이고 있었다. 잠결에 무의식적으로, 왜 그 노래였는지는 모르겠으나 산와머니 노래를 불렀고 마침 그걸 샘이 보셨다. 제대로 미쳐가는 것 같다. #8 애들 표정이 진지해졌다. 처음이랑 다르다. 재밌다. 특히 조연출 세진이. #8-1 15살, 연출을 맡으며 많은 것을 배우고 큰다. 내가 크고 있다는 것을 체감한다. #8-2 연출 티 좀 내보려고 여기저기 뛰어다녔더니 종아리가 너무 댕기고 아프다. 역시 멋진 척 하면 안된다.

\# 잘 끝냈다. 공연도중 큐사인을 잘못 넣고, 혼란 속에서 씬 하나가 감쪽같이 사라지고, 경하는 나와야 하는 장면에서 의자가 비어있어서 조명을 껐다 켜기도 했다. 그럼에도 멋졌다.

\# 나름 감동적인 마무리. 못해도 된다. 행복해야 한다는 강박도 없어도 된다. 그냥 그 순간 속에서 오롯이 숨쉬며, 그저 꿈을 꿀 뿐, 나는 한꿈을 그렇게 마무리해 본다.

—4반 김승래(연출)

'한여름 밤의 꿈'에 대하여 — 지도교사의 글

1. '단단한 마음' 키우기
'한꿈'은 아무도 걷지 않은 숲에서 길을 찾거나 만드는 과정으로 설명될 수 있다. 아이들은 '한꿈' 과정에서 새로운 과제 상황에 직면하게 된다. 좌절과 낙담의 나날 속에서 상황이 극한으로 몰리다 보니 서로의 갈등이 심화되기도 하고 긴장감의 강도를 주체할 수 없어 폭발하기도 했다. 이러한 상황에 직면하게 되는 근본적인 원인은 여러 가지가 있을 것이나, 어떤 원인이든 결국 우리가 넘어야할 산이지 우회하거나 회피해야 하는 대상은 아닐 것이다. 지도교사로서 이 과정을 통해 우리 스스로 더욱 단단해진 마음을 길러낼 수 있을 것이다.

2. 스토리텔링의 연습과 성공

21세기가 요구하는 시대적 교육 역량 중에 '감성'을 기반으로 한 창의적 능력함양이 무엇보다 주요하게 부각되고 있다. 이 '감성'을 기반으로 한 창의적 능력함양의 시작은 타인의 마음을 움직일 수 있는 이야기에서 비롯된다. 대본이 자주 엎어지는 이유는 이 때문에 있다. 이야기의 탄생이 자족감에만 그치지 않고 다른 사람의 마음과 생각에 감동이나 메시지를 전달해야 한다는 것이 대본의 통과 여부를 구분 짓는 기준이다. 상기의 목적에 부합되는 대본을 개발하는 과정에서 연출팀과 담당교사간의 이견이 긴장감을 조성하기도 하지만 '대본을 엎지 말아라, 창작대본을 포기해라' 등의 제안은 단호히 거부한다. 이는 '한꿈' 본연의 취지에 부합하지 않기 때문이다. 결국 견디어 내라!

3. 협동이 아닌 협력을 통한 더불어 성장

우리가 되는 데 있어, 나의 존재가 없는 우리가 아니라 나의 존재가 분명히 살아있는 우리를 지향한다. 나와 네가 더불어 하나 되는 과정은 서로의 이해관계 등을 조금은 양보하면서 각자의 능력을 더욱더 발산할 수 있는 장을 만드는 것이 '한꿈'의 목적이다. 이런 관점에서 서로 양보만 할 것이 아니라, 자신이 주장하고 잘 할 수 있는 부분은 적극 권장되어야한다. 그러나 자신만 바라볼 것이 아니라, 반 전체를 바라보고 걱정하는 넓은 시야. 이를 바탕으로 자신의 특기도 살리고, 반이 필요한 부분에 있어 자신의 노력과 시간을 희생할 줄도 아는 그런 사람으로 연습되어지기를 기대한다.

4. 다양하고 절실한 경험의 축적

촉박한 일정 속에서 반 구성원들은 각자의 역할과 상관 없이 미술이든 뮤지컬 연습이든 대본수정이든 음악 선정 등등의 모든 부분에 관여하게 된다. 모두 성공적인 공연을 꿈꾸기 때문에 절실한 마음으로 다양한 경험을 능동적으로 하게 된다. 이 과정 또한 '한꿈'에서 놓쳐서는 안 될 주요한 학습 과정이므로 즐겨라. 사람은 익숙하지 않은 조건에서 항상 스트레스를 느낀다. 이 과정에서 우리는 가장 많은 스트레스가 발생할 것이다. 그렇다고 회피하고 포기한다면, 결국 현재 자신의 익숙한 모습으로만 살게 될 것이다. 그대들의 10대가 날마다 새롭고 마르지 않는 꿈으로 장식되기를 기대한다면, 스트레스를 향해 돌진해야만 한다.

정말 다양한 사건, 사고와 에피소드를 만들며 이우학교의 대표 교육과정으로 진행되었던 '한여름 밤의 꿈'은 2021년에 폐지되었다. 그 대신 '새로운 배움'이란 팀별 프로젝트가 진행 중이다. 일명 '새움 프로젝트'로 불리는 이 교육과정은 고1 학생들이 학교에 대한 이해를 높이고 배움을 성찰하고 자신의 배움에 대한 비전, 실천 방법 구상, 그리고 실행까지 해보는 3주 동안 진행되는 프로젝트이다. 교사와 학생, 부모까지 이우학교 구성원들의 변화와 함께 학교 내외부적 환경과 조건이 변화하면서 현실에 맞는 교육과정이 변화하거나 새로 만들어지고 있다.

4) 해외통합기행

2017년 1월 1일 새벽, 전날 먹은 굴이 안 좋았는지 밤새 설사를 한 아이의 얼굴은 백짓장 같았다. 아무래도 장염인 것 같았다. 이 몸으로 과연 열흘간 해외기행을 갈 수 있을까 걱정되었지만, 결국 아이는 인천공항으로 가는 첫 버스를 타고 출발했다. 캄보디아 오지로 가는 해외기행. '좋은 컨디션으로 가도 혹시 가서 배탈 나지 않을까 걱정이 되는데, 아픈 몸으로 가서 혹여 팀에 폐가 되지 않을까', '장염이 심해져 현지 병원에 가게 되면 어쩌지?' 연락도 안되는 곳으로 아이를 보내놓고 하루종일 걱정이 머릿속을 떠나지 않았다. 아이를 데리러 캄보디아로 가야하나 어쩌나… 하루가 일년 같았다.

해외통합기행(해통)은 '한여름 밤의 꿈'과 함께 고1의 중심 교육과정이자, 이우학교 전체를 대표하는 교육과정이다. 2004년부터 시작해 매년 고1 겨울방학 때 약 10일간 해외로 여행을 간다. 생태와 인권, 평화 등을 주제로 아시아 국가를 직접 보고, 함께 살아갈 수 있는 방법을 고민하면서 21세기 세계시민을 키우기 위한 교육과정이다.

외국에 나간다고 하니 뭔가 낭만적인 것을 상상할지 모르지만 전혀 그렇지 않다. 기행지는 산 넘고, 바다 건너서, 털털거리는 버스를 타고 비포장도로를 10시간씩 달려야 갈 수 있는 그런 오지 중 오지였다. 전쟁의 아픔, 빈곤이 익숙한 곳이었고, 통신, 수도, 전기, 의료시설, 학교 등 모든 것이 부족한 곳이었다. 어떤 돌발 상황이 일어날지 알 수 없는 곳으로 가는 교육과정이란 것이 어떤 의미가 있을까?

'해통'도 다른 창의적 체험 교육과 마찬가지로 아이들이 현지에서의 프로그램을 직접 기획하고 준비한다. 힘든 여행과정에서 협동심을 키우고, 현지인들과의 교감 능력, 돌발상황에 대한 해결 능력 등을 키우는 걸 목적으로 한다. 또 일반적으로는 접근하기 어려운 지역을 직접 가보면서 현재 자기가 누리는 모든 것들이 당연한 것이 아님을 깨닫게 되기도 하고, 또 어떻게 하면 이들과 함께 살아갈 수 있을지, 지속적으로 연대할 수 있는 방법은 무엇인지 등에 대해 고민하는, 인식의 확장을 경험할 수 있다.

비록 물도 맘대로 못 마시고, 샤워도 제대로 못하고, 모든 것을 몸으로 해결해야 하는 힘든 과정이지만 일상을 벗어난 곳에서 다양하고 의미있는 경험을 통해 세상을 바꿀 수 있다는 생각을 해보는 것만으로도 아이들의 만족도가 높은 교육과정이었다.

나라	주제 및 목적	활동내용
베트남	**주제 : 전쟁과 평화** '베트남 전쟁'을 주제로 아시아의 연대, '평화' 의식 고취를 목적으로 전쟁 지역 피해 가정 방문, 후에 고등학교 학생들과의 교류 및 DMZ방문 등을 하며, 베트남 사회의 이해를 위해 소수 부족 사는 마이쩌우 지역에 들어가 교류 활동을 한다. 이를 통해 베트남-한국 관계 이해 향상 및 한국군의 베트남 참전의 이해를 하고자 한다.	• 하노이 호치민 관련 유적 탐방 • 현지 학생들과 문화 및 역사 워크샵 • 전쟁 피해지역 미라이 방문 • 소수부족 마이쩌우 방문 및 교류
라오스	**주제 : 지역사회의 이해와 적정 기술** 국제협력기구의 저개발 국가에 대한 지원의 목적을 이해하고, 라오스에서 지역사회을 지원하는 MGAT와 협력하여 지역사회의 이해를 기반으로 한 그 지역에 필요한 기술을 통한 사회적 문제해결의 방법을 통해 저개발 국가에서의 사회적 문제에 대한 이해를 기반으로 우리가 사하는 사회에 대한 문제해결능력을 향상시킨다.	• MGAT와 커뮤니팅 맵팅 및 적정기술의 이해를 통한 시제품 만들기 • 라오스 국립대 방문. 지역에 맞는 재생에너지 워크샵 • 마을 주민들과의 교류
필리핀	**주제 : 이주 노동과 마을 공동체** 마을공동체의 경험을 통해 연대의식과 공동체가 우리 삶에 미치는 영향 혹은 사회의 문제를 해결하는 방식에 대해 경험하고 고민하는 과정을 경험한다. 또한 필리핀 이주문제를 통해 현재 지구적으로 대두되고 있는 이주문제와 관련된 고민과 문제해결 지점을 이해한다.	• 지역 고등학교 학생들과의 교류 • 지역 초중등학생들 교육봉사 • 아가와, 사가다 등 주변 마을 방문 및 교류 활동

나라	주제 및 목적	활동내용
캄보디아 A	**주제 : 국제 개발 협력의 이해** 단순히 한 나라의 아픈 역사와 사회문제에 대한 지식 혹은 정서적 공감을 얻고 오는 것에 그치지 않고, 타인과의 '윤리적 연대와 협력'을 바탕으로 사회적. 정서적 문제해결을 위해 책임감 있게 참여할 수 있는 행동역량을 갖추는 것을 목표로 함. 또한 현재 저개발 국가 안에서 활동하고 있는 국제협력 단체(NGO, 사회적 기업)들의 성과와 한계를 파악하고 향후 방향을 모색해보는 시간을 가짐.	• 킬링필드 관련 유적지 탐방 • 베트남 국경지대 마을 거주. 마을 문제 해결 활동 • 적정기술을 통한 국제개발 단체 IDE 방문 • 캄보이다 현지 사회적 기업 방문
캄보디아 B	**주제 : 지역 청년 문화와 지역 재생** 제 3세계 지역의 NGO 활동을 통한 지역 경제 자립의 해결방안을 경험하고, 특히 청년 중심의 자체적 활동이 활발하게 이루어지는 바땀방을 방문하여 지역 청년들에 의한 사회적 문제해결과 지속가능한 발전 방안을 모색한다.	• 현지 마을의 놀이터 조성 • 현지 초등학교 교육봉사 • 앙코르 와트 문화 체험 • 사회적 기업 방문

2016년 해외통합기행 프로그램

이우학교의 대표 브랜드 해외통합기행이 없어지다

2016년 12월 어느날, 학교 웹사이트 익명게시판에 '해외통합기행이 폐지된다는 이야기가…'란 제목의 글이 올라왔다. 그 익명글은 이우학교에서 십년 넘게 이뤄진 전통 있는 프로그램이자 대표적인 교육과정인 '해통'을 3주체인 부모들 의견 수렴도 없이 일방적으로 없애는 거 아니냐, 이우학교의 정체성이 사라지는거 아니냐, 선생님들께서 너무 현실에 안주하려는 거 아니냐는 등 일종의 항의성 글이었다. 교육과정이 하나 사라진다고 부모들이 이런 문제제기를 할 정도로 '해통'은 아이뿐만 아니라 부모들조차도 기대하는 그런 프로그램이었다. 그런데 맞았다. '해외통합기행'은 2016년, 14기를 마지막으로 폐지되었다. 그 인기 많고 효과 좋았던 교육과정을 왜 없앤 것일까?

'해통'은 시작때부터 우여곡절이 많았다. 태국 메솟은 미얀마와의 분쟁으로 중단, 오랫동안 교류했던 필리핀은 현지 사정으로 중단, 2013년 첫 여행지였던 네팔은 지진 여파로 중단, 일본은 생태교육 및 탈원전 교육에 반한다는 이유로 중단. 2015년 기행지였던 인도네시아는 테러로 중단. 테러나 지진 등 자연재해, 전염성 질병 등 해통을 위협하는 요인들은 계속 증가했다. 해마다 새로운 기행지에 맞춰 새 프로그램을 구상해야 하는 교사들의 부담도 커졌다. 겨울방학 내내 아이들이나 교사 모두 '해통'에 매달려 지내다 제대로 준비도 못하고 고2를 맞아야 했다. 이런 여러 가지 사정으로 2016년을 끝으로 후배 학생들과 부모들의 원성에도 불구하고 해외통합기행은 폐지되었다. 대신 국내 사회문제를 직접 찾아서 문제를 해결하기 위한 방법을 기획, 실천하는 프로그램인 '문제공감 프로젝트'가 진행되고 있다. 이것 때문에 우리 기수는 아직도 후배들로부터 원망을 듣고 있다.

5) 고1 : 문제공감프로젝트(이우고 15기부터 하고 있는 창의적 체험활동)

아이들은 더 이상 꿈을 꾸지 못한다. 꿈이 살아남기 어려운 사회라는 것을 아이들이 직감하고 있다. 그러나 아이들은 또한 현실적이지도 못하다. 사회에서 그들이 실제로 어떤 문제에 부딪치고 해결해 본 경험은 적기 때문이다. 아이들의 인지적 능력과 그것을 실지로 활용하는 능력은 부조화를 이룰 수밖에 없다. 그렇지만 아이들은 머지않아서 모든 사회문제의 한 주체가 될 수밖에 없다. 아니 이미 그들도 이미 사회적 문제에 희생자가 되어

　　　　　　　　　　　　　　　　　　　이우학교 사용설명서

있기도 하다. 여러 사회문제들을 어떻게 보고 어떻게 해결할 것인가 고민해야 한다.

예를 들면 해방촌에 쓰레기 문제가 심각하다. 주민들이 자기 골목에 쓰레기를 버리게 되면서 동네에 문제가 되기 시작했는데, 이걸 구청에서 해결해주기 어렵다. 그래서 학생들이 그 쓰레기 문제를 해결하려고 접근해 구청을 찾아가고, 주민들을 인터뷰하고 각자의 처지와 감정, 상황, 신념과 가치가 무엇인지를 조사하기 시작했다. 어떤 문제를 봤을 때 막연하게 접근하면 매우 막연한데, 구체적으로 접근하면 그 후에 어떤 해결책이든 팀에서 만들어 낸다.

이우고 1학년때 진행하는 '문제공감프로젝트'는 이처럼 상대방의 입장에서 고민하고 공감하고, 해결책을 제시해보는 프로젝트이다. 물론 아이들이 제안한 해결책이 정답이 아닐 수도 있고, 실패할 수 있지만 그것이 중요한 것은 아니다. 그렇더라도 지속적으로 관심을 가지고 시도해보는 것이 중요하다. 그리하여 성인이 되었을 때, 사회적 문제에 대해서 건강한 시민으로서 윤리적 · 공익의 관점에서 선택을 할 수 있도록, 해결책을 만들기 위해 필요한 지식과 정보를 스스로 찾아갈 수 있도록 하는 것이 이 프로젝트의 목표이다.

고등학생이라도 알건 다 안다

"어린 것들이 알긴 뭘 알아. 가서 공부나 해."

가끔 사회문제에 관심을 갖고 활동을 할 때 많은 어른들이 이런 냉소적인 반응을 보인다. 하지만 반대로 지지해주는 어른들도 있다. 아이들이 사회에서 그런 어른들과 만나서 지지를 얻고, 교감해보는 것이 매우 중요하다. 실제로 아이들은 자신들이 선택한 사회문제와 관련해 현장을 직접 방문해 인터뷰를 하거나 마을공동체와 토론회를 하거나 아니면 교내에서 관련한 프로그램을 기획해보면서 여러 사람들과 이슈를 공유하고 직접 당사자가 되어 고민한다. 강정 해군기지 문제나 밀양 송전탑과 같은 문제를 고민해 보는 것이다.

물론 아이들로부터 이런 문제에 대한 뾰족한 수가 나올 리 없고 아이들이 문제를 해결할 수도 없다. 다만 그런 과정을 통해 아이들이 '뭔가를 해야겠다', '해보고 싶다', '나도 뭔가를 해볼 수 있겠다'고 느끼게 되었다는 점에 의미가 있다. 사회문제에 대해 접근하는 활동을 한 후 아이들은 그 주제에 대한 공부모임을 만들어 지속해가기도 하고 현장을 지원하기 위한 모금이나 이벤트 활동 등 후속 작업을 지속하고 있다.

관심분야를 탐색하고 탐구주제를 선정하고 탐구 방식을 정한 뒤, 실행계획을 수립하고, 탐구과정을 공유하고 결과를 발표하고 피드백을 받고 정리하는 과정 속에서 자신에 대해서 지속적으로 질문을 하게 되고 그럼으로써 자기 성찰도 한다. 결국 이러한 과정은 스스로 공부의 주제를 찾고, 탐구하고, 경험해보는 과정이기도 하다. 아이들은 자신들이 했던 활동의 결과를 발표하고 서로 공유하면서 피드백을 받게 되는데, 특히 친구나 선생님의 피드백이 큰 영향을 미친다. 친구나 선생님과의 관계가 좋아야 긍정적이고 바람직한 피드백을 얻을 수 있다는 데에서 관계 형성의 중요성이 다시 한번 확인된다. 서로 간에 안전하고 신뢰하는 관계라는 확신이 있어야 한다.

이우학교 사용설명서

6) 고2 통합기행 : 길 위의 배움을 스스로, 함께 만들기

고1 때는 세계시민으로서의 기행을 했다면 고2 때는 내가 발딛고 살아가고 있는 이 땅을 기행한다. 바로 고2 통합기행이다. 아이들이 앞으로 살아갈 사회를 미리 경험하고, 연대하는 법을 배우며 자신의 진로를 탐색해가는 과정이다. 매년 고2 말, 5개 팀으로 나눠 약 4일간 주제별 기행을 떠난다. 아이들이 통합기행계획서를 제출하면 전 학년이 모여 투표를 해 5~6개 정도의 주제를 선정한다. 주제가 결정되면 그 주제를 제안한 아이를 중심으로 기행 컨셉과 구체적인 프로그램이 기획된다.

2017년 12월 겨울 통합기행은 '제주평화기행', '문학기행', '탈핵기행', '예술작업기행', '생태기행'의 5개의 주제로 진행되었다.

'탈핵기행'은 부산과 밀양 원전과 송전탑 문제 지역 탐방이다. 사실 '탈핵기행'은 이미 몇 년째 진행되어오고 있어 일종의 전통이 되어버렸다. 밀양에서는 이우학교 아이들이 일 년에 한 번은 올 줄 알고 계시다. 아이들은 주민 인터뷰 등을 통해 전력 생산과 소비가 다름에서 나타나는 부정의를 깨닫고 지역 민주주의, 에너지 민주주의, 연대에 대해 고민해보는 계기를 가졌다.

강정마을에서의 '제주평화기행'은 2017년 처음 시작했다. 오랫동안 강정마을에서 해군기지 반대 투쟁하고 있는 분들과 함께 행동함으로써 생명, 평화, 공동체가 무엇인지에 대해 고민하게 되었다. 기행을 준비하는 과정에서 강정마을의 문제에 대해 공부하고 토론하면서 그 원인에 대해 이해하게 되었다. 기행 과정에서는 올레길을 걸으면서 해군기지 건설 이후 강정이 어떻게 변했는지를 직접 경험했다.

'예술기행'은 전라남도 화순과 순천, 전주 등 대표적인 문화의 고장을 탐색하면서 조각, 디자인, 건축 등 다양한 것들을 둘러보고, 소설가나 미술가, 시인, 사진작가 등 실제 활동 중인 예술가들을 만나 그들의 이야기를 듣는 시간을 가졌다. 기행 기간 중에는 직접 예술작품을 만드는 작업도 진행되었다.

'생태기행'은 국립낙동강생물자원관이나 낙동강하구 에코센터 등을 방문해 생태계를 둘러보고 생태적 감수성뿐만 아니라 지역에 대한 이해도 넓히는 프로그램을 진행했다. 겨울조류에 관한 워크북을 만드는 작업도 진행했다.

'문학기행'은 부산에 가서 청소년 전용 인문학 서점인 '인디고 서원'을 방문해 독서 토론과 대화라는 프로그램을 실행해보았다. 또 부산의 작은 독립서점이나 중고서점을 직접 방문하기도 하고 기차를 타고 오가는 시간 동안 각자가 읽은 책을 통해 문학이 주는 힘에 대해 이야기를 나누거나 숙소에서 시낭독회 등을 해보기도 했다. 기행 과정에서 각자 필명으로 글을 쓰고 그것을 모아 문집을 만들었다.

아이들은 통합기행을 통해서 뭘 배웠을까?

애들이 주제를 정하기까지는 아무것도 없는 상태에서 정하는 게 아니다. 통합기행 주제를 정할 때는 자신들이 갖고 있는 가치관이나 중요한 삶의 주제를 검토하게 된다. 그래서 이 통합기행을 통해 많은 것들이 정립이 된다.

'밀양기행'의 경우엔 현실의 실제적인 문제를 직면하게 되면서 이 시대의 사회적 부정의를 직접 겪을 수 있었다. 할머니들을 만나고 그 할머니들이 잡혀가는 모습을 보면서 크게 느끼는 바가 있었다. 원전 찬반 숙의도 와닿았다. 이런 경험을 하면서 약한 자들을 도와주는 과학자가 되고 싶다는 생각을 하는 아이들도 있었다. 책에서 배웠던 것들을 직접 체험하면서 막연했던 것들이 구체화되었고, 생각을 발전시키기 위한 인턴십, 공부 등도 이어졌다. 이 과정에 아이들은 어떻게 살아야 하는가에 대해서 고민하기 시작했다. 또한 내 목소리가 사회적으로 받아들여지려면 어떤 사람이 되어야 하는가에 대해서도 고민하게 되었다. 물론 통합기행의 주제가 무거운 것만 있는 것은 아니다. 가볍게 여행하면서 힐링하는 기행도 있었다.

아이들은 '실험실의 쥐'가 맞다

창의체험교육과 관련한 학년별 교육과정은 계속 변화해왔다. 그야말로 실험 중인 것이다. 실험이 계속 되는 이유는 아이들이 변하기 때문이다. 5년 전 고1 아이의 경우 뭔가 과제를 던져주면 그걸 뚫고 나아가는 힘들이 있었다. 그런데 해를 거듭하면서, 언제부터인지는 모르지만 문제 해결 과정에 대해 아이들 사이에 매뉴얼이 만들어지기 시작했다. 선배들의 경험하면서 겪은 시행착오가 삭제된, 과제를 잘해나갈 수 있는 방법들이 후배들에게 구전되기 시작했다. 덕분에 주어진 과제를 매끈하게 해낼 수는 있게 되었지만 경험하고 배웠어야 할 과정들은 사라지게 되었다. 그나마 이건 우리 학년 아이들의 이야기다. 우리 아이들의 후배들은 또 다르다. 구체적이고 가시적으로 뭔가를 제시해주지 않으면 앞으로 나아가지 못하곤 한다. 선생님들은 왜 그런가에 대해서 고민하기 시작했다. 아이들이 가지고 있는 실패나 낙오에 대한 두려움, 학교에서의 관계의 어려움을 이겨내거나 회복하는 데 너무 많은 시간이 걸리는 문제, 그리고 다른 친구와 자신을 비교하면서 느낀 열패감 때문에 수동적으로 되는 것이라는 결론에 도달했다. 선생님들의 고민이 커졌다. 그래서 해외통합기행과 같은 창체활동은 안전이라는 현실적 문제도 있었지만 아이들이 자신이 처한 환경을 뚫고 갈 수 있도록 하는 다른 프로그램으로 바꿀 수밖에 없었다. 지금은 10년 전, 5년 전 교육과정과는 또 다른 접근이 필요하다.

3. 위원회 활동

준비위원회라니요? 그게 뭐죠?

이우학교 교육의 특징 중 하나는 아이들이 어떤 활동이든 스스로 제안하고 기획하고 그 과정 전체를 직접 실행해보도록 하는 데에 있다.

소풍이나 체육대회, 축제, 학생회 선거 등은 모든 학교에서 하는 행사다. 그런데 소풍 준비위원회, 체육대회 준비위원회, 축제 준비위원회, 선거관리위원회 등등. 도대체 뭘 준비한다는 건가? '세월호 아이들과 남겨진 부모님들을 위해서 무언가 했으면 좋겠어요' 했더니 '세월호 준비위원회'가 탄생했다. 졸업앨범, 농촌봉사활동, 예술주간, 인권주간, 생태주간 등등 모두 준비위원회가 준비한다. 아이들에게는 알고 싶고, 즐기고 싶고, 하고 싶고, 실천해야 하는 많은 것들이 있고, 그것들은 모두 준비위원회, 위원회라는 이름 아래서 이루어진다. 이들의 활동을 3년 내지 6년간 지켜보는 것은 아슬아슬하기도 하고, 놀랍기도 하고, 긴장되기도 하고, 즐겁기도 하고, 눈물 나기도 한 경험이었다. 부모들이 본 아이들의 위원회 활동에 관한 이야기와 아이의 이야기를 직접 들어보자.

■ 왜 했느냐가 아니라 왜 할 수 밖에 없었는가?

아이가 과제하랴. 외부대회 준비하랴 한창 바쁜 시기를 보내고 있을 때 우연히 선생님께 아이가 힘든 학생회장 선거관리위원회 활동을 열심히 했다는 이야기를 들었다. 고1학생회 활동을 끝내고 고2부터는 다른 활동을 하지 않겠다고 했기에 좀 의아한 생각이 들었다. 시간이 좀 지난 후 물어보았다. 늘 시간이 없다면서 왜 선관위활동을 했느냐고.

"'왜 했어?'하는 질문보다는 '왜 그 일을 할 수 밖에 없었니?'라고 묻는 게 더 맞는 질문인 것 같아요. 나는 친구와 또 학생들에게 그 일이 꼭 필요한 것이라는 알고 있었고 그것을 외면할 수 없었기 때문에 한 거예요"라는 대답이 돌아왔다.

"선거는 단순히 학생대표를 뽑는 것을 넘어서 우리학교에 어떤 담론이 필요한지, 학생들의 관계 속에 무엇이 부족한지. 학교라는 학생들의 가장 큰 삶속에서 우리들이 어떻게 잘 살아 낼 수 있는지, 후보들은 정말 많이 고민하고 나오거든요. 그러니까 후보들의 주장을 학생들에게 잘 전달하기 위해서는 선관위 역할이 굉장히 중요해요. 후보들은 자신의 공부, 과제 등 기본적으로 해야 하는 생활을 넘어서 입후보한 것이기 때문에 선거활동이 잘 조율되지 못하고 학생들에게 효율적으로 전달되지 못하게 되면 준비하는 후보들은 너무 많은 시간을 힘들게 보내야 되고 당선 전에 이미 지치게 된다는 걸 학생회 활동을 하면서 너무나 잘 알고 있었기 때문에 선관위에 지원 했어요. 선관위는 선거를 잘 치르기 위해 많은 규칙을 정하는데 우리 선관위는 후보들이 정해진 규칙에 맞춰 선거를 하는 것이 아니라, 규칙이 후보들에게 맞춰지도록 해야 한다는 것을 기본조건으로 삼았어요. 적어도 선거를 위한 규칙이 후보들에게 부담이 되면 안 된다는 문제의식이 있었거든요."

"니 대답을 듣고 나니 엄마는 마음 한편이 무거워 진다. 앞으로 살면서 외면할 수 없는 많은 일을 보게 되고 겪게 될 텐데 어떡하니?"

아이는 웃으며, "그러니까요, 우리 학교가 좀 그래요. 학교가 우리에게 세상을 더 많이 볼 수 있게 가르치고 더 아파하게 하고 그 만큼 많은 상처에 우리를 노출시켜요. 그래서 자치활동을 하는 아이들은 많이 상처받고 많이 울어요. 같이 울면서 서로를 위로하고 또 우리끼리 이런 말을 해요 '우리는 교장선생님의 위로를 먹고 산다'고."

1) 선거관리위원회

이우학교에는 총 3개의 선거관리위원회가 있다. 총학생회장 선거, 학년대표 선거, 그리고 축제준비위원 선거이다.

학생회 선거

총학생회 선거는 2학기 말, 학년대표 선거는 3월에 있다. 이 선거를 치르기 위해 몇 달 전부터 선거준비위원회가 꾸려지고 선거 방식, 기준, 절차, 일정 등이 정해지고 그에 따라 선거가 치러진다.

■ 이우학교의 학생 선거

입후보자는 회장 부회장이 한 팀을 이뤄 나갈 수 있으며, 선거 나가기 전에 우선 '당'을 만들고 당원을 모집해야 한다. 당원은 최소 10명은 되어야 한다. 해마다 2~3개의 당이 나온다. 약 한 달의 선거기간 동안 공약을 만들고 공청회를 해 최대한 유권자들의 요구와 목소리를 들어야 한다. 이 과정이 선거의 핵심이라 할 수 있는데 얼마나 학생들의 요구를 잘 반영하고 있는지, 그리고 제시한 공약이 얼마나 어필할 수 있는지가 중요하다. 2차례의 공청회에서 이뤄진 질의 토론을 반영한 최종 공약이 확정되면 선거가 실시된다. 선관위는 이러한 선거 전 과정에 대한 룰을 만들고 선거의 전과정을 전담한다. 이 기간 동안 후보자들과 지지 당원들, 그리고 선관위원들은 진짜 세상속 선거처럼 바쁘고 치열하게 준비한다.

■ 선거 공약

공약의 초점은 학년에 따라 달라진다. 고1때는 관계가 중요해서 믹스&매치, 멘토링 등이 공약. 서로서로가 부족한 부분을 채워주기 위한 학년 문화를 만드는 것이 학년 학생회의 주요 과제였다. 고2는 아이들간의 소통을 중심으로 한 공약들이 호응을 얻었다. 고3은 페미당이 당선되었는데, '고3性'이란 개념을 제시했다. 여성성, 남성성이 갖고 있는 고정관념과 편견에 반대하는 것처럼 '고3은 이래야 한다'는 관념과 규정을 탈피하고 자기 자신의 감정과 기분에 솔직하고 충실할 것을 제시했다. 슬프면 슬픈 대로 불안하면 불안한대로 감각해야 하고 그런 고3 학년을 만들겠다는 게 공약이었는데, 이런 공약들은 곧 그 학년 아이들의 심리와 정서를 반영한 결과라고 볼 수 있다.

2) 축제준비위원회 선거

학년대표와 학생회장 등 임원선거 외에 유일하게 준비위원을 뽑는 선거가 축제준비위원 선거다. 축제는 2학기 때 하는데 이 축제를 준비하기 위한 축준위원장, 홍보부장, 기획부장을 선출하는 것이다. 축준위원장, 홍보부장, 기획부장 3명이 한 팀으로 출마할 수 있다. 축준위 후보자들은 그해 축제의 아이템, 모토, 방향성, 콘셉트, 프로그램, 홍보, 일정 등등을 계획을 세워서 발표해야 하고 학생들이 원하는 축제를 기획한 팀에 표를 주게 된다. 해마다 축준위에는 평균 2~3개 팀이 출마한다.

■ 이슬이의 축제준비 이야기

축준위를 하기 전에 1학년 겨울방학에 건영이랑 혜원이 학년대표 선거 활동을 했었는데 처음에 당 활동하는 것이 두려웠다. 처음 해보는 일인데다 그런 식의 이야기를 하는 것도 처음이었다. 근데 그때 같이 해주기만 해도 도움이 된다고 해서 한 것이었는데 정말 도움이 되는 기분이 들었고 되게 뿌듯했다. 비록 당선은 안됐지만. 그 경험이 자신감을 가지게 해 준 거 같다. 나도 도움이 될 수 있다는. 또 친구들이 위원장을 하는 것을 보면서, 나도 위원장을 해보면 좋겠다고 생각했다.

고2때 직접 축제준비위원장을 하면서 팀을 이끌어나가는 방법을 배웠다. 어렸을 때 반장, 부반장했던 것과는 달랐다. 친구들 한 명 한 명이 왜 이 위원회를 하려고 하는지, 왜 힘들어 하는지 등을 잘 관찰하고 그에 맞춰서 활동을 진행했을 때 시너지가 엄청 나오는 모습들을 보게 되었다. 그렇지 않았을 때는 다들 엄청 힘들어했다. 몇 번 갈등이 있었을 때, 감정적으로 해결해서는 안 되겠다는 생각이 들었다. 일이 어떻게 된 것이든 무조건 화를 내는 건 모두에게 좋지 않다는 것을.

　개인적으로는 문서작업, 피피티작업, 홍보작업 등의 능력을 키울 수 있었다. 총무를 하면서 기획안, 예산안, 카드뉴스, 시간표 등등 여러 문서작업을 했기 때문이다. 그리고 나는 원래 낯을 엄청 가렸는데 위원회를 하면서는 낯가림이 많이 없어졌다. 활동을 하면서는 어쩔 수 없이 얘기를 많이 하니까.

축제가 진정한 축제가 되기 위해 아이들의 고민은 해마다 반복된다. 2017년에는 '축제 개혁' 주장이 제기되었다. 그동안 놀고 끝나는 축제에 문제가 있다는 것이었다. 뭔가 달라져야 한다는 문제제기가 나왔다. 아무도 소외되지 않고 모두가 주인이 되는 축제, 모두 즐길 수 있는 축제, 대중문화를 베끼거나 따라가는 것이 아닌 축제가 되기 위해 해마다 많은 고민을 하지만 그런 축제는 늘 쉽지 않다. 축제 하나에도 이런 의미를 부여하고 고민을 하기 때문에 과연 모두가 원하는 축제를 만들 수 있을지 여부에 관계없이 축제준비위원을 뽑는 건 그래서 어떤 일보다 중요하다.

3) 체육대회 준비위원회

　아이는 친구들 사이에서 존재감을 갖기를 원한다. 아니 아이들만이 아니라 사람이라면 누구나 그런 욕구가 있다. 대부분의 학교에서는 아마도 성적이 좋아야 존재감이 있을 것이다. 그런데 이우에서는 어쩌면 다양한 위원회 활동으로 스스로의 존재감을 느끼는지도 모르겠다. 그래서 다양한 위원회 활동을 활발하게 해내지 못할 때 자존감이 떨어지기도 한다.

예를 들면 가장 인기 있는 준비위원회는 체육대회 준비위원회다. 체준위는 선배들이 후배들의 신청서를 먼저 받는다. 선배들이 신청서를 검토한 후 적합한 아이를 선발하는 과정을 거친다. 인기 있는 위원회라서 하고 싶은 아이들이 몰리기 때문이다. 신청서의 검토는 체육대학진학을 준비하는 선배들이 맡는 것이 관례였다. 많은 아이들이 체준위에 들어가고 싶어 하고 그래서 신청이 많다. 그런데 문제는 아무리 신청해도 되지 않는 아이가 있는 반면 할 때마다 되는 아이들이 있다는 것이다. 매번 떨어지는 아이들의 경우 잠시 좌절을 겪게 된다. 물론 큰 문제가 아닐 수 있다. 하지만 지켜보는 부모의 입장에서는 어디서나 잘 되는 놈은 잘 되고 아닌 놈은 아닌가 하는 자격지심이 생기기도 한다. 물론 이러한 활동이 중요하다고 생각하는 아이들도 있고, 그런 것이 중요하지 않다고 생각하는 아이도 있다.

우리 아이 혹시 활동중독?

이우에는 많은 활동 프로그램들이 쉼 없이 돌아가고 있다. 그러니 아무런 활동을 하지 않고 있으면 아이들 중에는 불안을 느끼는 경우도 있다. 자신의 존재감을 활동을 통해서 확인해야 하는데, 활동을 하지 않으면 무기력하게 느껴지는 것이다. 중요한 것은 단지 어떤 활동을 하는 것에 있는 것이 아니라 활동이 자신을 알아가고 돌아보는 계기를 제공해 준다는 데에 있다. 물론 부모의 기우일 수도 있다. 활동을 하는 가운데 자신을 돌아보고 다른 친구의 입장이 되어보는 일은 자연스러운 일이기도 하니 말이다.

■ 건영이의 축제준비 이야기

　건영이가 이우에 입학한 후 소위 위원회 활동으로 눈코 뜰 새 없이 바쁜 나날을 보냈다. 이우는 학생자치회가 발달해 있어서 모든 것이 학생이 주축이 되어 주도적으로 문제를 제기하고 의논하고 해결해 나가도록 되어있다. 별의별 이름으로 둔갑한 다양한 위원회라는 것이다. 예를 들어 소풍을 준비하는 소준위, 문집을 만드는 문준위, 도보기행을 주관하는 도준위, 농촌봉사활동을 주관하는 농준위, 축제 준비를 위한 축준위, 체육대회 준비를 위한 체준위, 엠티를 준비하는 엠준위, 앨범을 만드는 앨준위, 졸업식 준비를 하는 졸준위 등……

　이밖에도 엄청난 위원회 활동이 있고 이 위원회 활동을 오롯이 학생들의 힘으로 꾸려 나간다는 것이 참 기특하면서도 대단했다. 하지만 아직 서툴고 미숙하다 보니 어른이면 금방 끝낼 일들이, 의견을 조율하고 합의점에 도달하고, 익숙해지기까지는 시간을 담보로 한 시행착오를 겪어야했고 그만큼의 에너지가 소요되었다.

　입학하고 새내기 1학년 때 했던 첫 위원회 활동인 축제준비위원 (축준위) 활동은 지금도 잊을 수가 없다. 사십을 넘긴 내 인생에서 딸아이의 학교생활은 신선한 충격이었고 부모로서의 한계를 시험해 본 경험이었다. 지금은 저녁 11시면 학교 전체가 소등이 이뤄지고 아이들이 학교에 남아있을 수 없지만 거슬러 올라가 2013년도엔 밤에도 학교에서 활동이 자유로웠다.

　건영이는 중학교 축제준비위원으로 '껌 좀 씹는 막내'란 닉네임을 등판에 대문짝만하게 붙이고는 선배들과 함께 축준위 활동을 하게 되었다. 마침 개교 10주년이다 보니 학생뿐 아니라 학부모 축제도 의미를 부여해 반

짝반짝 빛날 축제 준비로 바빴다. 학생들이 축제를 즐길 수 있고 참여할 수 있도록 축준위 친구들은 밤을 낮 삼아 의논하고 준비했다. 옆에서 지켜만 봐야하는 부모는 기다림의 지난한 과정이었다.

축제 준비로 귀가가 늦어지자 학교 앞 굴다리에서 밤늦게 기다리는 날이 점점 많아졌고 급기야 축제 며칠을 남겨 두고는 새벽 3시에 귀가해 새벽 5시30분까지 등교하라는 하늘같은 축준위 위원장 선배 말에 실금이라도 갈까 득달같이 일어나 등교 하는 모습을 지켜보아야 했다. 그때의 어미 마음을 한마디로 표현 하자면 '배~~~신!!'

부모의 말은 귓등으로도 듣지 않고 바라보는 눈빛에선 살기까지 느껴지던 절정의 사춘기를 보내고 있던 딸아이를 엄동설한 언 눈 녹이듯 나긋나긋하게 만들어버리고, 버들가지처럼 낭창낭창하게 만드는 힘을 가진 학교, 친구, 선생님, 선배들이 부러울 따름이었다.

집에 오면 가지 꺾인 나뭇가지처럼 픽픽 쓰러져 잠만 자고 다시 아침이 되면 총알이 장전된 듯 의기양양한 모습으로 팔다리를 휘휘 내저으며 학교로 향했다. 사교육은 차치하고 자기 주도적 학습을 원했던 엄마는 축제 준비를 위해 모든 것을 내려놓고 하나에만 몰입하는 딸의 모습에 걱정하고 안달이 났다. 축제를 준비하느라 정작 축제 기간엔 즐기지도 못할 텐데 왜 궂은 일에 몸 축내며 시간 몽땅 쏟아 부어가며 집중하는지 그땐 미처 몰랐다.

딱 그때까지 우리는 전형적인 학부모가 되어 책상 앞에 앉지 않는 모습에 조급해 하고 안달했던 것 같다. 잔소리도 많이 했고 사춘기 절정의 딸과 맞서 싸워 보겠다고 무모한 용기를 낸 것도 딱 중1 그때 까지였다. 축준위 활동 뒤 몇몇 위원회 활동을 더 경험하며 우리 딸은 이우중학교 새내기 1년을 보냈다.

축제는 무사히 끝났고 아이는 조금씩 달라지기 시작했다. 책상 앞에 앉아있는 시간이 조금씩 길어지고 다른 숙제나 활동에도 몰입하는 것이 바쁜 엄마의 눈에도 들어왔다. 학기 초 선생님과의 상담에서 입학 후 모든 걸 놓아 버린 것 같다고 걱정하는 나에게 선생님께서 해주신 말씀은 '그동안 억압되어 안으로 쌓아놓았던 독기를 빼내는 작업 중일 것입니다. 조금만 기다려 주세요.' 하늘같은 선생님 말씀에 반기를 들 수 없었지만 반신반의하며 고개를 갸우뚱 거렸던 것 같다. 그때는.

하지만 위원회 활동을 통해 자신의 한계와 부딪히고 본인이 가지고 있던 총량의 에너지를 아낌없이 쓰고 난 뒤 느껴지는 희열감은 중독 증세로 나타났고 또 다른 위원회 활동으로 이어지는 악순환(?)을 가져 왔다. 위원회 활동은 강제성을 띠는 학교 활동과 달리 오롯이 학생 스스로 주도적 선택과 활동이다 보니 성취감 또한 배가 되고 함께 하는 즐거움 또한 위원회 활동의 매력이었던 것 같다. 그리고 준비과정 뒤 듣는 칭찬과 격려의 말 하나하나가 그간의 고통과 힘듦을 사라지게 하고 다시 움직일 수 있게 하는 원동력이 되었다. 적어도 우리 딸에게는 그랬다.

그리고 얼마 전 달콤 쌉싸름한 맛을 아는 건영이는 후배들의 한꿈 공연을 보며 '다시 한 번 한꿈 공연을 해보고 싶다'는 어마 무시한 속내를 꺼내 놓았다. 밤을 꼬박 새며 육체적, 정신적 고통, 그리고 갈등까지 경험해야 했던 그 힘든 작업을 다시 하고 싶다면 분명 그 이유가 있을 것이다. 축제준비위원 활동 뒤 나는 딸아이가 스스로 선택해 활동하는 위원회 활동에 대해 일절 걱정 섞인 잔소리는 하지 않았다.

오히려 지금은 한 학년 아래인 동생에게 조언을 한다. 앨준위(졸업앨범준비위원회)를 맡아 중학교 졸업 앨범을 만드느라 방학 1달을 앨준위 모임으로 얼굴 보기 힘들었지만 응원을 보냈다. 하지만 가끔 이렇게 힘들 줄 몰랐다며 투정 부리는 동생에게 한마디 해준다. '앨준위 활동을 통해 앨범을 만든다는 것은 그동안 친구들에게 받은 도움을 갚는 봉사의 의미도 있고, 앨범을 만드는 작업을 통해 추억도 쌓고 그간의 스스로를 돌아볼 기회가 되고, 친구들과의 소통으로 우정이 더 견고해 질수 있으니 얼마나 감사한 일이냐~'

아이는 부모의 뒷모습을 보며 자란다고 한다. 이우 학부모는 아이의 앞모습을 보며 함께 성장하고 있다고 믿는다. 이우학교의 교육 과정중 하나인 자기 돌봄을 통해 자신의 정체성을 찾아가고 자신을 믿고 알기에 어떤 난관에 봉착해도 의연하게 대처해 나갈 것이라고 믿는다. 그리고 타인의 감정을 읽을 줄 알고 공감할 줄 아는 시선이 따뜻한 어른으로 성장할 것이라고 믿는다. 그래서 지금 고3 수험생의 학부모가 아닌 독립을 앞둔 자식을 둔 부모의 마음으로 자식에 대한 견고한 신뢰감으로 안달하지 않고 연연해하지 않으며 잘 살아가고 있는지 모른다.

4. 소모임 활동

소모임이 뭐지?

고등학교에 들어와서 여러 가지 공부를 하다보면 각자 관심 있는 분야에 대해 좀 더 깊이 있게 알고 싶다는 생각이 든다. 그래서 관심 있는 아이들이 자발적으로 모임들을 꾸린다. 모임 내에서 각자 역할분담을 해서 활동한다. 자료를 조사하거나, 견학을 가고, 자료를 만들거나, 외부 강사 초청 강연을 준비하는 등 교내 행사를 기획한다.

모든 것은 참여하는 아이들이 자발적이며 주체적으로 기획하고 진행한다. 그러면서 관련 분야에 대해 학교에서 다 가르쳐주지 못하는 깊이에까지 배움이 일어난다. 어떤 경우는 진로에 영향을 미치기도 한다.

소모임과 동아리와의 차이점

동아리는 일주일에 1블록 정해진 동아리 시간에 모인다. 고1 때는 의무적으로 하나 이상의 동아리활동을 해야 한다. 하지만 소모임은 참여하는 아이들이 각자 시간을 조율해서 모인다. 수업 후 모이기도 하고, 수업 중간 공간 시간이나 점심시간, 수업 전 일찍 모이기도 한다. 소모임 중에는 비공개 모임으로 참여자를 제한하는 모임도 있다. 다른 학년에는 오픈하지 않고 운영하기도 한다.

자기가 관심 있고 공부하고 싶은 분야의 모임을 만들기 때문에 동아리보다는 애정이 깊고, 책임감도 남다르다. 진로와 관련된 공부나 모임을 통해 구체적인 결과물(출판)을 만들어내는 등 구체적인 활동의 목표가 있다. 그러다보니 동아리에 비해 더 목적 지향적이고 자발적이다.

선생님이 참여하는 소모임도 있다. 스타트업의 경우 진로선생님이, 페미니즘 모임은 철학선생님, 동물권은 과학선생님이 참여하는 식이다. 또 아이들이 어떤 활동을 하거나 행사를 개최할 때 학교에서 예산을 지원해주는 경우도 있다.

소모임의 종류

페미니즘모임 · 동물권모임 · 영화소모임, 염소(테마별 영화추천, 소개, 정보공유, 영화제 개최) · 예술소모임, 예코(예술 코뮤니티) · 신학소모임, 신학자들(종교 특히 기독교 관련 소모임) · 교육소모임, 도담도담 · 대안교육 소모임, ET(대안교육에 대해 공부하는 소모임) · 한문소모임(동양철학 공부모임) · 미세먼지소모임, 미소(미세먼지에 대한 공부, 홍보 소모임) · 퍼실리테이션 소모임 · 체육소모임, 체코(체육코뮤니티) · 스타트업소모임, 낭랑18세(스타트업에 대해 조사, 학습) · 일본어소모임 등등.

■ 영화 소모임 염소 — "좋아서 하는 영화제"

고3으로 올라갈 때쯤 영화에 관심 있는 아이들 5명이 모였다. 모두 독립영화나 예술영화를 보는 걸 좋아한다. 주위에 영화를 좋아하고 진로를 영화로 정한 친구들도 있었다. 별 기획이나 프로그램 없이 그냥 영화가 좋고 영화보는 것이 좋아서 그런 아이들끼리 소모임을 만들었다. 그저 일주일에 한번씩 주제를 정하고 각자 관련 영화를 한 편씩 추천하면 각자 영화를 보고 와서 다시 이야기를 나눴다. 그렇게 모임을 진행하다 보니 좋았던 영화, 나눴던 영화 이야기를 다른 아이들과도 공유하고 싶다는 생각이 들었다. 그래서 1학기가 거의 끝나갈 때 소모임에서 영화제를 열었다. 바로 '좋아서 하는 영화제'. 정말로 좋아서 하는 영화제였다. 우선 컨셉을 정했다. 고3 1학기도 끝나가고 뭔가 힐링을 줄 만한 행사였으면 좋겠다는 생각을 했다. 5명이 각자 추천한 영화 5개 중 '판타스틱 Mr. 폭스'가 상영작으로 선정됐다.

학생회관 지하를 빌려서 영화제 행사장처럼 꾸몄다. 그리고 각자 소장하고 있는 영화와 관련된 포스터, 엽서, 물품 등을 다 모아서 전시했다. 또 상영 영화에 나오는 사과주스 같은 먹을 것들을 직접 만들어서 준비했다. 영화 컨셉에 맞게 의상도 직접 준비했다. 그리고 영화를 상영했다. 관객은 약 10명. 관객들과 대화의 시간도 가졌다. 5명의 아이들은 영화에 대한 각자의 해석이나 비하인드 스토리 등 조사해 온 내용들을 관객들에게 소개했다. 비록 10명의 관객이었지만 정말 재밌고 좋았다. 정말로 '좋아서' 한 영화제였다. 준비 과정, 행사도 모두 즐거웠다.

영화제는 혼자 할 수 없는데 소모임에 모인 아이들이 있었기 때문에 가능했다. 관객과의 대화도 진지하고 활기찼다. 그걸 준비하기 위해 많이 노력했던 과정이 즐거웠다. 공간을 꾸미고 음식을 준비할 때 그 영화와 접목시키려고 했던 노력들, 포토카드도 만들고 나누는 과정이 즐겁고 소중한 경험이었다.

영화를 좋아하는 사람들만이 경험하고 느낄 수 있는 감정이 있다. 좋아하는 일을 밀도 있게 몰입해서 시도해볼 수 있었다는 것이 값진 경험이다. 일주일 동안 푹 빠져서 지나갔다. 재밌었다. 근데 고3이 이렇게 즐거워도 되는 거야?

성 인권 소모임 ESC ― 청소년의 섹슈얼리티

이우학교는 짧게는 3년, 길게는 6년 동안 적은 수의 학생들이 매우 밀도 높게 생활한다. 그러다 보면 자연스럽게 이성친구가 생긴다. 특별히 이성교제를 금지하지는 않는다. 고1 하반기에는 이성교제를 하는 학생들이 너무 많아 '사랑이 꽃피는 이우'라는 우스갯소리도 있었다. 하지만 그런 이우학교라도 모든 사람들이 이성교제에 대해 관대한 것은 아니다. 쉬는 시간에 이성친구와 이야기를 나누고 있으면 저 멀리서 보시고, "연애하지 마"라고 외치는 선생님도 계셨다. "학생이 무슨 연애야" 하는 어른들, "너네 어디까지 갔냐?" 하고 묻는 친구들…… 일상에 청소년 성에 대한 포르노적 언어가 가득했다. 대한민국 사회의 일반적인 상황은 이우에서도 별반 다르지 않았다.

■ 성 인권 소모임 나민이 이야기

성에 대해 가장 민감하고 호기심이 큰 십대 청소년들에게 왜 성이나 이성교제에 대해서 말하면 안 되는 것일까 하는 의문이 들었다. 특히 학교가 하는 성교육도 마음에 들지 않았다. 남, 여 따로 진행되거나 생물학적 접근 등 교육이 늘 뭔가 부족함을 느끼게 했다. 그래서 성인권 소모임에 들어갔다. 학생들이 정말 알고 싶거나 알아야 할 것들을 중심으로 직접 성교육을 기획해 학교에 제안했다. 실제로 학생을 대상으로 성교육을 직접 해보거나 성 인권과 관련한 영화를 상영하고, 강사를 초청해 강연도 들었다. 그리고 교내에서 콘돔 전시회도 개최했다. 그러면서 '청소년의 성'이란 무엇이고, 무엇이 문제이며, 앞으로 무엇을 어떻게 해야 하는지에 대해 알아가기 시작했다.

성 인권 소모임 활동도 훌륭했지만 그것만으로는 문제의식을 완전히 해소할 수 없었다. 고2 인턴십으로 청소년 섹슈얼리티에 관한 사회적 기업에 들어갔다. 청소년을 대상으로 한 콘돔 자판기 설치 프로젝트를 포함해서 청소년 성문제와 그에 대한 인식 개선을 위한 여러 가지 프로젝트들을 함께 진행했다. 그리고 페이스북 등 SNS를 통해 청소년이 얼마나 성에 대해 무시당하고 있는지, 자기결정권이 결여되어있는지, 수동적이거나 폭력적인 성인식의 변화가 얼마나 필요한지 알리는 일을 했다.

이런 활동에 대해 처음에는 선생님, 부모님 모두 이해하지 못했다. 하지만 지금은 인정해주시고 이해해 주신다. 그렇다고 적극적으로 지원해주시는 건 아니다. 사실 별다른 피드백은 받지 못하고 있다. 다양한 종들의 평등, 자치, 주체성을 강조하는 이우학교라 하더라도 성 문제에 있어서만큼은 접근이 쉽지 않았다. 고2때였다. 보건실에 콘돔 자판기를 설치하려고 했었다. 청소년을 대상으로 한 100원을 넣으면 콘돔이 나오는 자판기였다. 하지만 중학교 학부모들한테서 항의가 들어왔다. 성에 대해 잘 모르는, 너무 어린 학생들에게 성관계를 조장하는 게 아니냐는 게 부모님들의 우려였다. 결국 학교와 상의 끝에 콘돔 자판기는 설치하지 않는 것으로 했다.

친구들은 성과 성 인권, 성 평등 등 그것이 무엇이든지 문제의식이 생기면 회피하거나 부정하지 않고 문제를 직면한다. 소모임이나 자치 활동 등을 통해 스스로 공부하고 변화해간다. 하지만 그에 비해 부모들이나 선생님들의 변화는 더디기만 하다.

사실 소모임 등을 통해 학교에서 성 인권 관련 많은 일들을 실행해봤다는 사실, 그것을 학교가 허용해 주었다는 사실만 보면 감사하다. 일반 학교에선 절대 허락 안 해줬을 테니까. 청소년 성에 대한 문제의식을 갖는 것 자체가 불가능했을지 모른다. 선생님의 적극적인 피드백은 비록 없었고, 인식이 다른 부모님들의 반대도 있었지만 그래도 이런 것에 대해 이야기를 꺼내고 뭔가를 시도해 볼 수 있었던 건 소중한 경험이었다. 함께 해준 친구들이 없었다면 불가능했을 일이다. 또 성 인권 소모임 활동을 지원해준 보건선생님 같은 어른을 만난 것도 감사한 일이었다.

동물권 소모임

이우학교는 개교 때부터 생태, 환경에 대한 교육을 중심에 두고 있다. 사회, 생명과학뿐만 아니라 다른 여러 교과목에서 환경과 생태를 주제로 한 수업을 진행하고 그럼으로써 아이들은 자연스럽게 생태적 감수성을 키우게 된다.

고3때는 '환경과 녹색성장' 수업을 받으면서 동물권주간을 열었고, 공장식 축산이나 동물실험 등과 관련한 강연, 전시, 이야기 장 등 여러 프로그램을 진행하기도 했다. 또 동물권에 대한 인식이 확산되면서 교내에 채식 붐이 일어 많은 학생들이 채식을 하고 있다. 그리고 이런 동물권 인식은 약자의 이야기란 점에서 결국은 우리 사회의 다양한 사회적 약자들에 대한 관심으로 확장되어 아이들의 진로나 성 인권 활동에 큰 영향을 미쳤다.

■ 동물권 소모임 아이들의 유기견 입양기

학교 앞 버스정류장 근처 식당에 강아지 6마리가 태어났다. 식당 주인 할아버지가 돌보고 있는 것 같긴 했지만 도저히 강아지들이 살 수 있는 환경이 아니었다. 꼬물거리는 강아지들이 너무 예뻐 아이들은 등하교길마다 들러 강아지들에게 간식을 주면서 살펴봤다.

그러던 어느 날, 강아지들이 침을 흘리며 비실거린다는 걸 알게 되었다. 이미 한 마리는 죽었다. 이대로 두면 안 된다고 생각한 아이들은 나머지 5마리를 데리고 무작정 동물병원으로 달려갔다. 파보바이러스 진단, 치사율 80%, 강아지 치사율 1위 전염병이었다. 아이들에겐 병원비를 낼 돈이 없었다. 급한 대로 팀장선생님께 연락드렸고 선생님이 대신 결제를 해 주셨다.

그러나 이후가 더 문제였다. 어마어마한 병원비는 차치하고 견주가 있는 상황에서 맘대로 데려가 치료를 시킬 순 없었다. 하지만 그대로 두면 모두 죽거나 살아남는다고 해도 복날 고기 거리가 될 것이 분명해 보였다. 할아버지를 설득해 마리당 5만원 주고 5마리를 모두 사왔다. 그리고 아이들이 각자 한 마리씩 자기 집에 데리고 가서 돌보기 시작했다. 깨끗한 자리를 준비하고, 설탕물 먹이고, 설사를 계속해서 치웠다.

오래 데리고 있을 수 없는 경우에는 임시로 데리고 있을 수 있는 집을 찾아 다녔다. 낮에 사람이 없는 집일 경우엔 데리고 등교 했다. 학교 교실이 강아지들의 놀이터가 되었다. (물론 강아지 동반 등교가 문제가 되면서 나중엔 모두 강사대기실에 넣어두었다.)

당장 파보바이러스 치료비를 위해 백만 원 정도가 필요했다. 그리고 여러 가지 예방접종이나 사료 등 필요한 게 많았다. 학부모들에게 소식을 전하고 후원금을 모금했다. 여기엔 고2 후배들까지 참여했다. 안정적으로 입원을 시킬 수 있는 돈을 모으기 시작했다. 그리고 병원에 입원 시킬 수 있는 돈이 모였다. 그러나 입원 전, 또 한마리가 죽었다. 결국 4마리가 입원을 했고 모두 살았다.

강아지들이 모두 건강해진 뒤에는 강아지 입양 프로젝트가 시작되었다. 삐삐와 봉덕이는 각각 주택에 사시는 선생님과 조은이네로, 어꾸어와 노신이는 해외에 입양시켰다.

■ 이슬이의 채식 이야기

동물을 사랑하는 '동물 애호가'였던 나는 고등학교 1학년 때 사회 수업에서 한 친구의 발표를 통해 '동물권'이라는 것을 알게 되었다. 동물원에 가고, 펫샵 앞에 서서 새끼 동물을 구경하는 행동은 동물을 사랑하는 잘못된 방식이라는 것을 처음 알게 된 것이다. 그 이후로 1학년 생물 수업에서 가축이 도살되는 과정을 보여주는 영상을 시청했고, 2학년 영화사 수업에서 영화 '옥자'를 감상했다. 우리가 일반적으로 이야기 하는 동물도 정확히 표현하자면 '비인간 동물'이라고 표현해야 하고 '가축'이라고 불러야하는 동물은 애초에 없었다는 것을 배우게 되었다. 그러면서 즐겨먹던 고기를 먹지 않게 되었고, 현재는 엄격한 채식 단계인 '비건'을 실천하고 있다. '동물 애호'에서 '동물 보호'로 변한 것이다.

나의 변화에는 학교 수업보다는 친구들의 움직임이 더 큰 영향을 주었다. 동물권에 관심이 있는 친구들이 모여 동물권 소모임을 꾸렸고 설문조사, 책자 제작 등의 활동을 했다. 또 3학년 때 몇몇 친구들이 모여 동물권주간을 직접 기획하고 주관하기도 했다. 나는 이 활동에 직접 참여하지는 않았지만 그들의 움직임을 옆에서 보고 그들의 열정을 느끼면서 더 크게 변화하기 시작했다.

이우에서의 배움 그리고 성장 – 앎과 삶의 일치

학교는 늘 3주체를 이야기 한다. 교사, 학생, 부모 누구라도 이우학교, 이우교육에 대해 문제를 발견하면 그 문제를 자기 문제로 삼아 함께 풀어나가야 한다고 가르친다. 이우학교에서 교육할 수 없는 분야는 없다. 이우학교에서는 늘 나의 앎과 삶이 연결되는 교육을 이야기 한다. 중학교 입학하면서부터 아이들은 뭇 생명과 함께 사는 것에 대해 배운다. 생태교육을 강조하고 환경동아리 활동도 활발하다. 이우 아이들은 배움이 삶과 괴리되는 것을 이상하게 생각한다. 아이들은 동네의 유기견을 돌보고 산짐승과 새들을 돌보고 구조하는 것을 당연하게 여긴다.

청소년의 섹슈얼리티라는 소재는 환호할 만한 소재는 아니다. 이우에서 조차 너무 앞선 주제다. 사회 곳곳에서 미투나 성폭력, 성접대, 불법 포르노, 불법 촬영 등 사건이 터져 나오는 한국 사회 속에서 이우학교라고 해서 그러한 주제에 대한 인식이 일반 국민들보다 더 낫다고 말할 수는 없다. 아이들이 궁금해 할 수밖에 없는 주제이며, 궁금하니까 파고드는 것은 자연스러운 일이다. 비록 극단적인 사례이긴 하지만 이우학교에서는 어떤 소재건, 어떤 일이건 나의 문제로 받아들이고 시도해보고 경험해서 판단하는 방식이 보편적이다. 이런 과정을 통해서 입학할 때만 해도 "동성애는 정신병이다"라고 했던 아이가 고3이 되어서는 페미니즘이 무엇인지 알아가고 고민하게 되는 것이다. 주체로 서는 것은 이러한 교육적 과정을 통해서 이루어지는 것이 아닐까. 스스로 궁금한 것들을 알아가고, 아는 것을 실천하는 속에서 주체로서의 독립적인 삶이 가능해지는 것이 아닐까.

아이들의 빛나는 하루하루를 위하여

부모들이 아이의 학교생활에 대해 자세히 알 수는 없다. 소모임 활동까지 세세히 다 아는 것은 어렵다. 하지만 고등학교 내내 과제와 활동, 수업 등 잠잘 시간도 없이 힘들게 지내면서 이런 소모임을 두세 개씩 하는 것을 보면 부모의 입장에서는 놀랍기도 하고 어떻게 가능한지 궁금하기도 하다.

아이들은 친구들과의 소모임 활동은 학교에서 의무적으로 하는 활동과는 달리 즐기면서 재밌게 할 수 있다고들 말한다. 해보고 싶은 것을 해볼 수 있고, 좋아하는 것을 충분히 누릴 수 있는 기회라는 것이다. 소모임을 하면서 느끼는 즐거움을 다른 친구들에게도 전하고픈 마음이 든다고 한다. 이 모든 것이 힘들어도 소모임을 하는 이유인 것 같다.

심지어 고3들도 소모임을 한다. 지금 공부에 전념한다고 해서 미래에 반드시 행복하리라는 보장은 없다. 그러니 고3들도 소모임을 하면서 친구들과 즐겁게 시간을 보낼 권리가 있다. 대한민국에서 즐겁고 행복한 고3이라니 한편으로 어이가 없지만 또 한편으로는 참 다행이다 싶다. 그렇게 재밌는 시간들, 19살 그 시간들이 앞으로 이들의 삶에 틀림없이 긍정적으로 작용할 것이라는 확신이 든다. 아이들의 모든 하루하루가 빛날 수 있다니 얼마나 다행스러운 일인가.

5. 농촌봉사활동

'딩동'

"김민서씨, 택배입니다."

어느 날 딸아이 앞으로 온 작은 상자 하나. 딸아이한테 무슨 택배지? 어디서 온 건가 싶어 박스를 보니 모르는 사람이다. 궁금했지만 딸아이가 학교에서 돌아올 때까지 기다렸다. 딸아이가 돌아와 택배를 열어보니 거기엔 멜론 2개가 들어있었다.

"웬 멜론이야? 네가 산거야?"

"아니, 지난번에 농봉 갔을 때 메론 비닐하우스에서 일했었거든. 그 농부님이 보내주신 거야."

오호~ 살다보니 이런 날이 다 있군. 농봉 가봐야 뭘 얼마나 했겠나, 폐나안 끼치고 오면 다행이지 싶었는데, 그래도 뭔가 하긴 하고 왔나보다. 어쨌거나 딸아이의 노동의 결과는 매우 달았다.

이우학교는 왜 농촌봉사활동을 하는가?

농촌봉사활동(줄여서 농봉으로 지칭)을 처음 시도하게 된 데에는 아이들에게 생태 지향적 가치, 노동에 대한 가치를 알게 하고, 먹는 것이 곧 몸을 이룬다는 것을 체험하게 한다는 뜻이 있었다. 또한 학교 급식 재료를 공급하는 삼도생협과 관계를 맺게 되면서 아이들 자신이 먹는 먹거리가 어떻게 생산되는가를 아이들이 직접 알아본다는 의미도 있었다.

하지만 그런 교육적 의미나 농민의 삶을 이해한다는 취지는 물론이고, 아이들에게 농봉은 온전히 힐링의 시간이 되었다. 숨 가쁘게 흘러가는 일상에서 잠시 벗어나 머리를 쉬고, 몸을 움직이고, 맛있는 것을 먹고 잘 잘수 있는 그런 쉼의 시간이 되었다. 농봉을 간 아이들은 여러 가지로 위로를 받아 온다. 일하고 오는데 위로와 힐링이라니 어떻게 그럴 수 있을까.

"삶의 뿌리를 찾아서"

농촌봉사활동의 목적은 "농촌현장을 방문하여 농사일을 거들며 먹을거리인 농작물이 자라는 과정을 체험하게 하고 흙의 진실을 가르쳐주는 농심農心을 배우게 하는 계기가 되고자 하는 것"이다. 요컨대 가정과 학교의 울타리를 벗어나서 이웃과의 소통을 통해 배우고, 적극적이고 능동적인 봉사활동에 참여하고, 생활규칙, 일거리, 숙소배분, 돌아보기 등 주체성을 키우기 위한 것이다.

아이들은 학교에서 짜준 프로그램에 수동적으로 참여하지 않는다. 기본적으로 각 학년마다 교과를 통해 농촌사회에 대한 기초적인 지식을 배우는 과정을 거친다. 농촌봉사활동을 갔다 와서는 활동 중 쌓은 지식과 경험, 느낌 및 봉사활동의 의의를 내면화할 수 있는 시간을 갖게 한다. 이외에도 일거리, 잠자리, 먹을거리, 사고발생시 대처방안, 비상 연락망, 영수증 처리 등을 직접 해보면서 일을 기획하고 운영하는 방법도 배운다.

한창 농촌이 활기를 띠기 시작하는 5월, 아이들은 2박 3일 동안의 농촌봉사활동을 떠난다. 중학교 때는 실제 농사일을 하러 간다기보다는 농촌사회와의 접촉면을 넓히고 농촌지역 주민들에게 활력을 주는 활동들을 많이 한다. 농사일을 돕겠다고 가서 괜히 농사를 망쳐서는 안 되니 말이다. 하지만 고등학생이 되면 실제 농사일을 돕는 게 가능해진다. 시키는 일뿐만 아니라 주도적으로 일을 진행하는 것도 가능하다. 그런데 한 학년 80명이 한꺼번에 갈 수 있는 농촌지역을 찾는 것이 쉽지 않아서 고1~3학년까지 농봉의 지역은 모두 다르다. 아래 일정표는 홍성으로 농봉을 떠난 이우고등학교 14기 아이들의 사례이다.

일정표

구분	5월 2일 (월)		5월 3일 (화)		5월 4일 (수)	
	프로그램	비고	프로그램	비고	프로그램	비고
07:00~09:00	출발! (09시)	명렬표, 비상연락망	기상/청소/아침	숙소	기상/청소/ 아침	숙소
09:00~12:00	봉사지 도착 및 짐 풀기	모둠 장	오전활동		오전활동	
12:00~13:00	점심	숙소	점심	숙소	점심	숙소
13:00~18:00	오후활동		오후활동		청소/주변정리 14:00출발	
18:00~19:00	저녁	숙소	저녁	숙소		
19:00~21:00	학년 프로그램		마을 한마당			
21:00~22:00			돌아보기			
22:00~	취침		취침			

농봉은 아이를 어떻게 변화시키는가?

아이들은 농봉의 취지인 생태 지향적 가치를 알게 되거나 노동의 가치를 느끼는 것은 물론, 농봉을 통해서 정말 많은 것을 배우는 듯하다. 우선 아이들은 '남에 대해 생각하고 배려하는 것'을 배운다. 농봉 후 평가를 할 때 아이들은 늘 입을 모아 "우리는 좋았는데, 우리가 했던 게 오히려 마을 분들께 폐가 되지 않았을까" 걱정을 한다. 자신들의 입장보다 마을 분들의 입장을 먼저 고려하는 것이다. 이러한 태도는 도덕이나 윤리시간에 가르칠 수 있는 것이 아니다. 다른 사람의 입장에서 생각하는 역지사지의 정신은 공동체를 이루고 사는 우리에게 가장 필요한 미덕이 아닌가.

또한 아이들은 자신들이 경험해보지 못한 농촌의 삶을 만나면서 영감을 받기도 한다. 도시의 아이들은 은연중에 불확실한 미래에 대한 걱정을 가지고 있다. 그런 아이들이 기댈 수 있는 최후의 보루로서 농촌을 경험하는 것 같다. 아이들은 도시에서의 삶만 있는 것이 아니라 다른 형태의 삶도 가능하다는 것을 눈으로 보고 체험하면서 안정감을 느낀다.

홍성의 경우 학생들과 마을 분들과의 관계가 이미 형성되어있기에 이후 아이들이 농촌에서 살겠다고 할 때 아이들에게 기회를 제공할 수 있는 지역이라고 생각된다. 예를 들면 꼭 농사일이 아니더라도 가르치는 일을 하고 싶은 아이는 교대나 사범대 진학을 하지 못하더라도 홍성의 마을학교에서 아이들을 가르칠 수 있을 것이다. 도시에서의 삶이 아니어도 다른 방식의 삶이 가능하다는 사실만으로도 아이들에게 희망을 줄 수 있다. 홍성이라는 곳은 비록 많은 돈을 벌 수 있는 곳이 아니지만 젊은이들이 자신이 하고 싶은 것을 실현해 나갈 수 있는 곳이다. 관심 있는 주제를 자신의 일로 실현할 수 있다는 것은 얼마나 큰 매력인가.

■ 장화는 어떻게 구하지요?

고등학교 1학년 첫 농촌봉사활동 떠나기 전날. 이우중학교를 졸업한 아이들은 농봉을 준비하는 것이 별일 아니었지만 처음 이우고등학교 들어온 아이들은 첫 농봉에 무엇을 어떻게 준비해야 할지 몰라서 허둥댔다. 농봉 출발 전날까지도 별 이야기 없었는데, 어느 한 엄마가 준비물 리스트를 본 모양이다. 준비물 중엔 '장화'가 있었다. 엄마 카톡방에 글이 올라왔다.

'장화 어디서 사요?'

그리고 그 뒤로 카톡방은 장화 이야기로 채워졌다. 그때까지 별 생각 없이 있었던 엄마들도 갑자기 장화준비에 참여하기 시작했다. 직장 다니는 엄마들은 장화 사러 갈 시간이 없다며 다른 엄마에게 공동구매를 요청했다. 장화를 어디서, 얼마에 사야하는지 묻고 답하고 난리가 났다.

하지만 농봉에 장화는 필요 없다. 아이들은 장화 신고 일하지 않는다. 장화 같은 건 오히려 짐이 될 뿐이었다. 대신 운동화가 진흙에 빠져 흙투성이가 되었다. 아이들은 모든 것을 스스로 준비한다. 진짜 필요한 것이면 스스로 준비하지만 굳이 준비 하지 않아도 별 문제는 없다. 이가 없으면 잇몸으로 살 수 있다는 것을 이우 아이들은 이미 잘 알고 있다. 농봉 전날 카톡방에서 일어났던 장화구입 사건은 아이들을 위한 준비가 아니라 엄마 스스로 뭔가를 준비해줘야 한다는 생각이 만들어낸 해프닝이었다.

지역에 따라 다른 농봉 경험

14기 아이들은 홍성으로 농봉을 갔지만 후배들은 삼도생협이라고 하는 쇠퇴해가는 농촌의 전형과 같은 곳으로 농봉을 가게 되었다. 아침이 되면 아이들은 어디로 가는지도 모르는 트럭에 나눠 탔고, 누군가의 밭인지도 모르는 밭에 내려졌다. 거기서 하루 종일 농사일을 하고 해가 질 무렵이면 다시 트럭을 타고 숙소로 돌아와 저녁을 먹고 나면 모두 뻗어버렸다. 그리고 다음 날이 되면 또 다시 트럭에 태워지고 이번엔 또 다른 밭에 가서 일을 하고 돌아왔다.

우리 기수의 아이들이 농촌에서의 대안적 삶을 탐색하고 왔다면 바로 밑 후배들은 정말로 고된 노동을 하며, 노동의 중요성을 깨닫는 농봉이었다. 이런 일도 있었다. 첫째 날 어느 농부의 밭에서 정말 열심히 일을 했다.

밭주인이신 할아버지는 아이들이 너무 고마워 다음 날 오면 먹이려고 닭 6마리를 잡았다. 그리고 다음 날, 아이들이 왔는데, 어, 어제 왔던 아이들이 아니었다. 다른 팀 아이들이 온 것이다. 결국 어제 열심히 일했던 아이들을 위해 잡았던 닭은 다른 아이들이 다 먹었다.

2020년부터 코로나로 인해 농봉은 잠정 중단되었다. 그 와중에 이우중학교의 농봉지였던 '삼도생협'은 유기농업의 어려움, 농촌의 붕괴 현상 등 여러 가지가 겹치면서 와해되었다. 그래서 코로나 종식이 선언된 2023년부터는 고등학교만 농봉이 부활하였고, 중학교는 농봉 대신 '공동체성 강화'라는 교육 목표를 살릴 수 있는 새로운 기행 프로그램이 모색 중이다.

6. 기타 활동들

이우학교에서 진행되는 아이들의 다양한 활동을 모두 이 책에 싣는 건 불가능하기에 가장 대표적인 활동만 간략하게 소개하면 아래와 같다.

체육대회

봄이 되면 체육대회가 열린다. 위원회 소개에서 잠깐 나왔듯이 체육대회는 체육대회준비위원회에서 준비하고 진행한다. 연간 활동 중 가장 중요한 행사 중 하나다. 체준위가 준비한 다양한 프로그램이 진행되는데, 아이들이 직접 고안한 기발한 프로그램부터 축구나, 줄다리기, 계주 등 전통적인 프로그램까지 다양한 프로그램이 진행된다. 하루 동안 전 학년이 서로 협동하며 즐길 수 있는 시간이다.

○○ 주간

이우학교에는 어떤 특정 주제에 대해 일주일 정도 기간을 정하고 여러 가지 행사를 진행하는 ○○주간이란 것이 있다. 대표적인 주간이 '예술주간'과 '인권환경주간' 이다.

인권환경주간은 인권, 생태를 주제로 한 다양한 프로그램이 진행되는데 인권 이야기장, 탈핵강연, 인권 콘서트, 교사들과의 주제 수업 등이 진행된다.

그 밖에 재미있는 행사들도 많은데 그 중 하나는 종소리 공모전이다. 수업 시작과 끝을 알리는 종소리. 아마 엘리제를 위하나 심심한 벨소리 등 전국의 학교들이 비슷비슷한 종소리일 것이다. 하지만 이우에선 매우 특별한 종소리를 들을 수 있다. 총학생회 주최로 학기마다 종소리를 공모한다. 고1, 1학기 때 수업 시작종은 '운명'교향곡이었는데, 수업에 들어가는 마음가짐을 새롭게 하는 효과가 있었을까? 2018년엔 클럽음악이 나와 춤을 추어야 하는 분위기였다. 수업의 시작이 이렇게 흥겨울 수가 있을까?

5

급식

급식은 그저 한두 끼 주린 배를 채우면 되는 일인데 뭐가 특별한 것이 있을까 싶지만 급식은 이우학교의 철학에 근거해서 진행되는 중요한 교육과정 중 하나다. 이우학교가 별난 학교로 알려져 있다면 그 별난 중에서 급식은 아마 두 번째라면 서러울 정도로 별날지도 모른다. 유기농으로 농사지은 재료를 사용해서 밥선생님들이 고민해서 정성껏 만든 조리법, 절대 잔반을 남겨서는 안 된다는 규칙, 학생들도 자신들이 먹는 음식에 관해서 논의하는 급식위원회에 참여하는 것 등, 이 모든 것이 이우 급식의 특별함을 만들어낸다. 게다가 우리가 먹는 모든 것은 누군가의 땀과 노력으로 얻어진다는 것을 모르는 바가 아니지만 이우의 학생들은 농봉을 통해서 그 땀과 노력을 직접 체험하니 급식을 대하는 마음가짐도 남다르리라.

우리가 왜 벌레가 나오는 김치를 먹어야 하나요?

2016년 어느 날, 학교에서 난리가 났다. 점심시간 김치에서 벌레가 나온 것이다. 아이들은 당장 급식선생님과 밥선생님에게 항의했다. 그리고 공식적인 해명을 요구했다. 급식선생님과 학부모 급식위원회, 그리고 학생 급식위원회 간의 유기농 김치 벌레 사건에 대한 기나긴 논의가 시작되었다. 아이들의 항의는 생각보다 거셌다. 아이들은 "우리가 도대체 왜 벌레가 있는 김치를 먹어야 하는 거죠?"라고 물었다. 지금까지 친환경급식과 친환경 먹거리를 먹이고 가르쳤던 급식선생님과 부모들은 아이들의 질문에 당황했다.

유기농배추를 쓰다 보면 벌레가 생길 수밖에 없다. 물론 당연히 깨끗이 세척해야 하고 실제 그렇게 하고 있지만 배추머리 끝에 박혀 있어 씻겨나가지 못한 벌레가 있을 수도 있다. 유기농으로 재배한 배추여서 발생하는 일종의 사고다. 하지만 그런 가능성을 이해하지 못한다면 유기농 채소를 어떻게 먹을 수 있을까? 그리고 그렇게 생산된 김치를 우리가 먹지 않는다면 누가 유기농 김치를 먹을까? 아무도 먹어주지 않는 김치를 누가 만들겠는가? 누군가는 먹어줘야 한다. 그리고 함께 살아야 한다. 이후 여러 차례 회의가 진행되었다. 중학교 학생 급식위원들은 김치 생산지 방문도 했다. 그러면서 학교, 부모, 학생이 유기농 김치를 계속 먹을 것인지를 함께 논의하고 결정하였다. 물론 우리는 계속 유기농 김치를 먹기로 결정했다.

그런데 그 후 아쉽게도 이우에서는 더 이상 유기농 김치를 먹을 수가 없다. 2018년 들어서 성남시 관내에 유기농 김치를 먹는 곳이 없어 생산자가 더 이상 이우학교에 김치를 공급할 수 없게 되었다. 이우학교 한 곳에만 김치 배달을 할 수는 없었던 것이다.

이우학교 급식에 철학이 담겨있다?

철학이라고 하면 거창하지만 이우에서는 유기농, 친환경급식을 제공하고 있다. 친환경급식에는 그저 아이들에게 좋은 것을 먹이겠다는 극성스러움이 아니라 이우의 철학이 담겨있다. 우선 친환경식재료를 사용하는 것에는 친환경농업을 하시는 농민들에 대한 배려가 들어있다. 친환경농업은 우리의 땅을 살리고 더 나아가 우리가 살아가야 하는 지구 전체의 환경에 대한 고려가 들어있다. 친환경농업을 하는 농민들은 사명감을 가지고 농사를 짓는다. 국가에서 지키지 못하는 땅과 생명을 본인들이 지켜내고 있다는 자부심과 사명감을 갖고 있다. 하지만 경제적인 손해를 감수하면서 계속 농사를 지어야 한다면 얼마나 오랫동안 친환경농업을 지속할 수 있겠는가. 이미 친환경 농민들은 많은 경제적 어려움을 감수하면서 친환경농업을 고집하고 있다. 만약 이들이 판로를 확보하지 못한다면 친환경농업은 점점 더 줄어들 것이다.

물론 우리가 소비하는 친환경식재료의 양은 많지 않다. 하지만 이우학교는 이 땅의 모든 이웃들과의 공생을 꿈꾼다. 당장의 이윤이 아니라 미래를 내다보고 생명을 지키려고 노력하는 이웃들을 지켜내고 함께 가길 원한다. 그것은 진정한 공동체를 지향하는 이우의 교육철학과도 부합한다.

학부모, 학생 급식위원회

이우학교에는 급식의 모든 것을 결정하는 급식위원회가 있다. 급식위원회는 학부모 급식위원회와 학생 급식위원회로 구성된다. 급식에 관심 있는 부모들로 구성된 학부모 급식위원회에서는 매일 아침 반입되는 식재료를 검수하거나 먹거리 관련한 교육 프로그램을 기획해 운영한다. 물론 한 달에 한 번 또는 분기에 한 번 정도 전반적인 모니터링을 실시해서 식재료, 조리과정, 그리고 맛 등에 관한 의견을 취합한 뒤 밥선생님들께 전달한다. 또한 식재료 생산지를 방문하고 매입 단가 결정에도 참여한다. 아이들이 1년 동안 먹을 매실청을 담그고, 겨울엔 학생들과 참여해 김장을 담근다.

학생 급식위원회는 각 반별로 1~2명 정도가 참여한다. 이들은 학교에서 진행하는 급식관련 의사결정에 참여하고 급식 메뉴에 대한 피드백을 하고, 급식을 먹다 생기는 불만 사항 등을 학생대표로서 학교와 논의한다. 학생들 차원에서 강좌를 개설해 ─ 예를 들면 육식의 문제에 대한 강좌 등 ─ 학생들의 참여를 유도한다. 부모들과 생산지를 직접 방문해 자신들이 먹는 식재료의 생산방식을 보기도 한다. 단가 결정 회의에 참여하는 경우도 있다. 그리고 학교에서 결정되는 사항을 학급 친구들에게 전달하는 역할도 한다. 아이들은 다른 교육과정과 마찬가지로 급식문제에서도 주체로서 참여하고 의견을 개진한다. 의사결정에도 참여한다. 살아있는 민주주의를 삶에서 체험하고 경험하는 것이다.

급식위원회의 역할은 매우 중요하다. 만일 급식위원회가 없다면 이우의 친환경급식 등의 원칙을 지켜내기 어려울 것이다. 갈등을 조정하고 해결하는 주체가 없어지기 때문이다. 급식위원회는 먹거리에 대한 건강한 철학을 유지하고, 감시하는 역할을 한다.

■ 급식이 우리의 식탁에 오기까지 - 김혜원(이우고 14기)

6년 동안 학생 급식위원회를 하면서 우리가 당연하게 여기는 것들은 전혀 당연하지 않다는 것을 깨달았다. 학생들은 급식이 맛없으면 안 먹으면 그만이지만 그 급식이 우리에게 오기까지 보이지 않는 곳에서 정말 많은 사람들이 고생한다는 것을 급식위원활동을 하면서 깨달았다. 중1 때 급식위원을 하면 밥선생님께서 고기를 더 많이 챙겨주신다는 말에 혹해 가벼운 마음으로 급식위원회에 들어갔다. 그리고 급식위원 활동을 통해 고기를 더 많이 받는 것을 넘어, 급식의 소중한 가치들을 알게 되었다.

한번은 급식위원으로서 아침 7시 반까지 나와 재료 검수를 한 적이 있다. 밥선생님들과 함께 오늘의 재료가 싱싱한지, 과일의 당도는 어떤지, 하자는 없는지 꼼꼼히 체크했다. 난 딱 한번 아침에 일찍 나와 한 일이었지만 밥선생님들은 매일 아침 일찍 나오셔서 학생들에게 신선하고 건강한 급식을 제공하기 위해 노력하시는 것을 알게 되니 더더욱 감사한 마음이 들었다. 또한 학생들에게 건강하고 맛있는 급식을 제공하고자 누구보다도 고민하시고 '밥상공동체'라는 가치를 지키기 위해 학생-밥선생님-생산자 간의 연결고리들을 끊임없이 이어주시는 영양사선생님도 얼마나 고마운 분인지 알게 되었다.

고2 때는 작물상태를 확인하고 단가를 협상하기 위해 생협에 방문한 적이 있다. 그곳에서 폭염과 가뭄으로 힘들어하시는 생산자분들의 사정을 들었다. 가격 조정 문제를 넘어 개인적인 어려움까지 공유하는 자리였기에, 폭염과 가뭄으로 인한 생산, 유통 문제를 다른 차원에서 접근할 수 있었다. 학생들은 급식에서 과일이나 채소가 맛이 없으면 쉽게 반찬투정을 하고 종종 버리기도 하지만, 그 이면에는 폭염으로 인해 극심한 피해를 입은 친환경 농가들이 있었던 것이었다. 그 외에도 급식의 3주체 대표(밥선생님-학생급식위-학부모급식위)가 모여 친환경 김치 제조업체와 간담회를 하며 유기농업자들이 굉장히 힘든 상황에서도 학생들에게 건강하고 떳떳한 음식을 제공하기 위해 포기하지 않고 힘써주시고 있다는 것을 알게 되었다.

또한 매 학기 혹은 매달 밥선생님들과 학생급식위와 급식회의를 열어 학교 급식을 살피고, 학생들이 건강하고 친환경적인 먹거리의 필요성을 느낄 수 있도록 유익한 강의를 추진하시는 등, 보이지 않는 곳에서 학생들이 건강한 급식을 먹을 수 있도록 최선을 다하시는 학부모급식위원 분들의 행보를 6년 동안 학생급식위를 하며 알 수 있었다.

그 외에도 급식을 먹는 주체로서 학생급식위는 학생들과 밥선생님들 간의 소통을 위해 sns 플랫폼을 개설하고 매년 설문지를 만들어 학생들의 의견을 받고 급식공모전을 열고, 밥상공동체로서 생산자들의 아픔을 공감하고자 모양이 일그러지고 당도가 떨어진 복숭아 소비운동을 전개하고, 신입생들에게 이우학교 급식의 가치를 알려주는 강의도 진행했다.

이우학교에서 배운 것들은 대개 우리가 당연하게 여기는 것들이 어떻게 우리에게 오게 되는지 그 과정에 대한 것이었다(탈핵운동-전기, 동물권-육식 등등). 급식위원회도 그 일환이었고, 중학교 1학년 때부터 고등학교 2학년 때까지 활동을 하며 학생들에게 건강한 먹거리를 제공하기 위해 수많은 사람들이 보이지 않는 곳에서 노력하고 있음을 알게 되었다. 그랬기에 졸업을 한 지금도 여전히 이우학교의 급식이 그립고 감사한 마음이 든다. 부디 이번 해에는 더 많은 학생들이 급식의 가치와 소중함을 알아 학생 급식위원회의 매년 고질적인 문제인 잔반과 결식 문제가 해결됐으면 좋겠다.

이우급식, 무엇을 먹는가?

이우급식의 거의 모든 식재료는 유기농으로 재배된 것이거나 농약을 치지 않은 것이며, 아이들이 좋아하는 고기 메뉴는 한 달에 1.5회로 제한되어있다. 식재료만이 아니라 조리법도 일반 학교와는 다르다. 아이들이 대부분 야채를 싫어하는데, 야채를 먹을 수 있도록 다양한 소스와 조리법을 개발해서 조리한다. 내 아이에게 건강한 먹거리를 제공해주고 싶은 것은 모든 부모들의 마음이다. 이우급식이 건강한 식재료와 훌륭한 조리법에 그친다면 사실 교육과정으로서의 의미는 찾기 어렵다. 더 중요한 것은 우리의 입으로 들어가는 그 식재료와 조리에 관한 철학을 받아들이는 데에 있다.

우리가 먹는 모든 것은 누군가의 땀과 노력으로 얻어진다. 이윤만을 추구하는 것이 아니라 땅을 살리고 생명을 살리기 위해 노력하는 농부들의 마음을 아이들이 이해하고, 정성을 다해 아이들이 먹기 좋은 조리법을 개발해서 음식을 조리하는 밥선생님들의 정성을 아이들이 알고 감사하는 마음을 갖는 것을 더욱 중요하게 생각한다. 아이들이 자신들이 먹는 급식이 단지 한 끼 밥이 아니라 농부와 밥선생님의 정성과 노력을 먹는 것이라는 점을 알고 먹는 것이 중요하다. 그래서 이우 아이들은 직접 농사 체험 교육도 받는다. 실제 농사를 지어보지 않으면 유기농과 무농약, 무항생제 농업과 축산업을 한다는 게 얼마나 힘들고 어려운 일인지 알 수 없고, 또한 쌀 한 톨을 생산하는 데 얼마나 많은 노력이 들어가는지도 알 수 없기 때문이다.

이우학교의 급식단가는 일반 학교에 비해 비싸다. 현재 5,000원이 넘는다. 가격만 비교하면 일반 학교들에 비해 비싸지만 먹는 음식의 질을 놓고 본다면 결코 비싸다고 할 수는 없다.

이우급식, 어떻게 먹는가 : 잔반 없는 급식

이우의 급식의 원칙 중 하나는 잔반 없는 급식이다. 일반학교에서 연간 잔반처리비용으로 1,400만 원이 든다고 한다. 이 돈을 아끼면 더 좋은 교육환경을 만들기 위해 사용할 수 있을 것이다. 처음부터 음식을 남기지 않도록 하는 것은 쉽지 않다. 이우에서는 후배들이 국물을 다 먹지 못한 채 퇴식구로 가져올 경우 자율적으로 급식지도를 하는 학생급식위원이 여러 가지 방법으로 다 먹도록 지도한다. 그런 선배들의 모습을 보면서 후배들은 잔반 없는 급식을 익히게 된다. 간혹 선배가 자신이 남긴 국물을 마시는 것을 보면 미안하기도 하고 다시는 남기지 말아야겠다는 생각을 하지 않겠는가. 그러면 자신이 먹을 만큼의 식사량을 알게 되고 음식을 남기지 않을 정도로만 덜어서 먹게 된다. 어려운 것 같지만 그렇게 어렵지 않은 일이기도 하다. 요컨대 이우의 친환경, 잔반 없는 급식은 학교의 교육적 방침과, 학생들의 협조, 그리고 선배들의 모범에 의해서 유지될 수 있는 것이다.

금지 간식	추천 간식	참고사항
사발면 피자 치킨 바나나등 수입과일 자체요청 청량음료 과일음료(오렌지쥬스, 자몽쥬스등 수입원재료 자제)	수제 약식 / 군계란*/ 고구마 맛탕 / 떡볶이 떡꼬치, 가래떡구이 / 김밥(맞춤 도 가능) / 삼색김밥, 유부초밥 / 주먹밥(참치, 김치, 지리멸치등) / 단호박, 참치 등 샌드위치 / 식 빵피자 / 각종 테마별 잡채 7~8월 찐옥수수 / 군감자, 군고 구마 / 과일쥬스(감귤쥬스, 토마 토쥬스, 식혜, 포도과즙등 국내산원 재료 추천) / 냉미숫가루(고명으로 수박, 참외, 다래등), 미숫가루화채 ● **맞춤용 음식** 과일류(삼도생협 이용하면 저렴. 방 울토마토, 토마토, 포도, 복숭아, 참 외, 배등) 1말이하 수제떡: 각종 떡류, 떡 케익 가능	● 군계란:압력밥솥이용 약2시 간(압력밥솥에 물을 붓고 채반에 달 걀을 넣은 후 뚜껑을 닫고 가스레인 지 중불로 익히다가 압력솥이 칙칙 소리를 낼 때 약한 불로 줄여 2시간 정도 찌면 됩니다.)

학교 내 간식 추천 매뉴얼(구입, 직접조리)

■ 우리 아이의 식습관 변화

맞벌이 부부다. 아침, 저녁 식사 챙기는 것도 숨에 벅차다. 아이가 학교에서 한 끼를 먹을 수 있다는 것에 참 감사한 마음이다. 무엇보다 아이가 만족해 하니 더 바랄 것이 없었다. 초등학교 급식 메뉴는 대부분이 가공식품이었다. 짜고 달고, 아이 입맛에 딱 맞는 메뉴들이었다. 아이가 아토피가 있어 가공식품을 줄여야 하는 상황이었지만 그런 것을 가릴 수 없었다. 어쨌거나 배를 채우니 그것으로 만족했다.

그러다 이우중학교에 들어왔다. 아이는 첫 급식을 보고 경악했다. 집에서 늘 먹던, 입맛 까슬까슬한 잡곡밥이었다. 반찬은 전부 풀떼기. 케첩 같은 것은 없고 듣도 보도 못한 소스로 버무린 야채들이 가득했다. 고기는 찾기 어렵고, 생선도 자주 안 나왔다. 그야말로 14살 아이가 누리던 낙이 하나 사라졌다며 투덜댔다. 게다가 반찬은 물론이고 국물도 남기면 안 된다. 식기 반납하는 데 선배들이 서서 잔반 유무를 검사한다. 먹을 만한 것도 없는데 남겨서도 안 된다고 하니 아이는 점심시간이 죽을 맛이었다.

그 후 6년이 지나갔다. 이젠 자신이 다 먹을 수 있는 적정량이 얼마나 되는지를 안다. 처음부터 먹을 만큼만 배식을 받는다. 친구들의 식습관을 파악했으니 내가 안 먹는 것을 다른 친구가 먹어주기도 하고, 다른 친구가 안 먹는 걸 내가 먹기도 한다. 무분별한 육식이 환경과 몸을 얼마나 망치는지도 알게 되면서 왜 식단에 고기가 적은지도 이해하게 되었다. 고3이 되면서는 아예 육식을 하지 않게 되었다. 그러면서 좀 더 건강한 음식, 건강한 먹거리에 대해서 고민하게 되었다. 농사체험을 가서 내가 먹는 것이 어떻게 만들어지는지, 그것이 얼마나 힘들게 만들어지는지도 보고 왔다. 건강한 삶을 구성하는 것이 무엇인지 알게 되었고 그것을 지키기 위해서는 행동이 필요하다는 것을 깨달았다.

이우의 친환경급식, 계속될 수 있을까?

이우학교의 친환경급식이 앞으로도 과연 유지될 수 있을까? 계속 유지될 수 있을 거라고 확신할 수는 없다. 유기농 생산자와 유통업체를 찾는 것이 쉽지는 않기 때문이다. 급식의 단가는 정해져 있고 그것에 맞춰서 식재료를 공급하게 되면 공급하는 농민은 손해를 볼 수밖에 없다. 특히 이우에서 소비하는 식재료의 양은 그다지 많지 않기 때문에 더욱 힘들다. 지금까지는 잘 형성된 인간관계에 기대서 부탁하고 사정해서 납품을 받아왔다. 하지만 앞으로도 그런 좋은 관계가 형성되리라는 보장은 없다. 현재 우리는 더불어협동조합에서 친환경식재료를 공급받아서 아이들의 급식을 만들고 있다. 더불어협동조합은 지난 십여 년간 이익을 남기지 않고 심지어 손해를 감수하면서까지 우리에게 식재료를 공급해주고 있다.

친환경급식이 어려운 또 다른 이유는 경기도의 중·고 무상교육 정책이다. 모든 아이들에게 보편적 교육을 제공하자는 이 좋은 취지가 왜 친환경급식을 위협하는 이유가 될까. 아이러니다. 무상교육이라고 하면 일체의 교육과정에 따른 비용을 지불하지 않는다는 것을 의미한다. 다시 말하면 급식도 그 안에 포함이 되는 것이다. 무상교육이 본격적으로 실시되면 더이상은 어떤 항목으로도 급식비를 걷을 수 없다. 법적으로 불가능해진다. 그럴 경우 친환경식재료의 단가 차이를 보완할 방법이 없어진다. 다행히 교육청에서 지원하는 급식비 단가가 조금씩 오르고는 있지만 그것만으로는 현재 2,000원 정도 차이가 나는 식재료 단가를 채우는 건 불가능하다. 그래서 어쩔 수 없이 몇몇 항목들에 대해서는 친환경식재료를 포기할 수밖에 없다.

여러 가지로 친환경급식을 위협하는 일들이 많다. 어떤 어려움이 있어도 이우의 급식철학을 지키고 우리 아이들에게 올바른 먹거리를 제공하겠다는 학교와 학부모들의 의지가 꺾이는 날이 언제 올지 불안하기만 하다.

■ 농민과 더불어 사는 삶

과수를 유기농으로 키운다는 것은 정말 어렵고 힘든 일이다. 농민들 사이에선 거의 불가능하다고 이야기 한다. 하지만 이우학교 거래 생산자 농민께선 그 어려운 걸 해내고 계신다. 그런데 몇 년 전에 왜 그랬는지 유난히 복숭아가 맛이 없었던 적이 있었다. 돈을 주고 사 먹을 수가 없을 정도로 심각했다. 하지만 그렇다고 그 모든 손해를 농민에게 지우는 것 또한 옳지 않았다. 그런 상황을 알게 된 엄마들 몇몇이 모였다. 그리고 그 복숭아들을 다 통조림으로 만들었다. 복숭아 수백 개를 깎고 썰고 유리병에 담아 포장했다. 깎다가 손이 베이고 살균하다가 데기도 하였다. 하지만 그렇게라도 소비를 하지 않는다면 농민은 유기농 복숭아 농사를 포기할 지도 모른다. 그래선 안 된다고 생각했다. 그렇게 만든 복숭아 통조림은 학부모에게 판매했다. 의외로 호응이 좋아서 다 팔렸다. 남은 수익으로 학교 급식실에 김치냉장고도 기부할 수 있었다.

어려운 상황은 늘 예고 없이 닥친다. 좋은 경험은 다시 좋은 행동으로 이어지는 것 같다. 이렇게 해서 이우 부모들은 세상에서 경험하지 못한 또 다른 경험을 하게 되었다. 이런 경험은 과정 자체가 부모들에게도 의미 있지만 이런 과정을 지켜보는 아이들에겐 그 자체가 또 다른 교육이 되는 것이다.

■ 매실향 가득한 이우학교

매년 매실이 한창인 6월초가 되면 이우중학교 1학년 부모들이 중심이 되어 매실청을 담근다. 우리 기수도 조금씩 학교에 적응하기 시작했을 무렵, 햇볕 따가운 6월, 학교 급식실에 엄마, 아빠들이 모였다.

매실청 담기의 첫 단계, 매실 씻기.

퇴근 후 지친 몸으로 부모들이 하나, 둘 모이기 시작했다. 어느 엄마는 시원한 수정과와 식혜, 빵과 과자까지 준비해 왔다. 다 함께 다과를 나누며 매실 씻기에 돌입했다. 중2 선배 학부모의 지휘 아래 본격적인 매실 담기에 들어갔다. 매실망을 풀어 싱크대에 쏟아 붓고 조물조물 씻기 시작한 지 얼마 안 지나 조리대 한편에 새파란 매실이 가득 쌓였다. 시작한지 2시간이 채 걸리지 않아 싱크대 및 주변정리, 찌꺼기 치우기까지 마무리되었다.

그리고 다음 날, 토요일 아침 9시부터 매일청 담기 2단계 시작, 대선배 학부모가 준비해 온 맛난 커피를 마시며 영양사선생님의 매실청 담그기 순서와 방법을 간단히 듣고 본격적인 작업에 들어갔다. 오늘의 매실담기는 1층 식당 옆 항아리에 매실과 설탕을 각 100kg씩 그리고 2층 옥상에 매실과 설탕 각 200kg씩. 총 물량이 600kg. 0.6톤 휴 ~ ~

1층 식당 옆에 항아리 소독을 위해서 항아리 안에 불을 지핀 후 다시 알코올로 닦아냈다. 식당 옆에서는 4명이 투입되어 선배 학부모의 지시에 따라 작업을 했는데 옥상 팀에 비해서는 조금은 편한 작업이었다. 2층 옥상 팀은 물량도 많고 매실과 설탕을 2층 옥상까지 옮겨야 하는 관계로 아빠들이 즐거운(?) 작업을 해야 했다. 모두 이마엔 땀방울이 송송 맺히고 헉헉거리는 소리도 간간이 들렸다. 아빠들이 수도를 연결하여 단지 겉을 깨끗하게 씻어 원래 자리에 옮겨주자 본격적인 매실 담그기가 시작되었다. 대선배님의 지시에 따라 두세 명이 짝을 이뤄 항아리 5개에 매실, 설탕, 매실, 설탕 순으로 차곡차곡 항아리를 채워갔다. 가득 채워진 항아리에는 비닐을 덮고 고무줄로 고정했다.

이렇게 2013년 매실 담그기 프로젝트는 끝났다. 작업 후 설탕봉투, 비닐, 행주 등 버릴 것은 버리고 정리한 후 바닥청소까지 끝마무리까지 시원하게 하니 피곤함보다는 뿌듯한 느낌이 들었다. 고된 노동의 끝에 참여했던 부모들 모두 다 같이 하는 뒤풀이는 전우애를 키우고, 하루의 피곤함을 잊게 해주는데 충분했다.

이렇게 매년 중학교 신입 학부모들이 담은 매실청은 모두 아이들의 밥상을 풍성하고 건강하게 만들어주고 있다. 마트에 가면 돈으로 모든 것을 해결할 수 있는 시대다. 유기농조차도 돈만 있으면 해결할 수 있다. 그럼에도 수일에 걸쳐 이런 작업을 해내는 것이, 그리고 그러한 전통을 십수년 이어가고 있는 것이 어찌 보면 미련해 보일 수도 있다. 반대로 자기 자식 좋은 것 먹이겠다고 극성을 떠는 대한민국 학부모들의 전형처럼 보일 수도 있다. 하지만 그것만이 아니다. 며칠 동안 이 작업을 준비하며 선배 학부모들과 이우학교의 '전통'을 배운다. 같은 학년 학부모들과 같이 힘든 일을 해내면서 '함께'라는 것을 배운다. 매실 농사를 지은 지역 생협 농부의 땀방울을 기억하고, 또 이것이 그대로 아이들의 밥상을 채워 아이들 또한 농부의 손길과 부모의 정성을 먹으며 자라길 바란다. 일로만 바라보면 비효율적이고 바보 같은 일들을 이우에선 계속 한다. 그것이 단지 일이 아니라 가치의 실현이고, 전통의 계승이고 몸으로 부딪히며 살아가는 삶을 익히는 부모 성장의 장이기 때문이다. 올해도 6월이면 중1 신입 학부모들은 학교에 모여 똑같이 매실을 담글 것이다. 그러다 가끔은 벌에 쏘이기도 할 테지만 그것도 아마 영웅담처럼 기억하는 날이 올 것이다.

○ 입학식

신입생들을 환영해주는 선배들

2016 이우학교 입학식

풍물동아리 '악연'의 입학식 오프닝 공연

2013년 이우학교 입학식 오프닝

○ 이우중 창의적 체험활동 — 중 2의 그림자극

그림자극을 준비하는 친구들

인형을 담당한 친구들

무대 뒤에서 목소리 공연 중인 친구들

공연 장면

○ 이우중 창의적 체험활동

중 2 도보기행

중 2 도보기행

2014년 농촌봉사활동 밭농사팀 밭농사

중 2 도보기행

2014년 농촌봉사활동 모내기팀

○ 이우고 창의적 체험활동 – 고1의 한여름 밤의 꿈 공연

무대장치를 준비 중인 친구들

한꿈 공연 중

밤새워 준비하느라 지친 몸을 누인 친구들

공연 중인 친구들

공연을 마친 후 커튼콜

○ 이우고 창의적 체험활동

해외통합기행_캄보디아팀

고1 해외통합기행

해외통합기행_캄보디아팀

이우고의 농촌봉사활동

이우학교 사용설명서

○ 축제 및 체육대회

2016년 이우고 체육대회

2015년 이우중 체육대회

축제 - 구나의 바다

축제 - 구나의 바다

○ 기타 활동

2014년 중2 겨울방학식

만 20살이 되면 하는 성인식

수업공개의 날 - 이우중 철학수업

수업공개의 날 - 이우고 음악수업

이우학교 사용설명서

○ 소모임

동물권소모임 유기견 입양보내던 날

연극동아리 포스터

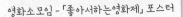

영화소모임 - 「좋아서하는영화제」 포스터

○ 중3 졸업작품전

중3 졸업작품전-개막식 커팅

2015 졸업전시회 - 대금연주

중3 졸업작품전

중3 졸업작품전 - 자동차디자인

중3 졸업작품전 - 가구만들기

중3 졸업작품전 - 캘리그래피

이우학교 사용설명서

○ 졸업식

이우중 졸업식

학생 한 명 한 명에게 절을 하며 졸업장을 수여하시는 교장선생님

졸업식 - 학교전경

친구들과 한 명씩 인사를 나누는 마지막 졸업의식

아이들이

자기를 사랑하고 세상을 따뜻하게 품으려면

지금 그리고 미래에 아이들에게 필요한 힘은 무엇일까

아이들이

자신에게 주어지는 삶의 과업과 질문을 해결하고

살아가는 힘을 가지려면

학교는 아이들에게 어떤 경험과 관계를 선물해야 할까?

아이들이

자신이 사랑할만한 '나'를 발견하도록 돕고

삶을 살아가는 힘을 가질 수 있도록 하기 위해서

우리의 수업과 교육활동, 우리의 관계와 삶은 어떻게 변화해야 할까?

이우학교는

학생, 교사, 학부모가 함께 실험하고 도전하면서 서로 지지하고 환대하면서

'더불어 함께 사는' 새로운 학교를 만들기 위해 노력하는 학교입니다.

— 이우학교장 김철원

제2부

진로와 입시

1

사교육금지

야호!

아이가 이우학교에 합격했다. 너무도 기다리던 소식이었지만 두려움 또한 기쁨만큼 컸다. 자신 없다는 아이를 설득해 보낸 것이 마음에 걸렸다. 내가 정말 잘한 것일까? 신입학부모 대상 새로배움터를 한다는데 도저히 갈 수가 없어 남편에게 다녀오라고 했다. 그리고 숙제를 두 가지 내 주었다. 집을 어디다 구해야 하는지와 친절할 것 같은 엄마 전화번호 하나를 받아오라고. 새로배움터에 다녀온 남편은 그곳에서 뭐라 했는지는 잘 모르겠고 내가 낸 숙제는 확실히 했다며 뿌듯해 했다. 나는 남편이 새로배움터에서 알아온 어떤 엄마의 전화번호로 전화를 걸었다. 그리고 가장 궁금했던 것을 질문했다.

"혹시…… 아이들이 진짜로 과외나 학원에 다니지 않나요?"

"……. 아, 아, 네……. 적어도 기존에 이우중학교를 다녔던 아이들은 하지 않은 걸로 알아요. 하지만 새로 들어오시는 분들은 어떻게 하실지 잘 모르겠네요." 라고 답을 하셨다.

 지금 생각해 보면 내 질문이 얼마나 황당한 질문이었을까 싶다. 얼굴도 한 번 못 본 엄마가 갑자기 전화해 대뜸 사교육 진짜 안 시키냐는 질문을 했으니……

'이우학교에 들어오려고 하나요? 그럼 사교육에 관한 서약서를 쓰셔야 합니다.' 무슨 사교육에 관한 서약서까지 써야 하는지, 처음에는 의아했다. 이우학교는 취미생활을 위한 일부 예체능이나 고2 2학기부터 대학진학 실기를 위한 경우 외에는 사교육을 허용하지 않는다. 최근에는 예체능의 경우 비실기 대학으로의 진학을 권유하면서 예술 실기도 하지 않도록 권유하고 있다. 서약까지 하고 와서 사교육 받는 것은 통하지 않을 일이다. 두 마리 토끼를 잡으려고 하면 두 마리 다 놓친다.

 일반 사교육을 받아봐야 소용이 없다. 수능에는 조금 도움이 될지 몰라도 내신에는 무용지물이다. 이우학교의 시험문제 자체가 일반 학원에서 나오는 문제가 아니다. 이우학교에서는 수학 문제집 외에는 문제집도 사지 않는다. 사교육 시장에서는 학교 내신을 준비해줄 수 없기에 내신을 위해서 사교육을 받는 것이 의미가 없다. 게다가 이우 아이들은 사교육 할 시간이 없다.

이우학교 사용설명서

1. 이우학교 학습풍토 조성방안

이우라고해서 학교나 학생이 공부에 관심이 없는 것은 아니며, 사교육을 시키고 싶은 부모들도 있다. 아이들이 조금이라도 나아질 수 있다면 어떻게든 도와주고 싶은 것이 부모의 마음이다. 부모들은 사교육에 대한 유혹에 늘 흔들린다. 세대가 변화하면서 사교육에 대한 개념이나 이해도 조금씩 변해갔다. 자식에게 좋은 것을 주고 싶다는 마음과 내 자식이 좀 더 나아졌으면 하는 욕망의 경계가 희미해졌다. 학교도 이에 대한 판단이 쉽지 않았다. 사교육 문제에 대해서는 터놓고 이야기하는 것도 어려웠다. 어디에 하소연을 할 수도 없어 부모의 마음은 더욱 답답하다. 그럼에도 이우학교는 사교육의 유혹에 저항하기 위해 계속 노력 중이다.

사교육 문제는 결국 대학입시의 문제다. 사교육 문제를 해결하기 위해서는 대입에 관한 입장이 분명해져야 했고, 그에 따라서 이우학교의 수업도 달라져야 했다. 2015년, 이우학교의 각 주체(교사회, 학부모회,이우교육공동체,이사회)가 모여 학습풍토 개선위원회를 만들었다. 그리고 간담회 및 7차례의 회의를 거쳐 대학입시 지도에 대한 구성원 간의 입장 차이를 공유하고 사교육금지 원칙을 보완하여 학교의 기본이념인 실험과 상상을 자극하기 위한 학습풍토 조성방안을 마련했다.

1. 이우학교의 새로운 비전과 미션 ― 실험과 상상

이우학교의 학교운영과 교육활동은 설립정신과 교육철학을 바탕으로 한다. 이것은 구성원의 삶의 준거가 되며 교육활동을 기획하고 실행하고 평가하는 원칙과 기준이 된다. 이우학교는 지난 10년을 성찰하고 새로운 학교비전과 미션을 수립했다. 대학입시와 진학지도의 방향에도 새로운 비전과 미션이 반영되어야 하며, 입시와 진학 역시 비전과 미션을 바탕으로 운영되어야 한다.

실험	상상
1. 당연하게 생각했던 기존의 사상, 질서, 생각들에 의문을 품고 새롭게 질문하며 호기심을 갖는 것 2. 자신의 존재와 사회, 기존의 사고와 감정에 대해 되짚어보고 따져 묻는 과정을 통해 새로운 삶의 가능성을 발견 3. 사유의 폭과 깊이를 자극하는 다양한 자극이 있는 학교	1. 학교가 학생들의 다양한 기획과 시도를 존중하고, 학생들이 제약 없이 자신들의 생각을 마음껏 펼칠 수 있는 열린 공간의 배움터로서 학교 2. 다양한 차원의 기획과 파격을 보장하는 학교

2. 학교 철학을 반영한 이우 학교 방식의 입시 지도 구현

입시교육의 부정적 요소를 극복하고 다음과 같은 사항을 진단하여 점차적으로 배제하려고 한다.

- 입시형 지식학습(문제풀이)
- 입시형 교육과정(입시과목 강화, 비입시과목 약화, 획일적 교과편성, 입시중심 학사일정 편성)
- 입시형 학교문화(성적/경쟁중심, 대학입시중심 문화)
- 입시언어(학교철학 미반영, 입시에 대한 단순설명)
- 입시진학지도(학교철학 및 학생성장에 어긋나는 진학상담이나 수시지도 등)

□ '학교활동을 바탕으로 한 진학'에 집중하여 지원

현재	앞으로
1. 국가수준교육과정 중요하게 고려 2. 수능대비교육내용 중요하게 고려 3. 대학진학 중점	1. 학년교육목표 정교화 및 구체화 2. 각 교과 교육과정의 프레임워크 개발 • 새로운 비전에 부합하는 교과 교육과정 개발의 운영원리와 핵심요소 설정
1. 교과 교육과정 재구성 • 학교철학, 교과철학, 시대적 요구 등을 고려한 교과재구성 시도 • 입시로부터 자유로운 교과 일부 운영 2. 학교 철학을 반영한 특성화교과 운영	• 실험과 상상의 요소 강화 – 수능중심내용 탈피 – 사회. 과학 등 탐구 교과의 재구성 강화, 인턴십, 과제연구, 졸업논문 강화
– 노작 – 철학 – 사회체험 – 농촌봉사활동 – 생태 – 통합기행 – 인턴십 – 학생자치 – 동아리 – 졸업작품, 졸업논문 3. 진로형 교육과정 운영 – 학습자 중심 교육과정 – 계열별 심화 및 전문교과 운영	• 학교철학, 교과철학, 국가수준교육내용, 시대적 요구 등을 고려한 정교한 재구성 3. 정규교육과정에서 수능을 대비한 교육 내용 지양 4. '대안적 진로' 이수 트랙 개발 및 실행 5. 학교특성화교과 강화 – 사회체험, 통합기행, 심화/전문교과 강화
4. 대학 이외 진로 안내 시도	6. 학교철학을 반영한 진학지도 – 수시중심의 진학지도 – 자기발견, 경험자극, 더불어 삶, 주체적인 진로기획 등
5. 입시에 유리한 내신관리 미운영 – 학생의 진로 선택 초점	7. 사회적협동조합 등의 대안적 공동체 활동 – 대학 이외의 배움터 및 일터의 구축 – 인적 · 물적 토대 구축

장기적 지향점 : 이우가치를 실현하는 미래교육공동체 구축

3. 이우학교의 '사교육금지'와 '대안교육'을 위한 기본 원칙

• 이우학교의 기본 이념과 철학의 실현이라는 점에서 볼 때, '사교육금지' 원칙은 학생들의 '자기주도적 학습능력'과 '다양한 잠재력 개발'을 방해한다는 사실에서 비롯된 것임을 분명하게 인식한다. 또한 사교육은 '낙오 공포'를 자극하고 '성적(입시)경쟁'을 격화시켜, 입시중심의 가치를 확산시킨다는 점에서도 이우학교의 설립취지 및 교육목표와 어긋난다. 따라서 이우학교에서 '사교육금지'는 교육철학의 현실화 규범이다.

• 학생과 학부모의 입장에서, 사교육은 입학 당시의 약속(사교육금지 서약)을 스스로 파기하는 것을 의미한다. 이는 그 자체로서 비교육적일 뿐 아니라, 자신의 자존감과 양심에 돌이킬 수 없는 상처를 남긴다.

• 사교육금지 원칙은 학교와 교사의 공정한 판단에 기초하여 이행된다는 점을 이해하고, 각 학생의 상황에 대해 잘 이해하고 있는 학교와 교사의 판단을 신뢰한다.

〈이우학교 사교육금지 원칙〉

가. 사교육의 개념과 범위

— 이우학교에서의 사교육이라 함은 "학생들의 불안감(피해의식)을 유발하거나, 이우학교 교육과정의 정상적인 운영에 방해하는 일체의 학교 밖 방과후 추가 교습활동"을 의미한다.

— 예체능 및 직업계열을 선택한 학생이 학교 밖 교습을 희망하는 경우, 담임교사와 진로상담교사 혹은 학년팀장과의 상담을 통해 '교사대표자회의'에 판정을 요청해야 한다.

— 토플, 토익 등 교육과정의 범위를 넘는 외국어교육을 위한 학교 밖 교습은 일체 금한다(다만, 일정 수 이상의 학생이 희망하는 경우, 학교는 대체프로그램을 고려할 수 있다).

- 학부모가 직접 가르치는 경우, '학습의 어려움을 느끼는 학생'에 한해 허용할 수 있다. 이 경우 상담을 통해 학부모가 요청하고, '교사대표자회의'에서 최종 판정한다.
- 교사를 제외한 학교구성원 중에서 학생들에게 필요한 프로그램을 기획하여 운영하고자 할 때는 '교사대표자회의'와 사전에 협의한다.
- 이 밖에 학생들이 학교 밖 프로그램에 참여하고자 할 때 사교육금지 원칙에 근거하여 판단하되, 학교와 협의하여 진행한다.
- 인터넷 강의는 자기 주도적 학습활동의 일환이란 점에서 사교육에 해당되지 않는다.

나. 사교육금지 원칙 위반자에 대한 불이익
- 사교육금지 원칙을 위반하는 경우, 교내 시상 및 상급학교 진학 시 보장받을 수 있는 권리가 제한되며, 반복되는 경우 학생생활기록부에 약속 위반 사항을 기록한다.

다. 사교육금지 세칙
1) 취미활동
   취미를 목적으로 하는 학교 밖 교습 행위는 정상적인 교육과정 운영에 지장이 없는 한 인정함
2) 토플, 토익 학교 밖 교습을 일체 금함
   (다만, 일정 수 이상의 학생이 희망하는 경우, 학교는 대체 프로그램을 고려할 수 있음)
3) 국외대학으로 진학을 결정한 학생이 학교 밖 교습을 희망하는 경우, 대표자회의 심의를 거쳐 2학년 2학기 겨울방학부터 학교 밖 교습을 할 수 있음
   (단, 국내 대학진학 시 보장받을 수 있는 권리가 제한되며, 교과 및 출결과 관련된 시상을 제외한 교내상 추천에서 제외함)

4) 예체능 교습

① 고1 시기 입시를 목적으로 한 학교 밖 예체능 교습은 허용하지 않음

② 고2 학년 시작시기(3월)부터 입시를 목적으로 한 학교 밖 교습은 제한적으로 허용함. 단 희망학생은 자기탐구계획서를 제출하고 학년 팀의 동의절차를 거쳐야 함(절차와 방법은 학교에서 공지함)

5) 학부모 교습의 경우 '잘하는 학생' 중심은 불허, '뒤처진 학생' 중심 교습은 허용. 판정은 대표자 회의

6) 인터넷 강의는 자기 주도적 학습활동의 일환이란 점에서 사교육에 해당되지 않음

2. 사교육금지 원칙을 지키는 방법

이우학교는 사교육금지 원칙을 지키는 것이 초경쟁 대한민국에서 살아남는 방법이라고 믿고 있다. 사교육금지 세칙에도 불구하고 그 틈새를 계속 찾는다면 이우학교에서도 사교육이 전혀 불가능한 것은 아니다. 그러나 잠시 사교육에 흔들린다고 하더라도 이우학교에서는 사교육을 지속적으로 하는 것은 어렵다. 이우학교는 사교육에 대한 저항감이 매우 강한 문화이기 때문이다.

그러니 사교육이 필요하다고, 어쩔 수 없는 일이라고 생각하는 부모들은 이우학교에 적합하지 않다. 굳이 사교육을 금지하는 이우학교에 와서 금지 서약을 깨고 아이한테 부끄러운 부모 모습을 보이고 사람들한테 들킬까 노심초사 하며, 몰래 사교육을 하느니 차라리 사교육이 허용되는 학

이우학교 사용설명서

교로 가길 권한다. 그것이 아이나 부모 모두 심적 부담감 없이 살아가는 방법이다. 이우학교에 지원하려는 부모들은 이 점을 부디 기억해주길 바란다.

사교육의 유혹을 받게 된다면

아무리 전인교육이니 진정한 교육적 가치니 운운해도 막상 내 자식이 다른 아이들보다 뒤떨어지면 또 반대로 학업성적이 너무 우수하면 사교육의 유혹을 느끼게 된다. 전자는 그냥 두었다가 정말 사회에서 낙오하게 되는 것이 아닐까 하는 걱정 때문이며, 후자는 조금만 학업에 더 전념하면 더 좋은 대학에 갈 수 있지 않을까하는 기대 때문이다. 그런데 사교육 받으면서 행복한 이우생활을 유지하고, 그리고 남들이 다 알아주는 대학에 철썩하고 합격하는 두 마리의 토끼를 다 잡으려고 하면 한 마리도 잡지 못할 수도 있다.

학습이 부진할 경우에는 학교나 교사에게 도움을 요청할 수 있다. 학습 부진이라는 것이 인격의 부진은 아니며, 학습능력에도 개인차가 존재한다는 것을 인정하고 도와주면 된다. 하지만 공부를 잘 하는 경우는 좀 다르다. 그것은 부모가 욕심을 버려야 하는 경우다. 본인의 의지가 강하다면 어쩔 수 없는 일이겠지만. 그런 두려움, 불안 때문에 사교육 시장에 진입하는 순간 입시경쟁에 휘말리게 되며, 입시를 위해서 다른 모든 교육적 가치는 포기해야만 한다. 그렇게 되면 결국 이우학교라는 곳에 보내는 의미가 사라지게 되는 것이다. 이럴 경우에는 일반학교에 보내거나 아니면 전학을 고려해볼 수도 있을 것이다.

내 마음에 물어보자

로봇이니 AI니 하는 단어들이 난무하는 21세기에 인터넷상에는 셀 수도 없이 많은 종류의 강의 자료들이 넘쳐난다. 그것도 공짜로. 그런 공짜 자료가 믿을 수가 없다면 돈을 내면 고품질, 고차원의 인터넷 강의도 수강할 수 있다. 가격이 비싸지 않을 뿐만 아니라 검증된 강사들이 하는 강의들이다. 그런데도 왜 굳이 학원에 가지 못해서 안달일까? 왜 서울대 과외 선생을 찾아 헤매는 것일까? 정말 공부를 하고 싶은 것일까, 아니면 아이의 미래를 위해 할 만큼 했다는 인정을 얻고 싶은 것일까? 부모, 그 속마음을 들여다봐야 한다.

이우에서는 끊임없이 '가치'에 대해 교육한다. 공동체를 살릴 수 있는 가치, 올바른 가치, 좋은 가치. 그리고 어떤 선택을 할 것인지 아이들에게 생각해보게 하고 결정하게 한다. 그리고 행동하게 한다. 배운다는 것이 시험을 보기 위한 것이 아니다. 배우고 익힌 대로 살아가기 위해 노력하는 것이 이우학교의 교육이다.

이우학교에서는 사교육금지 서약서까지 쓰면서 사교육의 문제점에 대해 강조를 한다. 이는 부모들뿐만 아니라 아이들도 모두 아는 사실이다. 아이들도 입학하기 전에 이우학교를 다니려면 사교육을 받아서는 안 된다는 것을 알게 된다. 그런데 그런 아이들이 사교육을 받으려고 할까? 부모가 억지로 사교육을 시키면 아이는 과연 어떤 생각을 할까? 그런 부모를 어떻게 바라볼까? 사교육을 받고 있는 자신을 어떻게 바라보게 될까?

사교육, 필요하면 학교에 말하라

■ 두드리면 열린다 — 작곡 전공을 하고 싶었던 승래이야기

이우중학교를 지원하면서 학과와 관련된 사교육을 하지 않겠다는 서약을 했고, 고등학교에서는 예능을 선택한 학생들조차 입시와 관련한 사교육은 2학년부터 학교가 정한 절차에 따라 적격 여부를 허가 받고 하게 되어있다.

이우 고등학교 1학년 10월 즈음, 아이는 전공 후보의 하나로 작곡에 관심을 갖고, 전공을 정하기 이전에 작곡이 무엇인지 접해 보기를 원했다. 몇 달 뒤 2학년에 진학하면 특별한 불협화음 없이 사교육 승인을 받을 수 있으리라 생각하던 나에게 아이의 욕구는 더 없이 강렬하게 다가왔다. 이우에서 모든 분야에 대한 지적 호기심은 언제나 열려있고 환영과 지지를 받는데, "왜 알고자 하는데 기다려야 하는지? 왜 기다렸다 공부를 해야 하는지? 이건 사교육의 병폐로 인한 역차별이야" 라고 말하는 아이의 말에 반박할 만한 합리적 이유를 찾을 수 없었다.

아이의 지적 호기심을 지금 시점에서 채워야 한다면, 부모로서 지금 내가 선택할 수 있는 방법은 무엇일까? 몰래 하든가, 아니면 전학을 가든가 둘 중 하나였다. 우리 가족의 교육관과 인생관에 따라 이우의 이념에 동의했고, 지금껏 잘 성장해 온 아이에게 이제 와서 신념에 반하는 일을 부끄럽게 몰래 선택하라고 할 수도 없었고, 아이 또한 전학을 원치 않았다. 그리고 아이가 가지고 있는 이유가 잘못된 것이 아니었기에 이를 인식한 사람부터 알리고 바꿔 가면 되지 않을까라고 생각했다. 아이가 직접 자신의 언어로 선생님과 상의해 보기를 권했고, 나는 나대로 떳떳하게 이야기하고 설득하기로 결정한 후 학교 측에 이러한 고충을 솔직하게 말씀드리고 정식으로 건의했다.

학교에서는 팀장선생님을 중심으로 학년 팀에서 논의를 했는데 처음엔 크게 공감하지 못하는 듯했고, 딱히 기대하는 방향대로 흘러가지도 않았다. 사교육도 사교육 나름이며, 공교육에서 가르치지 않는 분야가 대학입시의 한 과목이라는 점, 전공 선택 전에 이를 접할 기회조차 허용되지 않는 점, 입시를 위한 교육이 아닌 작곡이 무엇인지 개괄적으로 이해하고 싶어한다는 점을 들어 음악 담당 선생님과 이야기도 하고 또 몇 차례의 회의도 거쳤다. 결국 학교 예산으로 모든 학생들을 대상으로 한 10차시의 작곡 강좌를 개설하기로 결론이 났다.

사실 10월경 이의제기를 하고 수차례의 회의가 열리고, 새로운 정책이 실현되기까지 시간이 얼마나 걸릴 지도 몰랐고, 어쩌면 다음 해로 넘어가 우리가 원하는 교육의 길이 열리지 않을 수도 있었다. 하지만 이 일은 우리 아이만의 일이 아니라는 점을 생각하며 사명과 믿음을 가지고 일을 진행했다. 생각보다 빠르게 결론이 났고, 그와 동시에 교육과정이 개설되었다. 현재 이우의 아이들은 학교 내에서 교과과정의 하나로 작곡을 배우고 있다고 한다.

이렇듯 이우는 나름의 이념과 지켜야 할 원칙이 있었지만 한 학생의 형편에 귀를 기울였고, 신뢰를 저버리지 않고 답을 주었다. 이우는 아직 완성된 학교가 아니다. 아쉬운 점도 많다. 그렇기에 더 나은 모습으로 발전할 수도 있는 것이리라. 사용자의 입장이 아니라, 함께 만들어 가는 3주체의 하나로서, 함께 이우의 발전을 만들어가는 소중한 경험이었다.

2

진로교육

진로란 자기 삶에서 진짜 주인이 되어가는 과정이다. 진로를 잘 설계한다는 것은 아이들이 선생님이나 부모의 인생이 아닌 자기의 인생으로 살아갈 준비, 그 과정으로써 자기의 이야기를 축적해나간다는 것이다. 결국 진로란 인생 전체에 걸친 문제이지 고3 시기에 무엇인가 정해졌다고 완성되는 것은 아니다. 40~50년 삶을 살아온 부모들도 자신이 정말 원하는 것이 무엇인가를 고민하는데 고등학교를 마치고 어떻게 진로를 결정할 수 있겠는가. 그렇다면 중고등학교는 진로에 있어서 무엇을 어떻게 해야 하는 시기일까. 우리의 고민은 여기서 시작해야 한다.

우리가 진로를 선택하는 방법

어려서부터 교사가 되는 게 꿈이었던 딸아이에게 하루는 물어봤다. "왜 그렇게 선생님이 되고 싶어?"

아이의 대답은 "좋아하는 선생님이 있었는데, 어느 날 선생님이 넌 커서 뭐가 되고 싶니 하고 물어 보기에, 선생님이 되겠다고 말했어. 그리고 그 뒤로 그냥 계속 난 선생님이 될 거야라고 생각하게 되었어. 그랬더니 그게 내 꿈이 되어버렸네."

학교생활기록부엔 매년 학생이 생각하는 진로와 부모가 생각하는 진로를 적게 한다. 거의 모든 아이들이 진로를 곧바로 특정 직업으로 기록한다. 예전엔 '없음'이라고 적으면 수정하라고 요구를 받기도 했었다. 그러나 그나마 아이들이 원하는 직업은 자신의 가치관과 자질, 관심에 근거한 것이라기보다 은연중에 부모나 교사, 가까운 어른들이 바람직하다고 생각하는 그런 직업들이다. 이를 테면, 교사, 의사, 과학자 등등. 부모의 생각은 아이들에게 큰 영향을 미친다. 부모의 생각은 아이의 상상력을 막아버리고, 아이들의 생각까지도 규정할 수 있다.

이우고등학교에서 3년을 지낸 위 예화의 주인공의 꿈은 더 이상 선생님이 아니다. 이젠 '교육과 관련된 일을 하고 싶다'고 말한다. 물론 어른이 듣기엔 모호한 말에 불과하다. 하지만 모호하기에 아이들에게 자신만의 새로운 길을 열어갈 길이 열리는 것이 아닐까. 아이들이 세상에 나가서 무엇이든 경험하고 견뎌낼 수 있는 자질과 능력을 키운다면 아이들은 자신의 진로를 찾아 나갈 수 있다. 결국 아이들을 믿는 것이 중요하다.

이우학교 교육의 가장 큰 특징 중 하나는 진로교육에 있다. 아마도 부모들은 대안학교를 간 학생들이 어떤 진로를 선택하는가를 궁금해할 것이다. 대학을 가는 학생들은 얼마나 되는지, 좋은 대학을 가는지, 아니라면 무슨 일을 하게 되는지 등등. 이우의 진로교육은 과연 어떨까?

"엄마, 나 결정했어. 대학진학 안할 거야."

"그래? 알았어. 그럼 졸업하면 뭐할 건데?"

"음, 이제 생각해봐야지."

"그래, 네 인생이니까 네가 알아서 잘 결정해. 진지하게 고민해라."

고3이 되고 봄이 끝나갈 즈음, 아이의 말을 듣는 순간 '이제 올 것이 왔구나' 하면서도 마음 한구석이 철렁 내려앉았다. 대한민국에서 대학이란 것이 학사학위 자격증을 따는 것 외에는 그 이상도 그 이하도 의미가 없다고 생각하고 있었기 때문에 아이에게 대학에 진학 하지 않아도 된다고 늘 이야기 해온 터였다. 그러나 막상 아이가 대학에 진학 하지 않겠다고 선언을 하고 나니 그러면 고등학교 졸업 후 어떻게 독립적 주체로 설 것인가가 당장의 과제가 되어버렸다.

대학을 안 나오고도 아이가 과연 사회, 경제적으로 독립된 삶을 살 수 있을지 알 수 없었다. 아무 곳에도 적을 두지 않고 20대를 보내야 하는 것에 대한 두려움도 피할 수 없었다. 대학진학하면 4년 정도는 유예할 수 있는 그러한 문제들이 이제 6개월 뒤의 문제가 되어버렸다. 혹시라도 대학진학 이라는 험난한 과정을 거치는 것이 귀찮고 피곤하고 두려워서 회피하는 것은 아닐까, 특별한 자기 인생에 대한 신념이 있다기보다는 그저 당장의 힘들고 어려운 과정을 피해보려는 것은 아닐까 하고, 아이의 선택에 대해 의심을 지우기 어려웠다.

그러나 그런 두려움과 걱정, 의심은 오래가지 않았다. 아이는 내게 선언한 이후 지식순환협동조합, 풀뿌리 학교, 별별랩 등 대학 이외의 여러 교육기관과 프로그램을 찾아다녔다. 이우학교의 교육을 받아온 아이들이 만족할 만한 교육 프로그램을 찾는 것은 쉽지 않았다. 아이는 여름방학이 될 때까지 졸업 이후의 계획에 대해 구체적으로 이야기 하지 못했다. 하지만 자기 인생에 대한 가장 무게를 느끼는 것은 아이 자신이었다. 끊임없이 '생각하기' 훈련을 받아온 아이는 어떻게 살아야 할지에 대한 고민을 놓지 않았다.

아직 열아홉이었다. 열아홉에 자기 인생 궤도를 찾는다는 건 어차피 불가능한 미션이었다. 50살을 살아도 여전히 내 인생을 진로를 찾지 못하고 있는 나도 있는데 말이다. 대학을 간다는 것이 곧 자기 인생의 진로를 찾았다고 말할 수도 없는 일이다. 특히 대한민국에선 더욱 그러하다. 대학 전공은 그저 성적에 맞춰 선택할 뿐이다. 대학 입학식 끝나는 순간 대학도서관에는 공무원 시험과 토익, 토플 등 외국어 시험에 전념하는 학생들로 가득 찬다. 그러니 대학진학 안한다고 해서 불안해 할 이유는 사실 없다. 아이를 믿는 수밖에 없다. 무한한 지지를 해주는 것 외에 부모가 할 일은 없다.

이우학교 사용설명서

명시적인 진로교육과정

이우의 진로교육과정은 현재진행형이다. 현재 시점에서는 크게 명시적 과정과 암묵적 과정으로 나눠볼 수 있다. 명시적 과정이란 고1에서부터 고3까지 이어지는 과정으로 예를 들면 고1 때 하는 진로탐색프로젝트, 14일 프로젝트나 자료조사 등을 말한다.

고1 진로교육의 핵심은 세상을 좀더 넓은 시야로 바라보는 것과 자신의 욕망과 타인의 욕망을 구별하는 것에 있다. 이 과정은 이우중학교의 3학년 철학시간에 다루는 욕망의 문제와도 연결된다. 욕망의 문제는 우리가 삶을 살아가는 동안 내내 맞닥뜨리게 되는 문제이기도 하다.

고2가 되면 사회체험, 인턴십 등의 프로그램이 진행된다. 인턴십부터는 개별화 과정으로 진행되는데 개별 학생에 따라서 그 내용과 방향은 달라진다.

고3은 대입을 목전에 둔 상태여서 진로교육에 집중해서 시간을 할애하는 것이 어렵다. 그렇다보니 졸업 작품이나 보고서 작업 등은 수능 이후로 미뤄져 의미 있는 교육이 이뤄지기 어려웠다. 고3 때는 졸업논문을 작성하게 된다. 졸업논문은 논문 연구, 졸업 작품 그리고 고등학교 3년 동안의 학습과 성장을 총정리 하는 '자기성장 보고서'로 구성된다. 하지만 이러한 졸업논문이나 졸업 작품의 방식은 학문을 기본으로 하는 전통적인 모델이어서 이우고등학교 진로교육을 총체적으로 마무리하는 적합한 형식이라고 보기는 어렵다.

게다가 고1, 2에는 진로탐색을 하지만 고3이 되면 결국 대학진학에 집중하게 되면서 고1, 2의 진로교육이 의미가 축소되는 현상이 반복되었다.

이 문제를 해결하기 위해 2017년부터 졸업논문을 열아홉프로젝트로 바꾸었다. 열아홉프로젝트에는 논문연구, 자기성장 보고서가 들어가고, 고2때 한 인턴십을 심화한 인턴십2나, 각자 관심 있는 프로젝트를 기획해서 진행하는 ○○프로젝트가 포함된다.

고등학교 졸업 후 바로 대학을 진학하지 않는 아이들이 조금씩 생겨나고 있다. 열아홉프로젝트는 그런 아이들이 단순히 대입 중심으로 이뤄지는 고3 생활 속에서 방치되지 않도록 선택권을 넓혔다는 데 의미가 있다. 인턴십2나 ○○프로젝트에 아이들이 의지를 갖고 참여하도록 유도하고 있다.

암묵적 진로교육과정

암묵적 진로교육과정이라는 것은 아이들이 자발적으로 하는 진로 소모임 등을 일컫는다. 스스로 진로를 주제로 해서 학습하고 토론하는 모임들이 동아리와는 별개로 느슨한 형태로 만들어지고 있다. 이런 소모임들은 아이들의 진로탐색에 영향을 주고 있다. 이외에 동아리나 학생회, 각종 위원회 활동도 진로를 탐색하는 기회를 제공하기도 하고 농촌봉사활동, 학교 내외에서 열리는 비정기 워크숍 등도 진로탐색에 영향을 준다. 개인에 따라 이런 모임들이 진로탐색에 적극 활용되기도 하고 물론 그 반대의 경우도 있다. 같은 과정을 거쳐 진로를 정하는 아이도 있고, 졸업할 때까지 정하지 못하는 아이도 있다.

물론 진로교육이라고 해서 교육을 받고 나면 무조건, 저절로 진로를 발견하게 되는 것은 아니다. 하나의 프로그램의 전 과정을 거친다고 해도 무

이우학교 사용설명서

언가가 완성되거나 그로 인해 아이들이 전적으로 변화하는 것은 아니며, 진로교육 역시 마찬가지다. 생애의 어느 시점에서, 어떤 교육과정을 통해서 고무되거나, 주체성을 키우거나, 방향 전환의 계기를 마련하거나 하는지는 알 수 없다. 아이마다 다 다르다. 그렇기에 진로교육에서는 그물을 넓게 치고, 내용 전달보다는 개개인에게 직접 고민하고 체험할 기회를 주는 것이 중요하다. 그리고 그런 기회는 많을수록 좋다. 이우에서는 다른 학교들에 비해 많은 내용과 기회를 주고 있다. 또한 다양한 영역의 주제를 다루기 때문에 여러 영역에서 자극 받을 수 있다. 그 이후에는 어떻게 할 것인가, 어떤 연계된 과정을 할 것인가가 이우 진로교육의 과제다.

사실 일반 학교에서는 학생 개별 활동을 인정하고 실행하는 것이 쉽지 않다. 반면에 이우학교는 개개인의 개별 활동을 공식적으로 인정하고 외부 조직과의 연결을 독려하고 있다. 이것은 이우진로교육의 특징 중 하나이다.

교육의 새로운 비전과 진로교육의 변화

이우교육과정은 최근 변화를 겪고 있다. 이우학교는 '실험과 상상의 배움터'(사교육부분 참조)라고 하는 향후 10년의 비전을 세웠으며, 이에 따라 진로교육도 조금씩 변화하고 있다. 고1 시기의 아이들은 세상의 변화뿐만 아니라 어떤 특정한 문제 상황을 통해서 기회를 발견하고 그 문제를 해결하는 방법을 발견하면서 자신의 진로를 개척하게 되기도 한다. 이러한 '문제 발견, 문제 해결' 관점이 전체 진로교육에서 중요하게 다뤄지고 있다.

요컨대 이우의 진로교육은 아이들의 인식 변화를 유도하는 방향으로 변화하고 있다. 핵심은 수동적 배움에 익숙한 아이들이 자신이 배워야 할 것들을 스스로 찾고 스스로 배워나가는 데에 있다.

진로교육과 다른 교과와의 연계성

명시적으로 교과교육과 진로교육이 연결되어있는 것은 아니지만 교과교육을 통해서 진로에 대해서 생각하게 되거나 교과교육이 진로의 적극적인 계기로 작용하기도 한다. 예를 들면 중학교 국어 수업에서 문학이나 글쓰기 수업 등을 통해서 자극을 받고 삶의 방향성이 결정되는 경우가 생기기도 하고, 삶에 대한 시각이 달라지기도 한다. 그런데 어떤 삶을 살아야겠다고 결심해도 그것을 어떻게 구체화할지, 어떻게 살아가야 할지를 중학교 과정에서 탐색하기는 쉽지 않다. 결국 고등학교에서 인턴십 등을 통해 다양한 조직과 사람들을 만나고 경험하면서 자신이 결정한 삶의 방향이 어떻게 구체적으로 실현될 수 있는지를 판단하게 된다. 그리고 좀 더 잘하기 위한 방안을 고민하게 된다. 이우학교 아이들은 예술, 문화 분야나 사회적 가치를 추구하는 분야를 지향하는 아이들이 많은데, 이는 개별 교과를 통해 받았던 강한 인상이 계기가 된 것이다.

19살, 직업이 아니라 삶의 지향을 찾아야 할 때

이우학교의 인턴십 프로그램은 단순히 '직업 찾기'가 아니다. 특정 분야의 전문성을 키우는 방향이 아니며, 직업적 능력을 키우는 방향이 아니라 안목을 넓히고, 자신이 지향하는 것이 무엇인가를 찾아가는 과정이다. 그것은 심화된 진로탐색이고 내 삶의 이야기를 만들어가는 길이다. '진로',

'직업', '미래' 이런 단어들이 아이들에게 주는 압박은 엄청나다. 미래에 대한 불안도 크다. 진로탐색이 반드시 특정 직업을 정해야 하는 것이 아니라는 점, 진로탐색이 무엇인지 아이들이 인식하고 표현해 나가는 데 더 큰 의미가 있다. 요컨대 중요한 것은 태도의 변화다.

머릿속으로 고민만 하는 것이 아니라 현장을 돌아보고 사람을 만나면서 누군가의 도움을 받는 것이 얼마나 어렵고 귀한 기회인지 아는 것이 중요하다. 그리고 도움을 준 사람에게 고마움을 표현하는 것, 관계를 지속해가는 것, 그러면서 신뢰할 수 있는 그룹을 만들어가는 경험을 하는 것은 매우 중요하다. 이런 경험을 통해서 아이들은 막연한 불안감을 해소하게 되고, 태도의 변화도 일어나게 된다. 진로탐색 과정에서 만났던 사람들, 주어졌던 기회들이 얼마나 소중한 기회인지 몰랐던 아이들은 졸업을 하고 사회에 나가서야 당연하게 받았던 그 모든 기회들이 얼마나 소중한 것이었는지를 깨닫게 되기도 한다.

진로교육과정 사례

1) 고2 인턴십 프로그램 :나만의 진로탐색과정 만들기

이우고등학교 2학년의 인턴십 프로그램은 꽤 오래된 교육과정으로 미래의 직업을 찾는 과정이 아니라 현재의 나를 인식하고 미래의 나를 찾아가는 과정이다. 인턴십 프로그램에는 중요한 5가지의 원칙이 있다. 첫째, 나의 열정과 재능과 사회적 필요가 만나는 지점을 찾는 것, 둘째, 진로를 나의 문제로 인식하는 것, 셋째 지속적인 시도를 멈추지 않는 것, 넷째, 부족한 부분을 주제로 한 소모임을 만들어 이어나가는 것, 그리고 마지막으로 멋진 선배, 좋은 어른을 찾는 것이다. 좋은 어른 찾기란 삶의 모델을 찾아서 그분과 직접 연락을 해보는 것, 그러면서 사람을 어떻게 만나는지 등에 대해 경험하고 배우는 것을 말한다.

인턴십은 직업 매칭 교육이 아니라 아이들이 더 배우고 알아보고 싶은 분야를 정하고 탐색해나가는 과정을 통해 자신의 스토리를 만드는 경험을 쌓는 것을 목표로 한다. 이를 통해서 어떻게 살아가고 싶은지 방향을 설정하는데 도움을 주는 과정이다.

인턴십은 다른 과정과는 달리 개인 프로젝트이다. 그래서 자기주도성이나 대인관계능력이 좀 부족한 아이들은 스트레스를 많이 받는다. 그러다 보면 자기 진로탐색에 몰입하기보다는 인턴십 보고서 등 결과물에 치중하게 되면서 별 소득 없이 끝나기도 한다.

세원이의 인턴십 사례

사회적 기업을 찾아서

나는 원래 사회와 사람에 대해 관심이 많았다. 그리고 경제나 사회혁신에 대해서도 관심이 많았다. 그래서 사회적 기업을 주제로 인턴을 했고 열아홉프로젝트도 이것을 이어 나갔다.

우선 사회적 기업 관련된 사람들이나 기업을 찾았다. 네이버에서 CSR 파트 담당자, 사회적 기업을 컨설팅해주는 사람, 사회적 기업들이 활동할 수 있도록 지원해주는 기업 등을 찾아가서 인터뷰를 했다. 그러면서 막연하게 관심을 가졌던 분야의 현실을 확인할 수 있었다. 실제로 일하고 있는 사람들을 봤고, 내가 가고자 하는 길이 비현실적이거나 이상한 곳이 아니라는 것을 확인했다. 내가 가고자 하는 길이 확실하고 대안적 길임을 알게 되었다.

대학에 와서 보니 '먹고 살기 위해' 경제, 경영, 공대 복수전공하는 학생들이 많은 걸 보았

인턴십활동 요약 보고서

이우고등학교 2학년 1반 이름: 김세원

1. 인턴십 연구 활동 내용

활동기간	활동내용	활동시간	활동장소
2017.3.26. ~11.19	[활동] 수지 메르디아 청소년 북코치	54시간	이우학교 가우스실
2017.4.3	[강의] 삶을 위한 덴마크 자유학교 이야기	2.5시간	카우엔톡 2층
2017.6.12	[강의] 마라몬드, '지속가능하게 사람들을 변화시키는 방법	3시간	이우학교 컴퓨터실
2017.7.21	[공유회] 비영리 스타트업 스터디트립 공유회	2시간	H-창의허브 SE클라우드 기술혁신랩
2017.8.8	[워크샵]사회혁신기업과 금융워크숍	2시간	대학로 방송통신대 4층 스튜디오
2017.8.11 ~8.12	[컨퍼런스] youth week 2017	20시간	킨텍스
2017.8.14	[인터뷰] 루트온 협동조합 김연우 활동가 인터뷰	3시간	합정 cafe the air
2017.8.17	[포럼] 사회서비스 활성화 포럼	3시간	교보생명본사
2017.8.23	[강의] UN인권특별보고관에게 듣는 미양마의 로힝자 이야기	2시간	서울시NPO지원센터
2017.9.1	[인터뷰] 한국사회투자 이종수 이사 인터뷰	2시간	사당역 카페모아
2017.9.16	[강의] 정희진 '페미니즘과 민주주의'	2시간	마을공유지 파지사유
2017.9.13	[컨퍼런스] NPO국제컨퍼런스	8시간	백범김구기념관
2017.9.27	[포럼] 스파크포럼:사회성과연계채권, 세상을 바꾸는 착한 투자	3시간	서울창조경제 혁신센터
2017.9.20	[강의] 시장을 넘어서는 증여의 경제인류학	3시간	인포숍 카페별꼴 뉴마트
2017.11.11	[인터뷰] 이원재 경제평론가 인터뷰	1.5시간	대방역 카테고리
2017.11.11	[포럼] 먹고사는 일에서 민주주의, 라고요? 대안경제&대안에너지	2시간	느티나무도서관
합계		113시간	

다. 대학에서 배우는 경제는 사람에 대한 고민이 없다.

인턴십을 할 때 여러 사회적 기업가들에게 여쭤보니 경제학과 진로 선정에 부정적 응답이 많았다, 주변 분들을 만나면서 현실적인 길을 보게 되었다.

사실 나름 사회적으로 알려져 있고 바쁜 어른들을 이메일 한 통 보내고 문자 한 번 보내서 만나는 것이 쉬운 일은 아니었을 것이다. 하지만 고등학생이라는 것이 큰 어필 포인트였다. 실제 포럼이나 컨퍼런스에 가서 사람을 만나 들이댔다. 만약 대학생이었다면 그런 태도가 쉽게 수용되진 못했을 것이다. 고등학생이 자신의 진로를 정하기 위해 시간을 내고, 발품을 팔아 직접 찾아와서 이야기를 건다는 것이 사회적 기업가들에게는 참신하게 느껴진 것 같다. 그래서 인터뷰에 응해주고 여러 행사에 초대해 주고 한 것 같다. 실제로 고등학교 2, 3학년 때 했던 활동이 진로를 확정하는 데 의미 있었다. 진로 모색 과정에서 경험했던 것들, 학교 자치 활동 등을 통해서 경험했던 것이 중요했다. 생각만 하는 것과 실제 해보는 것은 큰 차이가 있다. 세상을 텍스트만으로 배울 수 없다. 이러한 경험은 대학에서도 빛을 발했다. 3, 4학년 고학년을 대상으로 한 연구보조원 아르바이트를 발견하고는 우선 메일을 보냈다.

"이번에 19학번 신입생입니다. 하지만 고등학교 때부터 이쪽에 관심이 있었고, 그래서 이러이러한 일들을 해왔습니다. 준비되어있고, 잘할 자신이 있습니다. 준비된 일꾼입니다. 그러니 뽑아주세요."라고. 막무가내로 들이대는 것도 사실 고등학교 때 인턴십을 하면서 배운 것 중 하나다. 무엇이든 직접 해본다는 건 중요하다.

2) 열아홉프로젝트 : 배움의 새로운 기획

고3, 대한민국에서 고3이란 단어는 곧 모든 것과의 단절을 의미한다. 개인적 욕망은 1년 뒤 대학 입학 때까지 억제되어야 한다. 인간관계도, 배움도 수능이란 목표에 부합되지 않으면 미뤄진다. 그러나 이우학교의 고3과정은, 중학교 때부터 고2까지 진행했던 교육, 활동들과 단절되지 않게, 고1, 2의 심화, 발전된 과정이면서 새로운 도전을 위한 기회를 주는 데 초점을 맞춘다.

대입 중심의 진로진학 활동에서 벗어나 고등학교 이후의 미래를 구체적으로 준비하는 교육과정을 마련하고, 배움의 의미화와 새로운 배움의 기획 능력 함양 그리고 구체적 나의 삶의 계획과 도전을 교육과정화 하는 것에 목표를 둔다. 그리하여 개별적 역량을 최대화할 수 있게 하고, 학교 밖에서의 경험을 권장한다.

2016년 학습풍토개선위원회 보고서가 나오고 '실험과 상상'이라고 하는 새로운 비전이 제시된 이후, 입시에 대해서도 좀 더 분명한 입장을 만들어가고 있다. 몇 년 전까지만 해도 수능과 입시로 흔들렸던 고3 교실이 이제는 고등학교 이후의 삶에 대해 구체적으로 볼 수 있도록 하는 데 좀 더 초점을 맞추고 있다. 고3 이후의 삶이 대학진학과 그밖의 것이라고 하는 두 가지 길로 나뉘는 것이 아니라는 것을 강조하고 있다. 물론 아직 원활하게 이루어지고 있다고 말할 수는 없다. 이우학교 고3 교실도 세상의 잣대에서 자유롭지 못해 현실과 이상 사이에서 혼란을 겪고 있다. 다만 그 혼란을 최대한 벗어나기 위해 노력하고 있는 중이다.

■ 동화책 만들기 프로젝트

친구와 둘이서 한 팀이 되어 '동화책 만들기 프로젝트'를 했던 아이가 드디어 책이 나왔다며 책 2권을 갖고 왔다. 여러 활동으로 바쁜 가운데서도 친구와 스토리를 짜고, 매일 밤늦게까지 그림을 그리느라 고생을 하더니 그 결과물이 나온 것이다. 기대에 가득 찬 맘으로 제법 두툼한 칼라 동화책을 한 장, 한 장 읽어보았다. 그런데 스토리가 독특하다. 한 권은 파스텔 톤의 소박한 그림 속에 다소 황당한 스토리로 가득 차 있었고, 또 다른 한 권은 이솝우화처럼 여러 이야기가 담겨 있는데, 도대체 무슨 이야기인지 알쏭달쏭한 스토리의 동화책이었다.

"무슨 동화가 이래? 너무 어렵고, 약간 엽기적이잖아."

"응, 당연하지. 성인동화책이니까"

비록 책 내용은 조금 이해하기 어려웠고 무슨 메시지를 전하고 싶은 것인지 알 수 없었지만, 책을 기획하고 만들고 인쇄까지 하는 전 과정을 직접 해봤다는 데 의미가 있어보였고, 책이란 결과물로 나온 것 자체가 성공의 경험이 되어주었다. 아이는 열아홉프로젝트를 통해 자연스럽게 글쓰기와 일러스트레이션, 책의 편집, 인쇄 그리고 출판에 관한 것들을 조금이나마 경험할 수 있었다. 그리고 열아홉프로젝트의 영향이었을까? 졸업을 한 지금은 동네 작은 서점에서 아르바이트를 하면서 서점 일을 익히고 있다. 앞으로 아이의 관심이 어디로 어떻게 확장될지 기대가 된다.

열아홉프로젝트는 주체로 서는 과정

열아홉프로젝트의 과정을 모든 학생들이 다 잘 따라가는 것은 아니다. 잘 찾아가는 아이도 있고, 어려워하는 아이도 있다. 어떤 점이 어려운지, 왜 어려운지, 그게 어렵다면 무엇을 시도해볼 수 있는지에 대해서 대화를 하는 것이 선생님과 부모의 역할이다. 학교 밖에서 다양한 분야의 어른들을 만나보는 것은 매우 중요하다. 선생님들도 학교 밖 세상을 잘 모르고 부모들도 급변하는 사회를 다 이해하지 못하기 때문이다. 또, 아이들의 속도와 방향은 다 다르다. 그렇기에 지금 이것을 반드시 해내지 않아도 된다는 것을 인정해야 한다. 그렇지 않으면 아이를 다그칠 수밖에 없는데 그건 오히려 아이의 성장을 해치게 된다. 이우에서의 성공이 인생의 성공이 아닌 것과 마찬가지로 실패한다고 해도 인생이 실패하는 것은 아니기 때문이다.

우리 사회가 이우를 나온 아이들을 수용할 만큼 성숙하지는 않다. 부모들은 이 아이들이 졸업 후에도 현재의 삶의 방향과 가치를 유지하며 살 수 있을까 궁금해한다. 하지만 이우에서 아이들을 가르치는 것이 사회에서의 경쟁력을 키우는 것으로 이해해서는 안 된다. 이것이 경계해야 할 점이다. 이우에서 이렇게 가르친다고 사회에 나가 삶을 개척하고 삶의 주인으로 살아갈 수 있으리라는 기대는 할 수 있으나 곧바로 그렇게 되는 것은 아닐 수 있다. 졸업생 중에는 사회 나가서 힘들어하는 아이들도 많다. 이우의 아이들과 부모들은 현재의 사회를 더 좋은 사회로 만드는 데 씨앗이 될 수는 있다. 그것이 우리 부모의 역할이며, 희망이기도 하다.

■ 이우고등학교 3년을 통해 내 스토리를 만들다

어려서부터 누가 물어봐도 '좋은 선생님이 되는 것'이 꿈이었던 아이가 이우고등학교에 진학을 했다. 당연히 아이는 대안교육에 관심을 갖기 시작했고, 학교에서 할 수 있는 대부분의 활동은 교육과 관련된 활동으로 채워 갔다. 아이의 꿈은 점차 교사에서 교육학자로 변경되었고, 교사가 되고 싶지만 더 근본적으로 교육 자치에 관심을 갖게 되었다.

1학년 때는 자율 활동으로 이우 수업 팀에서 이우수업준비위원으로 활동하며 일상적으로 일어날 수 있는 폭력적 대화를 성찰하고 평화적으로 대화를 이끌어 낼 수 있는 방법을 연습하는 비폭력대화수업과 학년 학생들이 진로에 대한 다양한 고민과 관심을 서로 나눌 수 있도록 진로수업을 직접 기획하고 진행했다.

또 해외통합기행에서 교육팀장으로서 필리핀 Besao 지역의 초등학교에서 교육봉사활동을 진행했다. 2학년 인턴십을 통해서 교육 분야 전반에 관심을 갖게 되었다. 활동도 다양했다. 교육 분야에서 활동하는 소셜벤처 '펀쿨' 방문해서 인터뷰도 하고, 마을교육 관계자들도 인터뷰했다. 홍성군 홍동면 마을교사와 인터뷰를 통해 마을교육의 가치, 마을 교육 네트워크의 필요성 등을 느끼게 되었고 '꽹이부리말 아이들'의 김중미 작가와도 인터 뷰를 했다. 그 밖에 교육 분야에 관심을 가진 학생들과 '도담도담'이란 소모 임을 만들어 교육 관련 책을 읽고 지역아동센터에서 봉사하기도 했다. 기 숙형 공립 대안학교 태봉고등학교를 방문해 교사 및 학생들과 인터뷰했다. 오마이 뉴스에서 주최한 '글로벌 행복교육 포럼'을 통해 덴마크 교사, 학생 들과 함께 덴마크와 한국교육에 대해 토론을 하거나 삶을 위한 덴마크 자 유학교 이야기 강연을 듣기도 하고 C! talk 교과서 밖의 교육이야기 강연회 등에도 참여했다. 그러면서 교과서와 텍스트에 얽매이지 않은 새로운 교 육방식들을 접하게 되었다. 이러한 진로탐색은 고3 열아홉프로젝트를 통 해 '퍼실리테이션'에 대해 관심을 갖는 것으로 이어졌다. 퍼실리테이션 요 소와 디자인씽킹 과정을 배운 뒤 학년문제를 해결하는 수업을 진행해보기 도 하고, '함께하는 청소년 학교'에서 디자인싱킹프로젝트수업을 기획하고 직접 진행해 보기도 하면서 가르치는 사람으로서의 경험을 해보기도 했다. 또한 이우고등학교 3학년의 졸업 교육과정을 검토하고 설문조사와 공청회 를 통해 '열아홉프로젝트'의 교육과정을 더욱 체계화 하는 데 참여하기도 했다.

아이는 자신의 관심사인 교육과 관련된 활동을 하면서도 동시에 다른 친 구들이 관심을 가지고 있는 다양한 분야에도 관심을 갖고 동참했다. 그렇 게 서로 도우며 배우는 과정 속에서 아이들은 인식과 경험을 확장시키며

　　　　　　　　　　　　　　　이우학교 사용설명서

성장할 수 있었다.

그런데 아이에게 고2 때 참여한 '제주평화기행'은 커다란 변화의 계기가 되었다. 오랫동안 분쟁 중인 강정마을을 방문해 생명, 평화, 공동체, 행복에 대해 고민하며 분쟁을 평화적으로 해결하는 방안에 대해 생각하는 시간을 가졌다. 기행을 마친 후엔 제주평화기행을 계기로 제주 평화에 관심을 갖게 되었고, 친구들과 영상을 제작하고 카드뉴스를 제작했다. 자발적으로 제주 4.3에 대해 구체적으로 공부하고 이 사건을 친구들에게 알리고자 '평화주간'을 기획, 4.3일에 학교에서 4.3항쟁 관련 행사를 진행했다. 또 도서관에 4.3 코너를 만들어 4.3항쟁의 발발과 과정 및 제주 제2공항 건설과 강정마을 해군기지 건설에 대해 알리는 활동으로 확장해 갔다. 학교 안에서만 머물지 않고 4.3 유적지를 찾아 4박 5일간 제주생명평화 대행진에 참가하기도 했다.

이런 일련의 수업과 활동은 다른 교과와 결합되어 자신에 대한 계획을 구체화하는 것으로 이어졌다. 고3 영어수업 때 사회학책이 교재였는데, 그 사회학을 배우면서 더 넓은 시야로 세상을 바라볼 수 있게 되었고 자연스럽게 사회 전반에 대해 관심을 가지게 되었다. 사회학을 배운 후에 바라본 세상은 매우 복잡하다는 느낌을 받았고, 너무나도 많은 일들이 순식간에 벌어지고 있음을 알았다. 지금까지 이런 것들을 왜 몰랐을까 자책을 하기도 했다. 여러 사회문제를 해결해보겠다고 직접 행동한 적도 있었지만 사회에 대한 자신의 지식으로는 한계가 있음을 깨달았다. 그래서 대학에서 사회학을 더 공부하기 위해 진로를 교육학에서 '사회학'으로 바꾸었다. 그러고 보면 고등학교 1학년 때부터 고3까지 이어진 이러한 활동들이 하나의 흐름으로 모아지면서 동시에 다른 것들로 뿌리를 넓혀나가면서 연결이 되어갔다. 그러면서 자신만의 스토리가 만들어지고 앞으로 해야 할 일, 하고 싶은 일들이 구체화되어 갈 수 있었다. 그게 이우학교 교육의 힘인 듯하다.

이우를 졸업한 아이들의 진로

이우를 졸업한 아이들의 진로가 아직까지 특별하지는 않다. 사회적 경제, 스타트업을 들어봤던 아이들이 그런 영역에 접근하는 사례들이 있기는 하지만 겉으로 드러나는 것은 오히려 전통적인 방식으로 진로를 선택하는 경우가 많았다. 삶에서는 보편적 가치를 지향하지만 진로의 문제는 어쩌면 또 다른 문제일지도 모른다.

고3 올라와서 대학진학을 하지 않겠다고 선언했던 아이들도 고3 생활하는 내내 자신들의 선택에 대해 불안해하고 흔들렸었다. 이때 중요한 것은 부모들의 생각이다. 아이들이 고등학교 졸업 이후에 자기 의지로 자신의 길을 찾아갈 것이라고 믿어줘야 한다. 어쩌면 아이들의 선택은 결국 부모들이 얼마나 이해해주고 지지해주느냐에 따라 결정되는지도 모른다. 부모들이 말로는 초경쟁사회에서 대안적 삶이나 그 외의 다양한 삶을 지향한다고 하면서도 정작 자기 아이들의 진로에 대해서는 달리 생각하고 있지 않은지 되돌아봐야 한다.

이우 13기 아이들 중에서 대학을 진학하지 않은 아이들끼리 모여서 쉐어하우스를 연 경우가 있었다. 독립은 그 또래의 로망일 수 있다. 엄밀히 말해서 독립은 아니고 부모들의 도움을 받은 것이었지만 1년간 스스로 살아보겠다는 선언을 하고 쉐어하우스에 모여서 창업을 준비하거나 진로를 모색하는 기간을 가졌었다. 물론 이러한 시도는 경제적인 독립을 전제로 하지 않은 것이기에 한계가 있다. 하지만 물리적인 독립을 통해서 스스로 살아보려고 했다는 것만으로도 의미가 있다고 할 수 있다.

보편가치를 실현하는 방향으로

삶의 보편적 가치를 실천하는 삶을 살고자 하는 것은 이우 아이들의 특징인 듯하다. 물론 구체적으로 보편가치를 추구하는 삶이 어떤 것인지는 분명하지 않다. 하지만 사회적 기업이나 스타트업을 지원하는 외부 단체를 만나 컨설팅을 받는 등의 구체적인 형태로 계획하고 실행해보려는 시도가 이루어지고 있다는 사실은 고무적이다.

예를 들면 살터(환경동아리) 안에서 동물권을 옹호하는 아이들이 소모임을 만들어 후배들을 모아서 동물권 소모임을 만들었다. 처음엔 잘될까 싶었지만 외부 강사를 초빙해 강의를 듣기도 하고 채식을 직접 실천하는 진지한 비건파티도 열면서 즐겁게 진행하고 있다. 참여하는 친구들뿐만 아니라 참여하지 않는 친구들에게도 자연스럽게 영향을 미치고 있다. 이 모임은 단순히 소모임에 그치는 것이 아니라 제법 영향력 있는 모임이 되고 있다. 이 친구들 때문에 아이들은 구스, 덕다운 대신 솜패딩을 입게 되었다.

하지만 아이들이 가진 생각이 20대에도 30대에도 지속될 수 있을까? 막상 사회에 나갔을 때, 주위에 지지하는 사람들이 없을 때에도 자신들이 배우고 키운 가치를 지속해서 갖고 끌고 갈 수 있을지 의구심이 들기도 한다. 실제 아이들도 자신들이 학교에서 배우고 실천한 것들을 졸업 후에도 지속할 수 있을지 불안해하기도 한다. 아이들이 보편가치를 지향하면서 건강한 시민으로 성장하고 살아갈 수 있도록 부모가 할 수 있는 일은 아이들에 대한 지지를 19세까지가 아니라 더 오래 지속하는 것이지 않을까.

진로교육을 통한 아이들의 성장과 변화 그리고 전망

교육은 받은 즉시 그 효과나 결과를 확인할 수는 없다. 또한 같은 교육을 받았다고 해도 아이들마다 결과도 다르고 반응도 다르다. 고작 3년이라는 짧은 과정을 통해 뭔가 훌륭하고 커다란 결과물이 나오기를 기대하는 것은 우물에서 숭늉 찾는 격이다. 다만 진로교육을 진행한 선생님들은 아이들의 시야가 확연히 넓어지는 것을 볼 수 있고, 그 점이 참으로 인상적이었다고 말씀하신다.

요컨대 아이들은 진로교육과정을 통해서 '아이를 가르치고 싶다'가 바로 '교사가 되어야 한다'라는 의미가 아니라는 것을 알게 된다. 대부분의 아이들은 교육에 관심이 있다면 '교사'라는 직업을 떠올린다. 출생률이 현저하게 줄어들고, 이미 있는 교사로도 교사직은 충분히 채워질 수도 있으니 공교육 현장에서 교사가 되는 것은 굉장히 어려워질 것이다. 교사가 되지 않더라도 교육의 장에 참여할 수 있는 기회는 많고 교육과 관련된 일들도 많다. 교사라는 한정된 직업의 틀에서 벗어나 새로운 진로로 시야와 사고를 확장하는 것은 청소년기 진로탐색의 중요한 바탕이 된다.

이우의 진로교육은 진행형

이우학교의 진로교육은 이제 초기 단계라고 볼 수 있다. 이 진로교육과정이 실제 아이들의 삶에 어떤 영향을 얼마나 미쳤는지를 평가하려면 앞으로 많은 시간이 필요할 것이다. 어쩌면 평가가 불가능할지도 모른다. 고등학교 교육이 한 사람의 인생에 얼마만큼 영향을 미치는지 측정할 수 없을 뿐만 아니라 인생의 진로는 고등학교 이후의 만나게 되는 수많은 조건과 요인으로 인해 변화할 것이기 때문이다.

많은 졸업생들이 배출되어 어떤 삶을 살게 되었는가 하는 데이터가 축적되는 것도 필요하다. 서로의 삶을 공유하고, 소통할 수 있으면 좋을 것 같다. 현재의 관행을 벗어나 자신만의 길을 선택한 아이들은 아직 수적으로 적다. 대부분의 아이들이 대학진학을 희망했다. 하지만 대학진학을 희망하지 않는 아이들도 늘어나고 있다.

세상이 변하고 있다. 다양한 분야에서 다양한 경험을 가진 멘토들을 만날 수 있는 플랫폼이나 네트워크, 다양한 규모의 모임과 행사, 서비스가 얼마든지 있고 이러한 것들은 계속 확산되고 있는 추세다. 찾고자 하면 학교에서 책으로 배우는 세상이 아닌 실제 현장의 목소리를 듣고 경험할 수 있는 기회는 너무나 많다. 인공지능과 로봇에 인간의 일자리를 내주고 있는 시대다. 그 속도는 상상보다 빨라질 것이라는 것은 많은 전문가들의 공통된 의견이다. 현재의 유망한 직업들이 앞으로는 많이 사라질 전망이다. 그러니 아이들이 현시대의 직업을 찾는 데 급급하기보다는 미래사회에 어떤 인간으로 자리매김하고 어떤 역량을 키워야 하는지에 좀 더 초점을 맞춰야 할 것이다.

3

대학입시

대입이 코앞에 닥치기 전까지 대학을 가야 할지 말아야 할지 결정하지 못하는 아이들이 많다. 본인이 결정을 하지 못하니 부모도 어떻게 할 수가 없다. 고3 초반에는 대학을 가지 않겠다고 하다가 수시 지원이 시작되면 진학하겠다고 마음을 바꾸는 아이들도 많다. 게다가 사교육을 하지 않으니 그 흔한 학원 입시설명회 한번 가보지 않았고, 미디어나 주변에서 입시이야기를 해도 입시와 관련한 기초 용어도 모르는 부모가 대부분이다. 입시는 어렵고 복잡하고 그냥 딴 세상 이야기일 뿐이다. 이우학교는 교사든, 부모든, 학생이든 입시와 관련 언어들을 최대한 쓰지 않도록 하고 있다. 그 이유는 입시에 관한 언어가 쓰이기 시작하는 순간부터 아이와 학부모 모두 조급해지기 시작하고, 경쟁심과 불안이 자라기 때문이다. 그런 분위기가 형성되는 순간 정상적인 학교 수업도 불가능해진다. 그래서 고3이

이우학교 사용설명서

되고 본격적인 입시 기간이 되어서야 조금씩 입시에 관한 이야기를 한다.

그렇다고 걱정이 없는 것은 절대 아니다. 마음은 불안하고 뭔가 해야 될 것만 같다. 하지만 모여서 입시 이야기를 나눌 분위기도 아니다. 설사 부모들이 모여 이야기를 나눈다 해도 아는 것이 없는 것은 서로 마찬가지다. 이우부모들은 입시에 관한 한 뭘 해야 할지 모르는 '입시 바보들'이다. '그냥 어떻게든(무모함) 지가 원하면 알아서 잘(용감함) 가겠지' 하며 입시를 맞이한다. 그래서 이우 부모들 사이에는 이런 우스갯소리가 있다. "입시? 어떻게 준비할지 모르겠다고? 선배들이 그러는데 그거 졸업하면 다 알게 된대."

1. 이우의 대입

종빈이가 고1 홍성 농촌봉사를 갔다 온 후 어느 날이었다.

"엄마, 저는 고등학교를 졸업하고 홍성으로 내려가 농사짓고 살겠어요."

"농사, 잘됐다. 네가 농사를 짓겠다고 하면 농사지을 땅 조금 사주고 작은 시골집을 하나 사서 엄마, 아빠도 내려가 늘 꿈꾸던 전원생활을 하면 되겠다."

그리고 왜 그런 생각을 하게 되었는지 물어보았다.

"비싼 등록금을 내고 대학을 다니고, 바늘구멍 들어가기보다 힘들다는 취업 전선에 뛰어들고, 그러다 보면 언제 독립된 삶을 살 수 있을지 도무지 자신이 없어요. 이번에 농봉 갔던 홍성 분들은 언제든 오라 하셨는데, 그냥 환영해주시는 홍성으로 내려가 농사를 짓는 것이 독립할 수 있는 현실적인 방법인 것 같아요."

아이는 그만큼 자신의 미래에 대해 불안해하고 고민하고 있었던 것이다. 이렇게 미래에 대한 불안과 고민 속에서 종빈이가 진로를 찾아가기 시작한 것은 고2 인턴십 프로젝트를 하면서였다. 인턴십 프로젝트로 평소 재미있게 공부하던 과학 분야의 학술강연과 자료를 접하면서 물리학 세계의 아름다움에 감흥을 받고 더 깊이 공부하고 싶은 열망을 가지면서 대학에 진학해야겠다는 결정을 내리게 되었다. 또한 에너지와 탈핵을 주제로 했던 고2 통합기행을 통해 원전의 문제와 이를 사회적으로 해결해 나가는 데 있어서 자본의 논리가 아닌 생태적이고 환경적인 차원에서 시민의 입장을 대변하고 도움을 줄 수 있는 시민 과학자가 되고 싶다는 구체적인 꿈을 키우게 되었다.

그리고 본격적인 입시는 고3 담임선생님과 면담에서부터 시작되었던 거 같다. 그나마 종빈이는 다른 아이들에 비해 대학진학을 일찍 결정한 경우다. 우리 부부도 그 면담에서 처음으로 아이의 내신 성적을 구체적으로 알게 되었고 그 성적으로 어떤 대학에 어떤 전형을 지원하면 좋은지 선생님의 의견을 들었다. 그리고 선생님이 추천해 주신 매우 두껍고 커다란 수시 전형 참고 안내서를 5만원 넘게 주고 샀다. 입시가 시작된 것이다.

2달간 많은 시간을 자기소개서와 면접에 몰두한 종빈이는 원하는 대학에 진학할 수 있었고 스스로 자신의 실력으로 갈 수 있는 최고의 카드를 얻은 거라며 매우 만족했다. 아이가 만족하니 부모도 만족스럽고 기쁠 것이다. 그러나 단순히 아이가 원하는 대학에 진학했다고 기쁜 것이 아니라, 아이 스스로 깊은 고민을 하고 다양한 시도를 해보고 실패를 통해 배움의 이유를 찾아내고, 대학진학을 결정하고, 배움에 대한 순수한 열망과 그에 따른 노력의 결과를 인정받은 것이 무엇보다 기쁜 이유이다.

본격적인 대학입시를 향하여

대학진학을 결정했다고 해서 대학이 '어서 오세요' 하고 받아주는 것은 아니다. 이제 비로소 대입은 냉정하고 치열한 현실의 문제로 다가온다. 이우 고등학교는 대체로 이과 학생수가 적은데다 다양하게 개설된 과목을 선택해서 듣고 수강신청한 학생이 2명 이상이면 과목이 개설되기 때문에 등급이 나오지 않는 경우가 허다하다. 어떤 과목은 수강자가 2명인 경우도 있다. 특히 이과 과목은 많아야 14명, 아니면 7명 이하인 경우가 대부분이다. 그러니 대부분의 교과목에서 높은 내신 등급은커녕 아예 등급이 표시되지 않고 ' · '으로 나오는 경우가 많은 것이다.

이우학교는 수능을 대비한 문제풀이를 하거나 입시를 위한 수업을 하지 않기 때문에 정시를 위한 수능준비는 거의 되어있지 않다. 그러니 다들 이우학교에서 대학가기 어렵다고들 말하며, 이과는 더더욱 어렵다고 말한다. 위의 경우는 그나마 받은 내신 등급이 높다고 하지만 비교대상 학생수가 다른 학교에 비해 극히 적고 그나마 등급이 표시되지 않은 과목들이 많아서 내신등급을 대학이 얼마나 의미 있게 봐줄지 염려스러웠다. 교과賞과 농촌봉사賞 외에는 교내 대회가 아예 없으니 대회 수상경력도 다른 일반 학교 아이들에 비해 턱없이 적다. 수능을 준비하기에는 시간이 모자라기 때문에 오로지 수시 학생부 종합전형에 기댈 수밖에 없는 상황이다.

알 만한 대학 들어가기가 얼마나 어려운지 주변에서 귀가 따갑도록 들은 터라 지레 겁을 먹고 재수도 염두에 두는 경우도 많다. 부모들은 입버릇처럼 집에서 다닐 수 있는 학교만 들어가도 좋겠다고 말하기도 한다.

이우에서는 부모나 교사가 아이에게 대학을 강요할 수도 없고 그렇게 한다고 해서 아이가 받아들이지도 않는다. 입시를 위해 손익계산을 따져 공부하고 활동을 하지 않는다는 것이다. 이우에서 입시는 결코 만만하지 않다. 갈등도 있으며 합리적이거나 영리하지도 않다. 그 속에서 아이들은 대한민국의 처절한 입시라는 과정을 거쳐 대학에 진학하기도 하고 한 번 더 뛰어오를 준비를 하기도 한다.

2. 이우 대학입시의 양상

중요한 수시 지원

이우학교는 중학교 때부터 아이 스스로 자신이 어떤 사람인지, 어떤 욕구를 갖고 있는지를 알 수 있도록 교육하고자 한다. 또한 어떤 일에 관심이 있고, 잘 할 수 있는지를 시도하고 찾아가도록 하는 다양한 프로그램을 진행한다. 중학교 방학 때마다 하는 자기탐구와 중3의 졸업프로젝트, 고1의 14주 프로젝트, 고2의 인턴십, 고3의 열아홉프로젝트 등이 그것과 관련된 프로그램들이다. 이렇게 6년, 짧게는 3년의 과정을 통해서 아이는 자연스럽게 자신의 관심 분야를 파악하는 과정을 거친다.

고3이 되면 대학진학을 결정한다. 대학진학이 확실한 아이들은 4월부터 6월까지 수시를 준비한다. 6월이 지나도록 결정하지 못하고 뒤늦게 대학진학을 결정한 아이들은 정시를 준비한다. 학교에서 대입에 초점을 맞

이우학교 사용설명서

춰 교육을 하지 않고, 모의고사를 보지 않는 아이들도 많고, 대학진학 여부를 고3이 되어 결정하는 아이들도 많기 때문에 수능시험의 점수로 대학을 가는 정시는 이우 아이들에게는 모험에 가깝다.

따라서 이우 학생들의 대입은 수능을 통한 정시보다는 수시전형이 큰 비중을 차지한다. 이우의 교육과정은 수능에 맞춰져 있지 않고 졸업할 때까지 '정상적인 고등학교 수업 운영'과 자치, 소모임, 위원회 등 수 많은 '학생 활동'으로 이루어져 있다. 그래서 자연스럽게 대학진학을 원하는 학생들의 경우 수시전형 중에서도 특히 학생부종합전형으로 지원하는 경우가 많다.

학생부종합전형에서 중요한 요소는 학생생활기록부와 자기소개서 그리고 교사 추천서이다. 다른 일반 학교의 경우 제한이 있는 교장 추천서를 제외하고는 교사 추천서는 원하는 학생이 원하면 얼마든지 받을 수 있다. 그렇게 해서 한 명이라도 더 대학에 진학할 수 있다면 다행이라고 생각한다. 그런데 이우에서는 교장 추천서는 물론이고 교사 추천서를 받는 것도 쉽지 않다. 그 과정은 매우 엄격해서 원한다고 해서 다 받을 수 있는 것이 아니다.

엄격한 추천서 발급 기준

이우학교는 대학입학 관련 추천서 규정이 있다. 2004년에 만들어진 이 규정은 수시 전형이 확대되고, 대학 입학 전형 방법의 다양해짐에 따라 이우학교의 이념과 교육 목표, 대학의 전형 취지에 적합한 학생을 객관적인 방법과 절차에 따라 선정, 추천하는 데 목적이 있다. 문제는 이 객관적 방법과 절차를 부모들이 모르고 있다가 수시 추천 대상자에서 제외되고 나서야 알게 되고 추천을 받지 못하면 그 절차가 절대 객관적이지 않다고 느끼는 데에 있다.

수시 추천 기준은 자기주도적 학습, 생활 태도, 공동체성, 자치활동이나 동아리 활동 등 이우학교 이념과 교육목표에 얼마나 충실한 학교생활을 했는가 하는 것과 지망하려는 대학의 전형취지 및 요구에 얼마나 적합한가 하는 두 가지이다.

학생들의 추천서 요청이 들어오면 학교에서는 추천심의위원회를 연다. 이우의 이념과 교육목표에 대한 충실도, 대학의 전형취지 및 그 요구에 대한 적합성 등을 기준으로 2회에 걸쳐 심사가 진행된다. 1차 심사는 고등학교 3학년 팀 교사회, 2차 심사는 이우고등학교 전체 교사회 대표자회의로 구성된 위원회에서 심의하고 선정한다. 위원회에서는 추천서를 요청한 학생이 이우고등학교에서 얼마나 충실히 이우의 교육목표에 맞게 성실히 임했는가, 또 희망하는 대학이 요구하는 기준에 얼마나 적합한가를 심의하고 선정하는 것이다.

〈이우고등학교 대학 입학 관련 추천 규정〉

제1조(목적)
대학입시 수시 전형의 확대와 대학진학의 다양화에 따라, 본교의 이념과 교육목표 및 대학의 전형 취지에 적합한 학생을 공정하고 객관적인 방법과 절차에 따라 선정하여 추천하는 데 목적이 있다.

이우학교 사용설명서

제2조(기본 방침)

① 3학년 및 졸업생 전체 학생에게 진학 관련한 정보 및 추천 일정 등을 홍보하여 해당자가 기회를 잃는 사례가 없도록 한다.

② 추천자 선정은 다음의 두 가지 기준에 의해 학생추천심의위원회에서 결정하며, 적합한 학생이 없을 경우 추천하지 않을 수도 있다.

　가. 본교의 이념과 교육목표에 대한 충실도

　나. 지망 대학의 전형 취지 및 요구에 대한 적합성

③ 학생 추천에 관한 심의를 위하여 학생추천심의위원회를 구성하여 운영하되, 1차 심의위원회와 2차 심의위원회로 구성·운영한다.

④ 해외 대학 및 기타 유사한 교육기관의 진학을 희망하는 경우에도, 동일한 절차에 의해 대상자를 추천한다.

제3조(추천심의위원회 구성 및 역할)

① 1차 추천심의위원회의 위원은 3학년팀 교사회 전원으로, 2차 추천심의위원회는 이우 고등학교 교사회 대표자회의로 구성한다.

② 1차 추천심의위원회 위원장은 3학년 학년부장이 맡고, 2차 추천심의위원회 위원장은 교장이 맡는다.

③ 학생들의 추천 요청이 있는 경우, 1차 추천심의위원회에서 적정 규모의 후보자를 선정하여 2차 추천심의위원회에 추천하며, 2차 심의위원회에서 최종 선정한다.

제4조(추천 절차 및 기준)

① 학생은 수시 추천 희망원을 학급 담임에게 제출하며, 학급 담임은 희망 학생의 직전까지의 학교생활기록부 및 기타 학생활동 관련 기록을 첨부하여 1차 추천심의위원회에 제출한다.

② 1차 추천심의위원회에서는 피추천 희망 학생 전원을 대상으로 다음의 기

준에 의해 추천 학생을 선정한다.

가. 평가 기준

평가 기준		비율	평가 항목
본교의 이념과 교육목표에 대한 충실도	자율성	15%	자기주도적 학습 및 생활 태도 등
	공동체성	15%	각급 자치활동, 동아리 활동 등
	사회성	15%	봉사활동, 사회참여 활동 등
대학의 전형 취지 및 요구에 대한 적합성		40%	교과 영역 등
종합 평점		15%	

나. 평가 방법

— 본교의 이념과 교육목표에 대한 충실도, 대학의 전형 취지 및 요구에 대한 적합성을 각 심의위원들이 평정점을 부여한 뒤 합산한다.

— 종합 평점은 심의위원 전원의 토론을 통해 평점을 부여한다.

③ 2차 추천심의위원회에서는 심의위원 전원의 토론을 통해 추천자를 선정한다.

④ 1차 추천심의위원회에 3학년팀이 아닌 3학년 교과협의회 소속 교사들은 참관인 자격으로 참가할 수 있다. 또한 필요한 경우 추천심의위원 전원 연석회의를 가질 수 있다.

갈등의 휴화산이 폭발하다

수능 준비를 따로 하지도 못했고, 갑자기 논술 준비를 할 수도 없는 상황이기에 이우학교에서 수시지원 추천서는 너무 간절하고, 교사 추천을 받지 못하게 되면 정말 난감해진다.

그런데 불행하게도 학교 추천서를 신청했다가 받지 못하는 아이들은 매년 생겼다. 이 때문에 학교와 학생, 부모간에 심한 갈등이 생기는 일들이 해마다 반복되었다. 짧게는 고등학교 3년, 길게는 중학교까지 6년 동안 자신의 진로를 고민하고 그와 관련된 학과 진학을 위해 다양한 노력을 해왔는데, 막상 학교에서 추천서를 써주지 않아서 수시 지원 자체를 못하게 된 것에 부모와 학생들은 심한 혼란과 배신감을 느꼈다.

역시나 우리 14기에서도 교사추천이 결정된 뒤 추천서를 받지 못하게 된 학생과 그 부모들이 상처받고 분노하는 일이 생겼다. 추천서를 받지 못해 원서 접수조차 할 수 없다는 사실에 실망한 것은 물론이거니와 아이들은 자신의 진로 관련 활동과 노력을 선생님들로부터 인정받지 못했다는 배신감에 아파했고, 부모들은 아이를 늘 지지해주고 응원해 줄 것이라고 믿었던 학교가 대학 지원 기회도 주지 않았다며 힘들어했다.

믿었던 학교로부터 느낀 배신감이란……. 결국 교장선생님과 3학년 팀장 선생님을 모시고 긴급 학년 총회가 열렸다. 학교는 학교대로 이념과 원칙을 납득시키기 위해 애를 썼고, 당사자 부모들은 학교의 고집스런(?) 수시추천 원칙을 납득할 수 없어 힘들어했으며, 다른 부모들은 함부로 어떤 말도 꺼내지 못한 채 안타까운 상황을 지켜봐야 했다.

그렇게 며칠이 지난 7월 어느 날, 조용하던 학부모 대화방에 글이 하나 올라왔다. 수시추천서와 관련된 이야기였다.

수시 추천서 관련 익명 카톡방이 열렸다

25명이 수시 추천서를 희망했고 10명이 받지 못했습니다. 80명 전체 아이들의 일부이고 20명 가까이 비진학을 계획하지만 하나하나 소중한 아이들입니다. 어떤 선택도 존중받아야 합니다. 수시추천 관련 불만, 의문, 비진학을 포함한 진로 관련 답답함, 궁금함, 개선안 있으시면 아래 카카오톡 오픈채팅에 가감 없이, 자유롭게 남겨주십시오.

입시가 사라지지 않고 진학을 바라는 아이들이 있는 한 고민은 계속될 것입니다. 단지 누구만의 문제를 넘어 이우의 미래, 함께 지켜가고픈 이우다움의 문제로 여겨주십시오. 부모님들의 마음 잘 전하겠습니다.

이 소용돌이가 역시 우리학년도 예외는 아니군요. 이제 시작인 건가요? 이 조용함이 몸을 사리거나 눈치를 보는 건 아니고, 실제로 무슨 말을 어떻게 해야 할지 몰라 나오는 조용함이겠지요? 저의 경우엔 그렇습니다만……

설마 추천서 한 장에 아이의 미래가 걸려있지 않겠죠. 비록 뭔가 좀 비논리적이고 또 순조롭진 못하더라도 분명 아이는 잘해나가리라 믿습니다. 솔직히 전 다른 고민이 있습니다. 아이가 대학진학을 하지 않겠다고 선언을 한 후 마음의 소용돌이가 있었습니다. 추천서니 내신이니 수시니 하는 게 제겐 아무 의미가 없는 거지요. 아마 대학진학을 준비하는 다른 부모님들, 터놓고 이야기 하고 싶으셔도 저와 같은 입장의 부모들 생각해서서 대학진학 얘기 맘 놓고 못하시고 계시겠죠? 전 대학진학 안하는 아이들 부모들이 모여 함께 이야기해보고 싶은 생각도 있습니다만, 암튼 이 소용돌이를 부모든, 아이들이든, 선생님이든 모두 큰 상처 없이 지나갔으면 합니다.

어려운 시기네요… 이때부터 추석 지나고 수시 발표가 날 때까지 아이도 부모도 마음에 짐을 내려 놓을 수 없는 시기네요. 얼마 전 이매고 입시만 10년 하신 샘이 하시는 말씀이 수시에서는 등급을 보지 않고 원점수와 표준점수로 아이들 성적을 본다고 하더라고요. 저도 큰놈 대학 보내면서도 몰랐는데 이번에 처음 알았습니다. 학교에서는 같은 1등급이라도 학교별 수준차를 고려하여 과고나 외고의 아이들을 선발하기 위해서 등급이 아닌 원점수와 표준점수를 통해 평가를 한다는 말에 정말 입시를 모르고 있구나 하는 생각을 했습니다.

어쩌다 한꿈 사진과 한꿈 때 있었던 일들을 되돌아보게 되었습니다. 한꿈 끝내고 가슴 벅차했던 아이들, 하나같이 상기되었던 아이들 얼굴이 떠오릅니다. 한꿈 직전까지 자신의 바닥을 쳤던, 그 가운데 부모들도 우왕좌왕 했던 것들도 다시 떠오르네요. 어쨌거나 아이들에겐 힘든 것도 기억되겠지만, 좋았던 것들도 기억되겠지요? 힘들었더라도 작지만 확실한 성공으로 기억되길 바래봅니다.

어제, 오늘 하루 종일 마음이 무겁습니다. 머릿속 생각은 점점 더 많아지고, 그래서 마음은 점점 더 복잡해집니다. 대한민국에서 입시라는 게 얼마만한 힘을 갖고 있는지, 그 위력을 새삼 깨닫습니다. 대한민국 부모라면 절대 피해갈 수 없는 과정인 건가 싶기도 합니다. 애써 부인하며 살았던 건가, 아니면 너무 과소평가 했던 건가 생각도 됩니다.

만약 우리 아이가 열심히 준비했는데, 추천서 못 받아 지원 못하게 되었다면 어땠을까 생각해봅니다. 엄청 열 받고 화나고 배신감 느끼고 그리고 슬플 것 같습니다. 그렇지만 이건 직접 경험한 건 아니니 정확한 감정이 아닐 수 있습니다. 끝까지 강 건너 불구경하는 입장일수 밖에 없으니 뭐라 말하기 쉽지 않습니다. 누군가 남겨놓은 이야기를 떠올려봅니다. '이건 나의 실패이지 진보의 실패는 아니다. 나는 여기서 멈추지만 우린 계속 나아가야 한다.'

지금 고3의 상황을 생각해봅니다. 이제 와서야 이우가 지향하는 교육철학과 가치라는 것이 부모와 아이에게 얼마나 큰 용기와 도전을 요구하는 것인지 깨닫습니다. 고3이 되고 입시를 앞두고 나서야 이우가 대한민국 사회에서 뭘 하려고 하는 건지, 어떤 길을 가려고 하는 건지, 그것에 슬쩍 동조하는 척 하였으나 실은 우리의 욕망과 얼마나 다른 길이었는지를 고3, 입시를 앞두고서야 분명하게 드러내고 있습니다.

비록 우리 아이가 입시에 실패하더라도 이우는 실패해서는 안 됩니다. 우리 애의 실패가 이우의 실패는 아니고 우리 애가 여기서 멈추더라도 이우학교는 계속 나아가야 합니다. 그리고 중요한 것은 우리 아이는 실패하지 않을 것입니다. 그렇게 맥없이 넋 놓고 살지 않았기 때문입니다. 정말 최선을 다해 죽을 힘을 다해 치열하게 살아왔기 때문입니다. 이우가 비록 대학은 못 보내주었지만, 이 속에서 아이는 삶을 어떻게 살아야할지를 배워왔고, 지금도 배우고 있습니다. 카톡 속 논란을 보다가 점점 더 복잡해지는 마음에 적어보았습니다. 아이들, 부모, 선생님 모두 상처 많이 입지 않길 바라봅니다.

저 또한 자식 앞에서 자유롭지 못한 사람이기에 힘들어하는 자녀를 보면서 속상한 부모마음 헤아릴 수 있기에, 그 속상함을 함께 하고 싶은데, 함께 나누고 싶은데, 어떤 말을 해야 할지, 무슨 말을 해야 할지… 짧은 글 실력을 탓하며 쓰고 지웠다를 반복하였습니다.
지난 이우생활 스스로 자신의 삶을 찾아가고 만들어갈 수 있는 힘을 아이들이 채워갔다면, 그런 아이들을 조금 더 편안하게 바라볼 수 있는 마음을 우리 부모들이 배웠지요. 커다란 인생, 지금의 힘듦이 결정이 또 다른 동력이 될 수 있을 것입니다. 아이들도, 부모들도, 선생님들도 모두 상처 많이 받지 않기를 바라봅니다.

오늘 총회에서 교장선생님을 뵈면서 생각했습니다. 섭섭함과 아쉬움, 답답함을 토로하는 학부모의 마음과 간절함을 교장선생님께서도 모르지는 않을 거라는 것을, 교장선생님의 침묵 속에 하고 싶은 말씀이 길다는 걸 저는 느꼈습니다. 십여 년 동안 매해 이러한 과정을 거치면서 나름 선생님들께서 선택한 방식이라 이해했습니다.
지키고 싶은 원칙을 위한 과정을 부모님들께서 이해해주기를 바라는 소망도 느낄 수 있었습니다. 이우는 긴 시간을 이어왔고 또 이어갈 것이기에…… 그 과정 속에서 좌절하거나 상처 받은 이가 있다는 것을 그분도 알기에 오늘 낮은 목소리로 말씀을 아끼신다고 저는 느꼈습니다. 이우는 완벽하지 않음을 이해하고 남들이 선택하지 않은 '실험과 상상'이라는 눈앞에 보이지 않는 무엇인가에 내 아이와 함께 발을 디딘 처음 순간을 졸업을 171일 아니 170일 앞둔 오늘 밤잠을 잊고 다시 한 번 생각해 봅니다

어제 총회에 참석하면서 우리아이에게 학창시절이 정말 얼마 남지 않았구나 하는 생각을 해 봅니다. 5월이었던가요. 추천위원회의 기준을 처음 보면서 만약 내 아이가 수시를 지원하면서 추천서를 받고자 한다면 받을 수 있을까?하는 생각을 해 보았습니다. 냉정하게 내 아이는 학교에서 어떤 아이였을까? 공동체를 위해 어떤 노력들을 했을까? 라는 생각을 하면서 6:4 정도로 추천을 받지 못할 가능성이 더 크다는 생각을 하면서 아이와 이야기를 했던 것이 기억납니다.

진학을 하지 않겠다고 선언했지만 비진학을 결정한 다른 아이들처럼 자신의 길을 찾기 위해 별로 고민하지 않는 것처럼 보이기도 하고. 그런 아이에게 일단 지금 하고 싶은 것을 찾지 못했다면 지금에 충실해라. 학교 공부가 대학을 위한 공부는 아니니 스스로 공부하며 그 곳에서 최선을 다했으면 좋겠다고는 했지만 잘 모르겠습니다.

100세 시대에 학교를 졸업하고 조금은 비틀거린들 어떠하랴. 그 과정에서 자신이 하고 싶은 일을 찾으면 다행이지. 무조건 대학에 맞춰 가서 1-2년 후에 나의 적성과는 다른 길인 것 같다고 학교를 떠나는 많은 대학생들이 있다는 것을 생각해보면, 길을 찾지 못하면 못한 데로 그 상황에서 조금은 좌절하는 것도 부모로서 기다려주고 지지해줘야 하는 것이 아닐까? 라는 생각으로 저를 스스로 다독입니다.

대학진학을 한다고 하면서 막상 3학년이 되니 그동안 보이지 않았던 유리벽이 아이들 진학을 가로막고 있다는 생각에 가슴이 답답한 부모님들도 계시리라 생각합니다. 이우가 지향하는 가치가 있고 그 가치에 충실하게 6년 혹은 3년의 과정을 보냈지만 제도권에서 이러한 가치를 인정해주지 않으면 아이들이

선택할 수 있는 폭이 좁아질 수밖에 없다는 것은 우리가 겪어야 하는 아픔일 수도 있겠다는 생각을 합니다.

우리 아이들은 그동안의 과정을 정리하고 새로운 길을 찾기 위해 세상으로 들어갈 준비를 하고 있습니다. 그 아이들이 그동안 이우에서 경험했던 많은 것들과 다른 세상에 좌절할 수도 있지만 우리가 함께 지향했던 가치를 다시 생각해보며 아이들 곁에서 든든한 버팀목으로 서 있기 위해 나를 다시 점검해야 겠다는 생각을 합니다.

학교가 추천서 원칙을 버리지 못하는 이유

추천서 문제로 임시 학년총회가 열리고 학교와 부모들 간에 서로 낯붉히는 이야기들이 오가고, 일부 부모들은 학교에 찾아가 항의하고, 추천서를 받은 아이와 받지 못한 아이들 사이에는 서먹함과 미안함, 난감함이 교차하고, 학생과 교사 사이에도 감정의 골이 생기는 등등. 이런 문제는 매년 겪는 일이다. 선배 학부모들 중에는 더 심하게 학교와 싸우고 학교와의 골이 깊어져 다시는 학교 근처에도 나타나지 않는 일들도 많이 있었다고 한다. 이렇게 매년 문제가 발생함에도 왜 이우학교는 수시 추천 원칙을 유지하는 것일까?

이우학교는 학교 추천서의 신뢰도를 유지하기를 원한다. 누구에게나 추천서를 써주는 것이 아니라 추천할 만하다고 생각할 때 추천서를 써준다. 형식적으로 써주는 추천서가 아니라는 걸 보여줘야 한다. 한 줄 한 줄 아이에 대해 파악한 것을 솔직하게 작성한다. 대학의 입장에서 선발하고자 하는 학생에 적합한가를 판단할 수 있도록 한다. 이우학교가 지향하는 교육

이우학교 사용설명서

철학과 교육방침, 그리고 실질적인 교육과정에 추천서도 한 부분이 되는 것이다. 대입을 위해 추천서를 형식적으로 작성하는 것은 어쩌면 지금까지의 모든 교육과정과 교육적 노력을 헛되이 하는 일일 수도 있을 것이다.

최근 자기소개서와 추천서가 폐지되거나 축소되었다. 이에 따라 교내 갈등은 줄어들었지만, 정시나 수능으로 대학 진학이 쉽지 않은 이우 아이들에게는 입시에 더욱 힘들어졌다고 할 수 있다. 이 문제를 해결하기 위해 이우고등학교에서는 멘토링 제도 등을 통해 아이들의 개인별 진로지도를 강화하고 있다. 교사들은 아이들의 잠재력을 탁월한 수준으로까지 끌어올리고 이러한 것들이 생활기록부에 잘 기록될 수 있도록 노력하고 있다.

대입의 사례들

■ 진로는 변하는 거야

솔직히 딸아이의 입시는 쉽게 넘어갈 줄 알았다. 막연하게 교사가 되고 싶었던 아이는 각종 활동들과 인턴십 과정을 거치면서 교육과 관련된 일을 하고 싶다는 결정을 일찍이 내렸고 관련 활동도 부지런히 했다. 성적도 나쁘지 않았다. 성적에 맞춰 갈 수 있는 가능한 교육학과 목록도 뽑아 놓았다. 선생님과 상담에서도 이 정도면 괜찮다는 이야기를 들었고 자기소개서도 무난히 쓰는 것 같았다. 추천서도 하나 받았고, 역시 나의 희망대로 입시준비는 무난하게 흘러가는 듯 했다.

그러던 어느 날 추천서를 가만히 읽던 딸아이가 "엄마, 나 사회학과 가야겠어요."라고 말하는 것이다.

너무 황당했다. 사회학과 하나라도 원서 써 보자고 했을 때는 무조건 교육학과라고 우기더니 추천서 기간도 끝나고 자기소개서도 마무리 되는 지금에 와서 도대체, 왜? 자기소개서를 쓰고 읽고 생각해 보니 자기는 사회학과에 가야 한다는 것을 깨달았다고 한다. 그동안에는 교육관련 일이 너무 하고 싶었지만 고3이 되어 사회학을 접하고 동물권 운동, 인권 운동 등에 관심을 가지게 되면서 사회학을 더 공부해 보고 싶어졌다고 했다. 생기부에는 대부분의 활동이 교육과 관련된 활동을 하고도 딸은 결국 사회학과에 진학했다.

■ 대학 입시, 그 낯설고 신기한 경험

'예술주간, 예술통합기행, 예술과제를 통과하면서 내가 해 온 예술과 진로에 대한 고민을 했다. 아이패드로 그림 그리는 것이 즐겁다.' 고3이 되던 새해, 딸아이가 밝힌 자신의 진로다. 디자인 관련된 일이 즐겁고, 진로로 하고 싶다고 했다. 디자인 공부를 어떻게 구현할지에 대한 방법은 정하지 않았다. 대학을 갈지, 현장으로 뛰어들지, 충전을 위해 쉼을 가질지. 여러 선택지에 대해 이야기 했지만 결정하진 않았다.

그렇게 고3 1학기는 구체적인 결정 없이 진로에 대한 탐색만 이어졌다. 커뮤니티 디자인학과를 찾아보고, 대안 대학의 커리큘럼과 입시 미술학원의 성향도 알아보고, 동물권 소책자 디자인, 뮤지컬 음향 지원, 학교 수업 과제 등 평소와 다름없이 평탄하게 고3 1학기를 보냈다.

그런 아이를 지켜보면서 '대학은 19살 때 가는 곳이 아니다. 필요할 때, 원할 때에 가는 곳이다'라는 학교의 메세지와 '할까 말까 망설여질 때는 그냥 해보자'는 말만 되풀이 했다. 아이에게 하는 말이었는지, 나 자신에게 하는 말이었는지 알 수 없었다.

1학기가 끝나갈 때 즈음이었다. "정시로 디자인과에 원서 넣어보겠어요" 구체적인 선택을 유보하던 딸이 드디어 자신의 결정을 선포했다. '정시? 수능으로 대학을 간다고? 그럼 수시는 안 쓰는 거야?' 라고 물어보니 그렇다고 했다.

'입시 실기 준비를 못했으니 수능 100프로 전형으로 넣어 보려고요. 앞으로 3개월 동안 열심히 해 볼게요'

수능 준비를 한다며 3개월간 독서실을 끊었다. 실제 독서실에 출석한 날이 한 달도 안 되지만 EBS방송으로 나름 열심히 했다. 필요한 것이 있으면 말하라니까 수능 날 맛있는 도시락을 싸달라는 것이 전부였다.

수능 날, 수능을 마친 딸과 친구들이 차에 올라 나눈 대화는 지금도 잊히지 않는다.

'감독선생님이 신규쌤 같더라. 너무 긴장해서 안쓰러웠다', '점심 도시락이 너무 맛있었다. 마치 피크닉 온 것 같은 기분이었다. 날씨가 좋았다면 야외에서 먹었을 텐데…', '나에게 수능은 아름다운 경험이었다', '가채점은 어떻게 알 수 있어?' '정답을 적어왔어야 하는 거야?' '말도 안 돼, 문제 풀 시간도 부족하던데?"

철이 없다고, 한심하다고 생각할 수도 있겠지만 아이들의 순수함에 웃음만 날 뿐이었다.

목표한 점수를 얻지 못했다며 아쉬워했지만 3개의 카드로 원서를 썼다. 합격 가능성은 없지만 수능 100프로 전형, 실기 시험을 경험해보고 싶다며 수능 + 실기전형, 디자인과 관련 있는 인문계열의 문화컨텐츠과에 각각 원서를 썼다.

아이가 실기시험을 보고 온 날, 실기시험장의 진풍경에 대해 한참을 이야기했다. '학교에서 뽑는 그림이 있는 듯 했다' '아이들이 모두 그것을 그리더라' '인터넷에 공유된 합격작을 보니 그렇다' '미술도구를 2개의 쇼핑백에 담아갔는데 아이들은 캐리어를 끌고 오더라' 등등

아이는 자신이 원했던 디자인과가 아닌 세 번째 선택지였던 문화 컨텐츠과에 진학했다. 인생은 예상대로 흘러가지 않는 법이라는데, 앞으로의 아이 모습이 궁금해진다.

■ 멀고도 험난한 예체능 입시

고1 10월 즈음, 학교에서 개설해준 공개 수업을 통해 작곡을 접하고, 고2에 올라가면서 작곡을 전공으로 정하고 입시를 위해 사교육선생님을 알아보기 시작했다. 예고를 제외한 공교육에서 작곡 수업이 개설되지 않았기에, 입시에서 다루는 범위까지 사교육을 통해 개개인이 준비할 수밖에 없었다. 공교육에서 소화할 수 없는 것을 왜 입시로 허용하는지 국가에 소송이라도 하고 싶었지만, 별 수 없었다.

작곡과 입시를 준비하려면 수능 외에 보통 주2-3회의 피아노 레슨과 2-3회의 작곡 레슨을 받는데, 주5회 수업을 하게 되면, 학교가 끝나기 무섭게 레슨을 가서 11시가 지나서야 집에 오게 된다. 단 1 시간의 수업을 위해 5시 반 이후 시간을 다 보내는 셈이다. 그래서 피아노는 주말에 주1회 집에서, 작곡은 주2회 아이가 직접 가는 것으로 정했다. 그러던 중, 작곡선생님이 원하는 대학에 합격하려면 희망하는 대학 출신 피아노선생님과 작곡선생님

을 한 팀으로 묶는 전략을 짜야 한다고 강력히 말씀하셨다. 그럼에도 우리는 소신껏 흔들림 없이 나아가기로 했다. 그러나 수업을 갈 때마다 아이는 선생님을 바꿔야 합격할 수 있다는 작곡선생님의 강한 어조에 매번 갈대처럼 흔들렸다. 그 만큼 간절했을까. 부모인 나로서도 아이의 앞길을 막을까 차마 무조건적으로 반대하기 어려워 아이 스스로 어떤 선생님이 필요한지 조사하라고 했고, 아이의 선택에 따라 새로운 작곡선생님과 공부를 시작하게 되었다.

예체능계 학생들은 수시와 특수학교에 실패하면 수능을 준비해야 하는데, 한동안 실기에 전념하느라 학기 초와 같은 등급을 유지하는 것은 몹시 힘든 일이다. 또, 수능 당일 저녁 이후로 해방감을 맛보는 학생들과는 달리, 한 달 후 있을 실기 시험을 준비해야 하기에, 수능 후 어수선한 분위기에서 정신을 차리지 않으면 해이해지기 일쑤다.

수시가 시작되는 8월부터 2월까지의 장기전에서 정신력의 싸움이라고 해도 과언이 아니다. 합격자 발표를 며칠 앞둔 시점, 예년보다 이른 졸업식이 끝난 몇 시간 뒤, 재수를 생각하며 착잡해하고 있을 때, 선물처럼 합격통지를 받았다.

이우고등학교 14기, 그 후

우리 기수에서 수시추천서에 대한 학부모 임시 총회가 열렸고, 그 소식은 금방 학교 전체에 퍼졌다. 다른 학년 부모들의 불안감은 커질 수밖에 없었다. 특히 당장 2019년 고3이 되는 바로 아래 후배학년에서는 더욱 민감한 문제일 수밖에 없었다. 선배들에게 대입 관련해 뭔가 큰 사건이 있고 학교만 믿고 있다가는 큰 코 다친다는, 스스로 준비하지 않으면 안 된다는 의식이 커져갔다. 이러한 분위기는 부모들 사이에만 국한된 것이 아니라 아이들에게도 전달되어 수업과 생활에 영향을 미쳤다.

그러자 2019년 고3 학부모 임원 회의가 열렸다. 회의에서는 앞으로 있을 고3 생활에서 지켜야 할 원칙, 자세 등이 논의되었다. 결론은 다음과 같았다.

"이우고 3학년은 이우학교에서의 배움과 생활을 통해 이우의 공동체적 가치와 철학을 되새기고 의미화 시키면서 새로운 삶을 준비하는 징검다리의 시기입니다. 이우고 3학년은 '새로운 배움의 기획'이라는 학습 목표로 열아홉프로젝트가 진행됩니다. 이 시기는 개인의 진로(진학/비진학을 포함한)라는 단기적 목표달성에 대한 성패가 아니라 세상과 연계하는 법을 경험하고 그 속에서 고민하며 살아가는 힘을 기르는 과정 자체로서 의미가 있습니다. 진로와 진학(입시) 앞에서 학생들과 학부모님들은 불안감 속에서 갈피를 잡지 못하고 많이 흔들릴 수 있습니다. 그러나 지금까지 배워온 가치나 관계에 대해 회의감을 가지고 고3 학사 일정을 소홀히 하거나 개별화되어 학생자치회나 학교생활, 공동체적 가치들이 약화되어서는 안 될 것입니다. 수능이나 입시준비에 밀려 교육과정이 유명무실화 되지 않도록 물적, 심적 지원이 필요하므로, 학부모는 학교의 교육적 방향성을 적극 지지하고 지원해야 합니다. 이우학부모는 교육 소비자로서의 이해와 요구를 대변하는 것이 아니라 균형자 역할을 위해 노력해야 합니다. 입시에 지나치게 몰입하지 않으며 자녀에게 부모의 '욕심'을 투영하지 않도록 이우학교를 선택했던 때의 초심을 돌아봐야 합니다."

이런 결의를 했다고 해서 과연 후배들이 우리 기수가 겪었던 큰 갈등이나 어려움 없이 이우 고3 생활을 마무리할 수 있을지는 아무도 모른다. 다만 정말 이우학교 처음 입학 때의 그 마음을 잃지 않기를 바랄 뿐이다.

이우도 대학입시를 피할 수 없다

대학은 무엇인가? 사람들은 흔히 좋은 대학에 가면 좋은 직장을 얻을 수 있고, 탄탄대로의 삶을 살 것이라고 생각한다. 그러나 이우에서는 대학은 진로의 하나일 뿐, 한 명 한 명의 아이들이 자신의 길을 찾는 데 더 큰 의미를 둔다. 이우에서는 진학 이외의 다양한 진로에 더 의미를 두고 지켜보고 있다. 예체능 진학 아이들도 스스로 준비해서 비실기대학으로 진학을 권하고 있다. 그렇게 해서라도 고등학교 3학년까지의 교육과정을 온전하게 마치려고 한다.

이우에서의 진학 지도는 쉽지 않다. 해마다 지원하고자 하는 대학이나 학과가 매번 다르기 때문이다. 통계를 잡기 어렵다. 우리 기수는 비교적 이우학교의 교육철학에 대해 공감하는 부모들이 많았고, 문제가 있다하더라도 가능한 한 학교의 결정을 존중하고 수용하는 태도가 강한 편이었다. 그럼에도 자식의 입시 문제에 직면해서는 일반 학부모와 별반 다르지 않았다. 입시가 내 자식의 문제가 되는 순간, 대한민국 입시생을 둔 부모의 모습과 똑같았다. 그만큼 대한민국의 입시, 대학진학이 갖는 힘은 강력했다. 어느 누구도 피해갈 수 없는 것이었다. 아무리 이우교육철학에 투철한 부모라도 말이다.

4

졸업

　졸업식을 위해 학교로 올라가는 언덕 앞에 서니 6년 전 설렘을 안고 이우학교 원서를 내려고 처음 이 곳을 올라가던 때가 떠올랐다. 그리고 백두대간 오르는 것보다 이 언덕 올라가는 것이 더 힘들다는 푸념을 하던 수많은 날들 또한 떠올랐다. 졸업식! 재학생의 부모로 이 언덕을 마지막으로 오르는 감회는 '섭섭함'이 가장 컸던 것 같다.

　학교 입구에서는 뜻밖에도 오늘의 주인공들인 고3 아이들이 졸업식 브로슈어를 나눠주면서 우리를 맞이해주었다.

　"이런 건 후배들이 해주는 것 아니야?" 하는 질문에 아이들은 웃으며 "이번에는 처음부터 끝까지 다 우리가 하기로 했어요."라는 대답이 돌아왔다. 14기 아이들은 언제나 그랬듯이 머리를 모으고 몸을 움직이며 마음을 다해 자신들의 이야기를 마지막까지 준비하고 있었다. 그리고 학교 건

물에는 4개의 걸개가 걸려 있었다. 졸업식을 앞두고 학생회, 교사회, 학부
모회, 이사회가 하나씩 화두를 던져놓았다.

> 이사회 — 꿈꾸고 도전하라. 도전해야 청춘이다.
> 학부모회 — 이우정신 전하기, 세상과 나누기
> 교사회 — 너희가 미래다. LOVE YOURSELF
> 학생회 — 이 땅을 가볍게 배신하는 우리의 푸르름

펄럭이는 플래카드의 글들 중 학생회의 글은 나의 마음을 뛰게 했다.
'이 땅을 가볍게 배신하는 우리의 푸르름.' 그들의 젊음과 용기가 참 부럽
다. 학교 입구에서처럼 안내와 음료수 서비스를 하느라 바쁜 아이들은 특
별한 날이라 그런지 평소보다 말쑥하게 차려입은 모습들이었다. 편한 체
육복 바지와 티셔츠, 이우교복이라는 별명이 붙은 집업 카디건이 아닌 말
쑥한 정장, 독특한 쥬얼리의 힙합스타일부터 한복까지 각자의 뚜렷한 개
성을 뽐내고 있었다.

졸업생 한 명 한 명이 등장했다 사라지는 영상으로 졸업식이 시작되었
다. 그리고 이어지는 14기에게 전하는 축하메시지와 교사들의 축하 영상
이 이어졌다. 그중 졸업식에 참석한 모든 사람들의 마음을 울린 것은 단연
교장선생님의 메시지였다. 단순한 말로만 하는 인사말이 아닌 아이들과
함께하는 모든 순간 진심을 다해 실천하며 최선을 다하신 교장선생님의
말씀은 큰 울림으로 다가왔다.

졸업생에게 보내는 교장선생님의 편지

저는 제가 아이들의 과거와 미래 사이에 서 있다는 사실에 설레게 됩니다. 저는 아이들이 자신의 과거를 사랑하고 미래로부터 희망을 배우기를 바랍니다. 그리고 아이들의 과거와 미래를 이어주는 정말 좋은 징검다리가 되어주고 싶습니다. 그런 기대와 소망을 품고 여러분과 함께 해왔지만 우리 교사들이 여러분에게 정말 사랑과 희망의 존재였는지 부끄럽기도 합니다. 그럼에도 저와 여러분들이 봄과 여름, 가을과 더불어… 아침과 저녁, 낮과 밤에 만났다는 것 그리고 그 시간에… (큰일났네요. 읽을 게 너무 많이 남았는데… 정말 졸업식 때 눈물이 안 날 줄 알았어요. 왜 이렇게 나는지 모르겠는데… 저나 아이들이나 부모님도 그렇 겠지만 여기 있는 아이들 한 명 한 명이 그동안 살아왔던 시간들, 겪었던 일들 그런 것들을 생각하다보니까 그런 것 같습니다.) 우리가 무언가 마음을 다해 했다 는 것, 무엇을 이루었고 무엇을 실패 했는지 보다 그 시간을 우리가 함 께 통과해왔다는 것, 그 자체가 저에겐 가슴 벅찬 일입니다

여러분의 시간의 깊이와 이야기를 저는 알고 있습니다. 우리의 연 약함과 나약함, 그래서 우리가 상처받기 쉽고 불완전한 존재라는 것 을 인정하고, 완벽해야 하거나 무엇이든 하나쯤은 잘 해야 하고 자신 의 한계를 극복해야 한다고 스스로 다그치면서 세상이 만들어놓은 폭 력적인 성공관에 훨씬 못 미친다고 자신을 미워하지 않았으면 좋겠습

이우학교 사용설명서

니다. 여러분이 자신이 놓여있는 조건과 세계 속에서 자기만의 방법으로 차분히 덩어리를 만들어가면서 삶에 대한 자기의 스타일을 만들어갔으면 좋겠습니다. 여러분 자신을 스스로 많이 사랑해주시길 부탁드립니다.

우리가 하는 일이 타인과 세상에 어떤 의미가 있는 것인지 언제나 생각해주시길 부탁드립니다. 해야 하고 해왔기 때문에 하는 것이 아니라, 왜 해야 하는지 왜 지금 여기 꼭 필요한 것인지 질문해야 합니다. 지식 그 자체를 회의하고 의심하고 비판적으로 바라보면서 우리를 위해, 사회적 약자와 고통받고 차별받는 사람을 위해 정말 필요한 지식이 무엇이어야 하는지 탐구하고 세상의 난폭한 성공과 타인의 고통을 이해하지 못하는 무능력과 싸워야 합니다. 상처와 슬픔과 고통을 건너는 법과 자신의 가치를 인정하고 존중하는 법을 배우고 무엇보다 그 속에서 사랑과 아름다움을 지치지 않고 말해야 합니다.

이제 정말 헤어질 시간입니다. 우리가 문득 처음 피는 장미꽃을 바라볼 때, 비온 뒤 맑게 갠 푸른 하늘을 올려다 볼 때, 노을이 지는 거리와 잠 못 이루는 밤 사랑하는 사람의 발자국 소리를 기다릴 때, 돌이킬 수 없는 이별과 가슴 저리는 슬픔, 도무지 헤어 나올 길 없는 절망과 그보다 막막한 현실을 맞닥뜨렸을 때 그럴 때에 이곳에서의 한 순간을 떠올린다면 우리는 다른 곳에 있지만 같은 시간을 사는 겁니다. 눈을 감고 가장 즐거웠던 순간을 떠올려보면 저의 눈앞에는 언제나 여러분들이 있습니다. 이제 정말 작별의 시간입니다. 저는 언제나 여러분들이 자랑스럽습니다.

그리고 교장선생님은 졸업생 한 명 한 명에게 졸업장을 나눠주셨다. 아이들이 새로운 세상 속에서 자신의 가치를 잃지 않고 사랑과 아름다움을 서로 나누며 살아가기를 진심으로 부탁하는 마음으로 깊이 허리 숙여 인사하는 모습을 보며 그분의 바람이 이뤄지길 진심으로 함께 기도했다. 허리 숙여 인사하며 졸업장을 나눠주시는 교장선생님. 학부모와 아이들이 마음을 전하는 모습도 보기 좋았다. 아이들은 학부모에게 주는 졸업장을 준비했다. 학부모 대표로 6년간 아이들의 하굣길 안전을 지켜준 올빼미대장 서빈 아빠가 우리를 대표해서 딸 서빈에게 졸업장을 받았다. 그리고 아빠들은 장미꽃을 한 송이씩 아이들에게 전해주었다. 모두가 함께하는 졸업식의 마지막은 졸업생들의 합창이었다. 모든 졸업생들이 무대에 올라 서로에게 하고 싶은 말을 가사로 만들어 함께 불렀다.

졸업생들의 노래

—GOD 노래 '촛불 하나'에 노랫말을 더해서

세상엔 우리가 생각하는 것보다

더 아름다운 것들이 많습니다

앞으로도 빛날 우리들을 위해

이 노래를 부릅니다

졸업 축하한다 애들아!

……

이우학교 사용설명서

내 생각 날 때 꼭 연락해

이 순간 절대 잊지 않을께.

당당하게 세상에 서길 바래.

잘가, 그리고 행복해.

■ 이우와의 헤어짐, 그리고 새로운 시작

드디어 아이가 6년을 머물렀던 이우학교를 졸업했다. 당사자도 아닌데 졸업식을 앞두고 졸업이라는 단어만으로도 뭉클했다. 사실 학교와 학부모들과의 이별 때문인지, 온전히 아이의 졸업 때문인지 구별할 수 없었다. 그런 복잡한 감정을 느끼던 나에게 아이는 '이우학교에서 제일 많이 변한 건 엄마니까 당연하다'며 농담을 한다. 졸준위 아이들이 준비한 졸업식 행사엔 학교와 부모와 친구에 대한 감사가 흘렀다. 오프닝 영상 속에서 아이들은 왼쪽에서 들어와 반대쪽으로 나갔다. 마치 이우를 통과하듯이. 같은 동작과 느낌으로 지나가는 아이가 없었다. 모두 다른 동작과 느낌으로 통과한다. 혼자 통과하는 아이들도 있고, 여럿이 준비한 퍼포먼스를 보여주며 걸어가기도 했다. 영상에서 느껴지는 느낌이 좋았다. 졸업 후에도 몇 번을 다시 보았다.

교장선생님께서 아이 한 명 한 명에게 졸업장을 주셨다. 졸업장을 건네실 때에 아이 하나하나 교감하셨고 머리 숙여 인사하셨다. 아이들이 귀해 보였다. 가끔은 아이들 품 속에 쏘옥 들어가기도 하셨다. 축사를 낭독하시며 눈물을 훔치는 교장선생님…… 졸업장 수여식 모습 그 자체만으로 졸업의식이었고 감동이었다.

졸업식 말미의 토크토크시간에는 준비한 질문을 통해 졸업을 앞둔 아이들의 마음을, 진심을 무겁지 않게 들을 수 있었고, 졸업식을 마친 후 소운동장에서는 1시간에 걸친 1:1 이별의식을 진행했다. 아이들의 이별의식이 진행되는 동안 '엄마들 모여라~' '아빠들 모여라' 함성소리에 엄마, 아빠도 단체사진을 찍고, 서로의 졸업을 축하했고 아쉬워했다. 긴~ 이별의식을 마치고, 졸업을 온전하게 느끼며 헤어지고 싶었지만 시댁 어르신을 신경쓰느라 이우와의 이별에 집중하지 못했다. 현아에게 빨리 가자고 재촉했다.

이우학교는 산중턱에 있다. 오를 땐 힘들었는데 내려올 땐 쉬웠다. 내려오며 슬쩍 아이 얼굴을 봤다. 왠지 마음 무거웠다. 이젠 아이 혼자 더 험한 산을 올라가야 할 것이다.

이루학교

○ 학생-부모 함께 활동

고1 가족축구모임

고1 아빠와 아들축구

세월호 추모행사를 위한 리본만들기

촛불집회 때 광화문 앞에서

모두가 행복한 교육공동체를 꿈꾸다

세월호 가족 단식투쟁 현장에 동참

이우중1 학생 - 학부모엠티

고1 엄마와 딸축구

중1 반엠티, 피구하는 학생과 학부모

○ 학부모 활동

중1 매실청 만들기 - 매실 옮기기

중1 매실청 만들기 - 매실 항아리에 담기

2016년 학부모축제 - 고1학부모 공연

2015년 학부모축제

고2 학부모 엠티

고3 학부모 소풍

모두가 행복한 교육공동체를 꿈꾸다

공동텃밭

반모임

들마루 흙담쌓기

학부모 진로교육 - 성수동 탐방

이우떡국

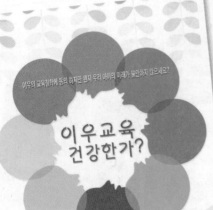

이우의 교육원칙에 동의 하지만 왠지 우리 아이의 미래가 불안하지 않으세요?

이우교육
건강한가?

"이우교육 건강검진"에 참석하셔서 학교와
부모 스스로에게 솔직한 질문을 던져보시기 바랍니다.

학부모대토론회 "이우교육 건강한가?"
일시 : 6월 28일(화) 저녁 7:30
장소 : 목양교회

대토론회

그리고 그 자리가 남은의 떡국을 먹은 대신 그것이 계속되어
학교에 대한 고마움과 사랑을 확인하고
따뜻한 마음을 함께 나누는 자리가 되면 어떨까요?
- 2013년 1월, '떡국이우' 시즌1 (9기)

아시나요, 떡국이우?

이우의 밤에 초대합니다.
그 밤에게 영글도록 애써 오신 선생님들과 학부모님들에게
이우를 실망시켜주시고 가슴이 뜨거워진 분들에게
초박하지만 감사의 마음 가득 담은 떡국을 준비했습니다.
오셔서 맞잡으며드시고 새로운 꿈을 가슴 열어 담아주십시오.
- 2014년 2월, '떡국이우' 시즌 2 (9기)

이우는 '로다'입니다

'떡국 한 그릇', 사실 떠나도, 2년 박이도, 그만이지만
그 한 그릇에 담은 감사함의 마음 받아주시면 안될까요?
미운 정, 고운 정 들었던 학교와 이우 사람들과 잘 헤어지기 위해
소박하게 준비한 자리 함께 해주시면 안될까요?
많은 사람이 보고 싶습니다. 잘 가라고 인사해주세요.
- 2015년 2월, '떡국이우' 시즌 3 (10기)

2012   2018

이우학교

14기의도 다른
어른은, 걸어가십시
3년…6년… 잊지못할 순간들을
가슴에 짐 퇴으며
따끈한 마음 한 그릇을
이우식구들과 나눕니다

'떡 국 이 우' 시즌7(14기)
12/29 (토) 오후12시~5시, 이우강당

어서오세요 ♥   고3 학부모들이 모시는 유쾌한 잔치
공짜입니다 ♥   '떡국+찬+안주' 무료 대접
재워드리요 ♥   '떡주 or 막걸리' 1인당 무한리필
남겨으세요   마년, 막금, 동아리 등 송년모임 い, 환영
거부하세요 ♥   발걸음은 가볍게, 지갑은 두둑하게

떡국이우 안내문

마을사업(생공)해도두리장터

문탁네크워크 강좌 포스터

학부모 축제 포스터

아임유어파더

1.

기차가 중앙역에 멈추길 기다렸다는 듯
도시엔 어둠이 내려앉기 시작한다.
"그냥, 세상을 한번 내려다보고 싶어서…"
그는 타워를 향해 발길을 서두른다.
퇴근길 인파 사이로 그의 모습은 이내 사라진다
지상 250미터, 남반구에서 몇 째로 높다는 시드니타워
그 높은 곳에 선 열여덟 청춘은 어떤 눈빛일까
천상과 지상의 별을 카메라에 담고
그리운 몇 몇에게 문자 메시지를 전하는 동안
잊고 지내던 첫사랑 K를 떠올릴 수도 있으리라
아내와 나는 그를 따라나서지 않았다
우린 낯선 도시에 떨어진, 같은 처지의 여행자일 뿐
누가 누구를 안내할 수 있으랴
하물며, 그것이 '인생'이란 이름의 여정이라면

2.

돌아오겠다던 시간이 꽤 지났다
'어디야?'
아내의 문자를 애써 제지한다
엉뚱한 골목에 들어섰을지도
반대 방향의 전철을 탔을지도
수상한 사람들의 위협에 쫓겼을지도 모른다
하지만 애가 타고, 조금 답답해도 기다려야한다
언제까지 동행할 수는 없는 법
그게 자식과 부모의 인연이다
그는 상기된 얼굴로 숙소에 돌아왔다
밤거리를 뛰어왔다고 한다
"어땠어?", "그냥 뭐 별로…"
괜히 물어봤다
학부모소개서에 몇 줄로 채워 넣을 수 있었던
예전의 그가 아니다
그는 발라드와 힙합의 세계를 오간다
내가 누구인지, 무엇을 꿈꾸는지 자신있게 말하기 힘들다
어제까지 또렷했던 것들이 오늘은 희미해져 보인다
사람으로부터 상처받고, 사람으로부터 위로받는다
과거는 부끄럽고, 미래는 부담스럽다
나 또한 그렇다

— 이우고 14기 학부모 조창익

3.

서울로 돌아오는 비행기
그는 조심스럽게 새로운 꿈 이야기를 했다
하지만 나는, 안다
그 꿈은 오래지 않아 수정될 것이다
성(城)은 무너지고, 다시 새 성이 쌓일 것이다
나는 그가 방황하길 바란다
사나운 바람이 불어오는 쪽으로 헤엄쳐가길 원한다
넘어진 그 자리에서 그는 다시 일어날 것이다
내가 할 일은 언제라도 그가 돌아올 수 있게
등댓불을 밝혀두는 것이다
난 단 하나 뿐인, 그의 아버지니까
'I'm your father.'

제3부

/

이
우
사
람
들

남은 이야기들

1. 이우를 선택하지 않은 아이들

갈등, 또 갈등의 연속

이우중 11기들이 중학교 3학년이 되었을 때였다. 첫 번째 학년 총회에 교감선생님께서 오셨다. 1시간에 걸쳐 이우학교의 교육철학과 지향, 고등학교 과목편성, 평가체계, 입시 및 수업 개편 방향 등에 대해서 설명해주셨다. 그러면서 덧붙이셨다.

'이우학교의 교육은 아이들이 각자의 스토리를 만들어가는 과정이다. 바닥까지 가보고, 그 바닥을 경험하고, 자신의 테두리까지 가서 그것 찢고 나와야 하는 그런 과정이다. 이제 고등학교를 선택해야 할 시점이다. 이우고등학교에 기대하는 것이 무엇인지, 최소한 그 선택에 대한 근거를 찾는 과정이 있어야 한다. 그게 없다면 이우고등학교에서의 삶은 힘들다. 이우의 아이들이야말로 한국사회의 뒤틀린 교육지형을 바로잡기 위해 최전선에서 싸우고 있다. 아이들은 그런 현실과 이우학교에서 배우고 익힌 가치 사이에서 갈등한다. 이우고등학교로 진학한다는 것이 무엇을 의미하는지 아이와 부모는 알아야 한다. 이우고등학교를 선택하는 것은 우리 사회의 성공법칙에 저항하는 것이고 상승의 사다리를 걷어차는 것이 될 수도 있기 때문이다.'

중3 학년 총회에서 전한 교감선생님의 메시지는 분명했다. 이우고등학교는 아이가 어떤 삶을 살 것인지를 찾아가는 과정이 되리라. 그러니 그런 삶을 부모가 끝까지 지지하고 지원할 수 있는지, 또 그런 선택 속에서 아이가 과연 행복할 수 있을까를 반드시 고민해야 한다는 것이다.

이우학교는 힘들어

이우학교는 다른 학교와는 다르다. 그 다름, 즉 이우의 새롭고 실험적인 교육은 사실 인생을 건 모험을 감수한다는 것을 의미하며, 다른 일반 학교의 아이들보다 더 어려운 길을 간다고 할 수 있다. 어쩌면 이우학교의 아이들은 실험실의 쥐와 같다고 할 수 있는데, 아무도 가보지 않은 길을 가야 하기 때문이다. 그리고 결과는 온전히 부모와 아이들의 몫이다.

다른 한편으로는 이우학교는 여느 학교와 똑같다. 이우 아이들도 대한민국 10대 아이들이 겪는 성장통을 똑같이 겪는다. 담배나 술 문제, 욕설이나 폭력, 성희롱, 왕따, 도벽 등등 학내 문제가 전혀 없는 것은 아니다. 다만 그 정도가 심하지 않고 해결방식도 무조건 학교폭력위원회를 열어 시시비비를 가리고 징계에 초점을 두는 것이 아닌 최대한 아이들 스스로 고민하고 반성하게 하는 데 초점을 두고 지속해서 대화한다는 점에서 좀 차이가 있다. 어쩌면 가장 큰 차이는 학교폭력의 발생 자체보다는 폭력에 대한 정의, 분류에 있을 것이다. 이우학교에서 아이들이 폭력으로 인식하는 것들은 물리적 폭력이 아니다. 모든 것을 함께 해야 한다는 압박감, 하나가 되어 움직여야 하는 문화, 그리고 자신의 의견을 제시하지 못하거나 그것이 받아들여지지 않았을 때 폭력적이라고 느낀다. 조직의 규정이나 논리 때문에 개개인의 생각과 가치가 무시되거나 경시되는 것에 대해 아이들은 매우 폭력적으로 생각한다.

특별해서거나 아니면 같아서거나 아이들은 어쨌거나 이우학교가 힘들다. 그래서 누군가는 그렇게도 들어가길 원하는 이우학교가 때론 하루빨리 떠나고 싶은 곳이 되기도 하다.

이우라고 완벽하진 않아

지금까지 책을 읽으면서 '이우는 좋은 학교'라는 생각을 했을지도 모르겠다. 하지만 이 책은 이우학교를 찬양하기 위해 쓴 책이 결코 아니다. 어떤 이유에서건 각자의 목적과 기대를 갖고 이우학교에 들어온다. 그중에는 지나친 낙관이나 환상도 있을 수 있다. 그럴 경우 입학식 날부터 실망하게 된다. 기대가 클수록 실망은 더욱 커진다. 이우학교가 어떤 학교인지 모르고 들어오면 이우학교에 대한 실망은 분노로 바뀌기도 한다. 실망과 분노를 느끼는 부모의 숫자가 많아지면 질수록 이우학교의 교육은 혼란을 겪고 흔들리게 된다. 모든 아이들이 이우학교에 만족하고 끝까지 함께했을 것이라는 오해를 막기 위해 지금부터는 절대 완벽하지 않은 이우에 관해 이야기 하려고 한다.

간혹 이우중학교를 졸업하면 자동적으로 이우고등학교로 진학하는 줄 아는 사람들이 있다. 하지만 이우고등학교의 입학은 별도의 절차가 있으며, 이우중학교를 다닌 아이들이 모두 이우고등학교 진학을 원하는 것도 아니다. 이우중학교 60명의 학생 중에는 일반 고등학교로 진학하거나 이우고등학교에 지원했다 떨어지는 아이들도 있다. 또 자발적으로 학교를 나가기도 하고 이우고등학교에 진학했더라도 자퇴하는 경우도 있다. 우리 기수의 경우에는 10% 정도의 아이들이 이우를 떠났다. 최근에는 그 비율이 커지고 있다. 어떤 이들은 못 들어가 안달인 이우학교를 스스로 떠나는 이유는 무엇일까?

■ 이우를 떠나니 내가 보였다.(이우중학교 11기 이○○)

사실 이우 고등학교로 진학에 대한 고민은 나에게 큰 의미가 없었다. 나는 이우 학교가 싫거나 마음에 들지 않아서 나온 것이 아니다. 단지 그때 그 공간에서 불편함을 느꼈기 때문이다. 소극적인 사람에게 변화하라고 요구하는 것이 어떤 이에게는 적극적이 될 수 있는 기회가 될 수도 있겠지만 나에게는 '두려움'이고 '아픔' 이었다.

수업시간마다 이어지는 토론, 자기주장을 뚜렷하게 펼쳐나가는 그 공간이 나에게는 낯설었다. 내가 있어야 할 곳이 아닌 것 같다는 생각이 들었다.

하지만 많은 친구들은 그곳에서 인정받고 다른 이들로부터 공감을 얻어냈다. 그 친구의 말에 또 다른 의견을 내놓은 친구도 있었다. 토론에 모두 참여해야 하는 것은 선택이 아닌 암묵적인 필수로 다가왔고 내가 이 학교의 학생이라면 반드시 발언을 해야 한다는 압박도 따랐다. 누군가 만들어준 장소와 분위기에서 다른 사람의 아픔을 듣고 나 또한 같이 공감하고 함께 아픔을 나누는 '마음 나누기'가 나에겐 그저 불편함으로 다가왔다. 듣고 싶지 않았고 내 상처를 꺼내고 싶지 않았다.

근거 없는 소문들이 나를 콕콕 찌르고 내가 감당할 수 없이 커져 내 평생의 꼬리표가 되었고 그것으로 인해 또 다른 상처를 받게 되었다. 위로도 필요 없었고 응원 또한 필요 없었다. 나에게 필요한 건 혼자 힘들어할 수 있는 시간이었다. 하지만 이우에선 혼자 충분히 아파하고 슬퍼할 시간을 주지 않았다. 선생님, 학부모, 또래 친구들은 이미 나에게 깊숙이 들어와 있었다. 우리는 분명 개인과 개인이 만난 공동체인데 나 자신보다 서로에게 더 큰 영향을 주고받는다. 되돌아보면 이우에서 행복을 느꼈던 시간도 많았다. 그런데 나는 상처받으면서 진짜 나를 숨겼던 기억이 더 많다. 물론 이우고를 진학하지 않은 것에 대해 가끔 생각해 보지만 한 번도 후회한 적은 없었다.

일반고에 와서 나의 이기심 때문에 비난 받기도 했고 치열하게 경쟁하는 교실에서 많은 생각도 했고 함께 하는 친구 없이 혼자 충분히 좌절하고 절망하기도 했다. 성적 때문에 학교 화장실에 쭈그려 앉아 울어 보기도 하고 학원에 12시간씩 틀어 박혀 공부만 하다가 서럽게 울던 날도 있었다. 다른 친구처럼 목표도 없이 '대학'만 생각하던 날도 있고 의미 없는 하루를 의미 없는 '공부'로 채운 날도 정말 많다. 하지만 이 모든 것이 행복하다. 좌절해서 행복하고 절망하고 우울하고 혼자 있어서 행복하다. 어쩌면 이우가 불행으로 느껴질 수도 있는 이런 생활을 행복하다고 느끼게 해준 것일지도 모르겠다.

■ 예쁘지 않은 색으로 칠해진 나의 이우학교 시절(이우중학교 11기 이○○)

나는 아직 중학교 시절을 회상하며 좋았다고 미소 지을 만큼 성숙하지 않다. 이우학교는 분명 내 인생에서 필요한 물감이었지만 결코 예쁜 색깔은 아니었다. 나는 고작 13살에 배배꼬인 채로 이우라는 세상에 들어갔다.

나는 시끄럽고 불안정한 집보다 이우에서 안정감을 느낄 수 있을 거라고 생각했다. 사람에게 안정감을 줄 수 있는 것은 '진심'이다. 거창한 행동이 아닌 작은 진심들이 모여서 신뢰를 만들고 그 신뢰가 있어야 사람의 꼬인 부분이 풀릴 수 있다. 우리의 진심은 의도치 않은 상황에서 툭 튀어 나올 수 있으며, 따뜻하다. 하지만 무게 없는 진심에 둘러싸여 그 중심의 부재를 피부로 느낄 때는 멀미가 난다.

이우를 다닐 때, 나는 멀미를 자주했다. 모두가 따뜻한 말투로 나를 둘러쌌지만 얼마나 그 말들은 차가웠는지 모른다. 이우학교 선생님은 항상 나에게 부정적 사고를 버리라고 했다. 누군가를 밟아야 어딘가에 도달할 수 있고 대학을 가야하겠다는 나의 말을 듣고 경악하시며 나를 속물 취급하셨다. 그리고 일반학교 아이들은 기계적으로 학업에만 몰두하며, 의미 없는 것에 최선을 다한다고 말했다.

그런 이야기를 들을 때마다 다양한 아이들이 다니는 이우학교인데, 아이

이우학교 사용설명서

러니하게도 나와 다른 생각은 배제하는구나 하는 생각을 했다. 친구들도 마찬가지였다. 대학을 가지 않으면 세상을 살아갈 방법이 없다는 나의 고민을 듣고 그 어떤 말도 하지 않았다. 한심하다는 듯 바라볼 뿐이었다. 나는 이런 모순적이고 양면적인 모습이 너무 싫었다.

밀접한 관계도 좋지만 적당한 거리를 유지하는 것이 훨씬 중요할 때도 있다. 이우학교에서는 거리를 유지하는 것이 현실적으로 가능하지 않다. 부모들은 항상 모여 이야기를 나누고 같은 반 친구들에 대해 모든 것을 안다. 물론 내 마음의 무게를 덜어 친구들과 나눈다는 것에 좋은 측면도 있겠지만 나는 늘 불안했다.

그렇게 내 멀미는 계속되었다. 모두가 행복해보였지만 나는 행복하지 않았다. 그래, 이런 모순덩어리인 곳에서 3년이면 충분했어. 나는 이렇게 나를 위로했다. 결국, 나는 내 친구들이 모두 걸어가는 그 길을 피해서 그 어떤 결과도 예상할 수 없는 길을 가겠다고 다짐했다. 엄마는 내 미래를 걱정했고 친구들은 내 결정을 의아해 하였다. 주변에서는 내가 대학을 들어가고 싶어서 일반학교를 선택하는 것이라고 생각했다. 하지만 그 흔한 사교육 없이 3년을 지냈던 나는 고등학교 교과서를 읽는 것조차 힘겨웠다. 위를 올려다보면 끝이 없는 꼭대기가 존재했고 날 받쳐주던 유리는 곧 깨질 것 같았다. 노력은 배신하지 않는다는 말을 부인하고 점점 나를 원망했다. 한 번도 입 밖으로 내뱉지 않았지만 그래, 나 후회해. 마음속으로는 수도 없이 외쳤다.

정말 딱 그랬다. 하지만 다른 가치를 깨달았다. 일반학교는 이우학교와 달리 현실이다. 실내화를 신고 교복을 입고 그 긴 복도를 걸어갈 때 우리는 항상 불안하고 긴장한다. 하지만 그것이 전부는 아니다. 학교, 학원, 독서실만 순환하는 삶속에서 우리가 지키려는 가치들, 내 앞길에 대한 심도 있는 고민들과 끝없는 노력들, 피 터지게 공부해서 마침내 이루어낼 결실들, 여러 경쟁자들과 손잡고 같은 목표를 위해 뚜벅뚜벅 걸어가는 뚝심, 친구가 아프면 같이 손잡고 보건실 데려다주는 사소한 마음, 선생님들을 존경하는 진심, 돈 주고 배울 수 없는 가치들을 나는 짧은 시간에 깨달았다. 상대적으로 이우학교에서는 나의 생각의 채도를 낮추고 상대방의 말을 듣는 힘을 기르기 힘들다. 하지만 옳고 그름에 상관없이 마음에 들지 않는 사람과의 관계를 유지하고 나의 길을 갈 수 있는 능력이 이 사회에서 가장 중요한 점이라고 생각한다. 나는 잘못된 것에 소리 내어 말하고 비판하는 것만큼이나 그저 참고 나의 길을 묵묵히 개척해 나가는 것이 얼마나 아름다운 것인가를 가혹했던 삶의 여정을 통해 찾아냈다.

■ 이우중학교에서의 열정, 그리고 이우고등학교 탈락 (이우중학교 11기 학부모)

이우고등학교 전형에서 우리 아이가 떨어졌습니다. 그리고 또 다른 친구 몇 명도 아쉬운 결과에 낙담하고 있을 것입니다. 저도 인간인지라 처음에 결과를 전해 들었을 때 당혹감과 안타까움을 감출 수는 없었지요. 그러나 저의 심리상태보다 더욱 중요한 건 아내와 당사자인 아이의 상실감을 어떻게 하면 슬기롭게 극복하게끔 도울 수 있느냐는 것이었습니다. 저의 예상대로 아이는 스스로 주체할 수 없는 자괴감에 빠져들었고, 아내는 여성 특유의 감성을 제게 드러내기도 하면서도 강인한 모성으로 아들을 다독거리고 있습니다.

이우학교 사용설명서

아이도 엄마도 뜬 눈으로 밤을 지새웠으며 저 역시 이 모자를 어떻게 어루만질 것인가에 대한 고민으로 한잠도 자지 못했습니다. 그러면서 저는 우리 아이들의 얼굴들을 하나하나 떠올려 보았습니다. 그리고는 제 스스로에게 질문을 던져 보았습니다. '이우'라는 울타리를 잠시 벗어나 일반고라는 야생에서 그나마 적응을 빨리 할 수 있는 친구들이 누구일까? 참 희한하게도 우리 아이가 제일 먼저 머리에 떠오르더군요. 생각을 정리해 보았습니다.

"이우에서 우리 아이에게 새로운 기회를 주는 건가? 그렇구나!!"

"이우 밖 세상에서 또 다른 성장통을 겪어보며 새로운 세상에 적응해 보라는 건가? 그렇구나!"

저의 짧은 생각으로 이렇게 정리가 되니 한결 마음이 차분해졌습니다. 아이와 함께 저도 신입생이던 2013년. 아무것도 모르고 참여했던 10주년 축제 준비위원회에서 재학생, 졸업생들과 함께 광고홍보 작업을 하면서 이전까지 겪어보지 못했던 많은 것을 느끼게 되었습니다. 비록 힘든 일정이었지만 결과보다 과정의 소중함을 다시금 깨닫게 되었고 그 힘이 저희 부부와 아이가 3년 동안 이우에서 행복하게 보내게 된 원천이 되기도 하였습니다.

물론 3년이라는 시간동안 가슴 아픈 힘겨움이 없었다면 거짓말이겠지요. 관계맺음에 있어서의 부정적인 갈등의 발생, 제법 이우스러워졌는지 자기주장이 하루가 다르게 성장하던 아이와의 밀당, 그리고 곳곳에서 발생하는 오만과 편견들에 대한 가슴앓이 등…… 그렇지만 이 모든 일련의 과정들이 아이와 함께 저희 부부도 성장통을 겪은 소중한 시기였다고 여겨집니다.

아직 16살밖에 안 된 아이가 안쓰럽긴 합니다. 그 녀석이 입었을 마음의 내상이 생각보다 큰 것 같아 걱정되기도 합니다. 우리 어른들이 늘 그래왔듯 아이도 시간이 조금 흐르면 마음의 진정을 찾고 새로운 배움터에서 예전의 씩씩한 모습을 우리 부부와 친구들, 그리고 이우선생님들께 보여주겠죠?

늘 그래왔듯 저는 오늘도 내일도 아이를 믿고 기다려 보려 합니다. 그리고 우리 아이와 같이 새로운 배움터로 나아가기 위해 준비하는 아이들과 부모님을 응원하려고 합니다. 그리고 저는 모레 아빠들과의 1박2일 MT에서 술잔을 기울이며 아름다웠던 추억을 되새기려 합니다. 마지막으로 쑥스러워 차마 하지 못했던 말 한마디 건네려합니다. 이우 선생님, 진심으로 감사드립니다.

유리 상자 속에 있는 아이들

'왜 이우학교를 떠났는가'라는 질문은 애초에 틀렸다. 이우학교는 아이들이 선택할 수 있는 여러 선택지 중에 하나일 뿐 절대적인 곳은 아니다. 또 이우학교가 모든 아이들에게 적합한 학교도 아니며 좋은 학교는 더더욱 아니다. 이우를 다니면서 상처받고 힘들어 한 아이들도 많았다.

이우의 아이들은 유리 상자 속에 있다. 생활의 많은 부분은 친구들과 선후배, 선생님, 부모에게 드러나고 공유된다. 수업에서는 내 생각과 느낌을 발표하고 표현해야 한다. 자기만의 시간을 갖길 원하는 아이들이나 자신의 감정을 드러내길 원하지 않는 아이들에게는 타인에 공감하고, 함께 고민하고, 응원하고 응원받는 이 모든 것이 힘들다. 이럴 경우 학교는 괴로운 공간이 될 수 있다.

혼밥, 혼공 등 혼자서 무엇인가를 하는 것이 익숙한 시대다. 혼자 생각하고 혼자 머물고, 홀로 행동하는 것을 원하는 아이들도 많아지고 있다. 그런 아이들에게 자신의 상처와 문제를 드러내고, 함께 해결하자며 둘러앉아 마음 나누기를 하자고 하는 것은 불편하고 당황스럽고 괴로울 뿐이다. 그래서 이런 학교 문화를 잘 아는 아이들은 이우고등학교로 진학하지 않는다. 어떤 아이는 적응하기도 하고, 어떤 아이는 조금씩 변화해가기도 하지만, 어떤 아이들은 거기서 벗어나는 것을 선택한다. 치열한 경쟁이 두렵지만 일반 학교로 진학한다. 아니면 아예 학교를 떠나기도 한다.

만약 내 아이의 성향이 그런 줄 모르고 이우학교에 보내게 되면 아이는 고통의 3년을 보내게 된다. 그러니 남들 좋다고 하니 막연하게 내 아이한테도 좋을 거라 생각하고 이우학교에 진학시켰다가는 아이, 부모 모두 힘든 학교생활을 하게 될 수도 있다.

2

(별난) 이우 부모들

　우리 아이는 초등학교를 졸업할 때까지 사교육을 받지 않았다. 그 흔한 영어 학원 한번 보내지 않았다. 그럼에도 불구하고 학업은 우수한 편이었다. 그러나 그건 초등학교 때까지였다. 이우중학교에 들어오니 잘난 아이들이 너무 많았다. 제 나름대로 노력을 해봤지만 오르지 않는 성적과, 이우학교의 수많은 행사들과 각종 위원회들... 가뜩이나 내성적이고 자신감이 부족한 아이였는데 적극적이고 활동적인 또래 아이들 속에서 우리 아이는 무기력해 보였다. 자존감이 낮은 아이들의 많은 경우가 그렇듯, 컴퓨터 게임에 과몰입하는 경향을 보였고, 결국 중3때는 컴퓨터 게임 이외에는 아무것도 하고 싶은 게 없다는 말까지 했다.

　학습은 뒷전이고 이우학교의 각종 활동에도 관심을 보이지 않으며 게임에만 몰두하는 아이와 우리 부부는 갈등이 깊어져 올바른 관계 형성에 실패했다. 결국 우리는 제 3자인 상담교사의 도움을 받게 되었다. 상담을 통해 우리 부부는 우리의 문제가 무엇이었는지 조금씩 발견하게 되었고, 아이와의 소통을 위해 노력하게 되었다. 또한 고1때 담임 선생님께서 경기문화재단으로부터 1천만 원의 지원을 받아 '테이블 세터'라는 프로그램을 진행해 주셨는데, 거기에 참여하게 되면서부터 조금씩 아이의 자존감이 살아나게 된 것 같다.

1. 이우 부모의 숙명, 기다림

이우는 누구나 지원할 수 있는 학교다. 기숙사가 없기 때문에 너무 먼 곳에서는 보내기 어렵다. 기숙사를 운영하지 않는 이유는 중고등학교 시기의 아이들과 부모는 함께 있어야 한다는 교육철학 때문이다. 아이가 성장통을 겪는 순간들을 함께 하면서 부모도 함께 성장해나간다.

그런데 이우의 부모는 일반학교의 부모들과는 좀 다른 경험을 하게 되는 것 같다. 이우의 부모들은 아이의 교육에 적극 개입하기보다 아이들의 성장을 지켜보며 많은 시간을 기다려야만 한다.

따라가기 힘든 수업방식과 내용 때문에 아이들은 무기력해졌다. 학업성취에서 문제가 있는 아이는 다른 활동에도 적응하지 못했다. 2학년이 되면서 본격적인 사춘기가 시작되고 기대했던 것만큼 공부를 잘하지도, 그렇다고 다른 활동을 잘하는 것도 아니니 불안할 수밖에. 그런데 아이가 고등학교에 입학하더니 저를 믿고 기다려달라고 얘기한다. 정말로 아이를 믿고 기다리는 것 말고는 할 수 있는 것이 없다.

어떻게 기다려야 하나

■ 이우학교 자체가 베스트는 아니다

딸아이 둘 다 이우학교를 다녔다. 그 중 둘째는 고1 때 학교 다니는 것을 힘들어했다. 자신을 드러내 놓고 싶지 않았던 아이는 친구들끼리 서로 너무 잘 알고, 모든 행동이 다 드러나는 작은 학교가 부담스러웠던 것 같다. 게다가 일반 중학교에서 온 친구들 중에는 다방면의 실력이 뛰어난 친구들이 많아서 어설픈 자신의 실력이 드러나는 것도 싫어서 하고 싶었던 것을 그저 묻어두기만 했던 것 같다. 그러니 학교가 재밌을 리 없었다. 아이는 점점 더 은둔형이 되어갔다. 모든 아이들에게 꼭 맞는 학교 시스템은 없고, 만들 수도 없다. 내 아이의 장점을 찾아주는 학교도 좋지만 반대로 내면의 모습과 만나게 해주는 학교도 중요한 것이 아닐까, 하고 생각했다.

큰 아이도 2016년 이우를 졸업했다. 큰애는 뭐든지 다 잘해내고 선생님으로부터 신뢰 받는 아이여서 오히려 그게 부담이 될 정도였다. 큰애가 입학했을 때 같은 학년에 선배 학부모들이 절반 이상이었다. 다들 나름 경륜이 있는 부모들이었는데, 맨날 '지켜봐라', '기다려라' 라는 말을 했었다. 하지만 막 입학한 내겐 그 '기다리라'는 말이 와 닿을 리 없었다. 선생님들과, 다른 부모들과 소통하면서 그것이 무엇인지 점차 알게 되었다.

큰애 때부터 이우에서 배운 것이 있다면 '아이는 독자적인 아이의 삶이 있다는 것, 아이는 내 소유가 아니라는 것, 아이는 아이의 방식대로 살아야 한다'는 것이었다. 학교에 빠져있는 큰 아이의 모습을 보면서 아이의 삶과 나의 삶이 구분되기 시작했다.

부모와 멀어지는 것 같아도 아이들은 언젠간 돌아오긴 한다. 하지만 완전히 부모에게 가까이 오진 않는다. 경계선 그 어딘가에서 머뭇거린다. 그 선은 누가 정하는 걸까? 그건 부모의 기준이지 아이가 정한 기준이 아니다. 그 기준 안에 들어오는 것을 기다린다고 말하는 것이다. 부모는 늘 혹시라도 그냥 저 선 너머에 아이를 내버려두면 내 아이가 극한 상태에 빠지지 않을까 전전긍긍한다. 아이가 다시 돌아올 것이라는 믿음이 없기 때문에 불안해하는 것이다. 그러니 아이에 대한 믿음이 가장 중요하다. 부모가 잘 살고 있으면 아이는 걱정스러운 상황까지는 가지 않는다. 중요한 건 부모 자신의 삶을 잘 영위하는 것이다.

부모가 흔들리지 않고 아이를 믿어주고, 기다려줄 수 있는 힘은 아이와 나를 하나로 놓는 것이 아니라 아이를 하나의 독립된 개체로, 그의 삶을 인정해 주고, 나 역시 독립된 나의 삶을 살아갈 때 생긴다. 이우는 공동체적인 삶을 지향하는 곳이다. 나는 그런 공동체에 대한 지향이 약한 사람이었기에 처음엔 힘들었다. 그런데 새로배움터(신입 학부모대상 오리엔테이션 교육)에서 아이의 엄마가 아니라 나라고 하는 개인에 대한 삶에 대한 글을 써볼 기회도 있었고, 이우의 학부모로 생활하면서 아이는 아이고, 나는 나라고 하는것을 깨닫게 되었다. 아이와 나를 분리해서 생각하게 되고, 아이에 대한 지나친 관심을 끊게 되고, 아이를 내 삶의 중심에서 점차 놓아버리게 되는 것이 이우의 학부모다. 부모가 아이와 떨어져 홀로 서야만 아이도 스스로 서게 된다. 각자가 새로운 삶을 사는 법을 배우는 곳이 이우학교다. 나에게는 이것이 이우를 추천하는 첫 번째 이유다.

흔들리고 방황하며 기다리다

우리는 어떻게 기다릴 수 있었나(학부모 좌담회)

현아모 : 기다림. 남녀의 기다림은 올 것이란 믿음이 있기 때문에 기다린다. 기다림은 아이를 믿는 것을 전제로 해야 한다. 그렇지 않으면 방임 또는 포기다. 기다림이 곧 믿음이 아니라 기다리기 위해서는 믿음이 전제되어야 한다.

가연모 : 그런데 자신이 갖고 있는 기대를 믿음이라고 생각할 수도 있다. 그리고는 기다렸는데 잘되지 않았다고 말한다. 기다렸는데 소용없다고 말한다.

재인모 : 기다림에 대한 해석이 해마다 달라지더라. 기다림은 아이가 무기력을 벗어나 자기 삶을 붙잡는 그 순간까지이다. 육아의 끝은 결국엔 아이의 독립이다. 기다림의 끝은 독립이다. 아이에 따라서 부모 또한 끝없는 롤러코스터를 타게 된다. 그럴 때면 내탓인가 싶어 많은 자책을 했다. 그런데 어느 순간 아이가 자기 삶에 안착하게 되면서, 내 탓이 아니었다는 것을 알게 되었다. 아이를 있는 그대로 바라보는 것만으로 우리도 변화했다. 우리가 지지해주자 아이도 스스로 자기 의지를 갖게 되었다. 이것이 기다림의 과정이었던 것이다.

누리부 : 중2병은 아이가 앓는 게 아니라 부모가 앓는 것이다. 아이가 변화하는 건 당연한데 그러한 변화를 받아들이지 못하는 부모가 앓는 게 중2병이다. 따라서 부모가 그 변화를 인정하고 극복해야 한다.

가연모 : 기다린다는 것은 아이를 잘 관찰하고 제대로 보면서 기다리는 것을 말한다. 어떤 아이인지, 아이가 어떤 상태인지 알지 못하면 부모의 생각으로 아이를 재단하게 된다. 아이가 성장할 수 있는 시간을 기다려준다는 것은 그냥 내버려두는 것이 아니라 지켜보는 것이다. 나는 아이와 기질이나 성향이 달라서 잘 이해하지 못했던 시간이 있었다. 그래서 "왜 저러지?" 하는 생각을 했었는데 그것은 아이에 대한 이해 없이 내 관점으로만 보았기 때문이었다.

현아모 : 학교는 변수다. 하지만 부모는 상수다라는 이야기가 정말 와닿는다. 그러니 부모가 잘못된 메시지를 전달하게 되면 아이가 잘될 리가 없다.

재인모 : 이 세상에 공짜는 없다. 나는 아이가 태어나서부터 5세까지 온전히 육아에만 전
   념하지 못했다. 그때가 너무 중요한 시기였는데, 그 영향이 너무 컸다. 엄마의
   공백기가 너무 컸던 것 같다. 인생에 공짜는 없는 것 같다. 중2때 결국엔 어렸을
   때 거쳤어야 했던 과정을 거쳤다. 부족했던 걸 결국엔 채워줘야 했다.

누리부 : 우리는 아이가 어떻게 되기를 바라는 구체적인 목표나 상을 갖고 기다리는 것은
   아니다. 다만 아이가 덜 방황하고 행복해지길 원하는 걸 기다린다고 하는 것이다.

우리는 왜 기다리지 못하고 불안해하는가?

영택모 : 힘들어하는 아이를 바라보는 게 힘들어서 부모들이 기다리지 못하는 거 같다.
   지금 있는 모습 그대로 감사하다고 생각하니 삶이 풍요로워졌다.

재인모 : 아이와 적당한 거리감이 필요하다.

누리부 : 적당한 거리감을 지키는 것이 한국사회에서는 매우 어렵다. 오히려 부모가 관
   심을 아이가 아닌 다른 데로 돌리자는 것이다. 아이만 지켜보고 있지 말고. 아
   이의 일거수일투족을 지켜보지 말고. 다른 데 관심을 돌려야 기다릴 수 있게 된
   다. 내가 아이에게만 몰입하면 아이의 모습을 지켜보게 되고 기다릴 수 없었다.
   다른 데 관심을 돌려야 적당한 거리감을 둘 수 있었다.

가연모 : 부모들이 재밌게 살아야 한다는 것에는 여러 가지 의미가 있을 것이다. 학부모
   활동을 한다는 것은 다양한 관계를 맺는다는 것을 의미한다. 다양한 관계 및
   활동 속에서 나를 돌아보기도 하고 내 관점, 내 생각이 다듬어 지는 시간을 가
   질 수도 있을 것이다. 다른 부모들 이야기를 들으면서 아이를 기다릴 수 있는
   마음의 여유가 생길 수도 있다.

재인모 : 아이가 힘들어하니까 맘이 힘들고 학부모 활동도 쉽지 않았다. 잘 지내는 다른
   아이들을 보면서 불안할 때도 있었다.

종빈모 : 다른 부모들과 만나서 이야기 나누면서 힘을 얻는 부모도 있었다. 건강한 학부
   모 문화를 만드는 게 중요하다. 즐겁고 재밌게 지낸다고 소통이 아니다. 학부
   모들이 어울려 노는 것만이 아니라 서로 소통이 되어야 한다.

누리부 : 어떻게 하는 게 잘 기다리는 건가요? 왜 기다리는 게 힘든가요? 힘들어 죽겠어요. 이래도 기다려줘야 하는 건가요? 여기에 대해서 답을 좀 해주세요. 이것저것 다 해보고 나서 안 되니까 지금에 와서 "우리가 잘 기다렸지"하는 것일 수도 있다. 아이가 고3이 되고, 또 아이가 진로에서 헤매고 다녀도 난 걱정하지 않을 것 같다. 왜냐면 아이를 믿는다. 잘 될 거라 믿는다. 대학진학 문제도 아이의 판단을 믿어줘야 한다.

영택모 : 기다림에 대한 생각은 주관적이기에 누군가에게 맞는 기다림 방식이 다른 누군가에게는 맞지 않을 수도 있다.

재인모 : 아이마다 기다림의 경험, 방식도 다 다르고 이우학교에 대한 생각도 다 다르다.

승래모 : 아이에 대한 믿음이 없어서 불안했다기보다는 부모로서 어떻게 해야 하는지를 몰라서 더 불안했던 거 같다.

기다림과 방임의 차이

누리부 : 아이가 수행에서 빵점을 받았다. 그럴 때 왜 그랬는지 물어보고 방법을 논의해야 하는데, 난 그냥 내버려뒀다. 아이가 필요하지 않다고 생각해서 그냥 뒀는데, 아내는 그것을 방임이라고 지적했다.

종빈모 : 도움 요청했을 때 적절한 지원, 관찰과 이해가 있으면 기다림이다.

재인모 : 기다림은 사랑, 애정, 관심을 담보로 해야 한다.

현아모 : 중2~중3때까지 나를 가장 힘들게 했던 건 '기다리긴 하는 데 이렇게 기다리는 건 아니다'라는 생각이었다. 기다리되 방임하지 않는 적절한, 세련된 기다림이었으면 했다. 그러면서 부모로서 자존감이 떨어졌었다. 결국 기다림과 방임을 구분하지 못하고 어떤 식으로 행동해야하는지 몰랐을 때 자존감이 떨어진 거였다. 세상에서 제일 어려운 게 좋은 부모 되는 것이다. 그 어려운 것을 각자 알아서 하라고 한다. 부모교육을 누가 시켜줘야할까? 국가가 관심을 가져한다. 이런 인식이 없으니 학교에서 학부모교육을 기획해도 부모가 오질 않는다. 부모들이 올 수 있는 프로그램과 문화가 만들어졌으면 좋겠다. 학교도 적극적으로 교육했으면 좋겠다.

하연모 : 이우에 와서 많은 부모들이 겪는 혼란이 방임의 경계다. 언제 개입해야 하는지 혼란스러웠다. 중학교 때 그랬다. 고등학교 오니 더 이상 할 수 있는 게 별로 없는 거 같다. 부모 말도 안 들어주고 기다리는 것 말고는 할 수 있는 게 없다. 아이를 따라가지도 못하고 도움 줄 수 있는 것도 없는 거 같다. 선생님이 방임은 기다림이 아니다라고 하셔서 더 혼란스러웠다. 어떻게 하는 게 맞는 기다림인지 알 수 없었다.

영택모 : 주위에선 그렇게 방임하면 안 된다는 주의를 듣는다. 결국 방임이란 말은 대입 입시를 염두에 둔 말인 것 같다.

가연모 : 기다림에 대한 이야기가 많이 와전된 것 같다. 아이가 잠시 머물러 있을 때, 주춤대고 있을 때 기다리라는 이야기였는데, 각자 개인적으로 해석하지 않았을까 싶다. 중학교 때 기다리라고 했던 이야기를 우리는 방임으로 손 놓고 기다리라고 받아들였던 것 같다. 아이의 모습을 보면서 조바심을 느꼈던 것 같기도 하다. 아이가 할 수 있는 힘이 생길 때까지 기다리는 건 중요하겠지만 부모로서 해야 하는 부분에 대해서는 지원이 필요할 것이다.

현아모 : 각 학년마다 모두 기다림의 형태가 다르다. 따라서 어떻게 기다려야 하는지 공부해야 한다. 무작정 부모들이 놓고 있는 게 아니라 기다림을 갈고닦아야 한다.

종빈모 : 부모들이 기다리라고 할 때 난 콧방귀를 꼈다. 내가 부모로서 할 일을 할 거라고 생각했다. 누구 말을 듣고 따라서 하는 건 아니라고 생각했다. 부모가 아이를 가장 잘 알고 있고 잘 관찰하는 사람인데, 내가 부모로서 해야 할 일을 해야지 하고 생각했었다. 나는 부모로서 보호자로서 이걸 하는 게 의무라고 종빈이한테도 이야기 했었다. 종빈이가 그런 부모의 개입에 대해 긍정적이고 자립준비도 되어있었다고 생각했다. 고등학교 때도 시간과 건강에 대해서는 지원해주기로 했었다. 요즘에 와서 종빈이가 진짜 고민을 말해주기 시작했다. 종빈이가 스스로 좋은 사람, 착한 사람이어야 한다는 강박을 갖고 있었다는 고민을 이야기했다.

현아모 : 현아도 요즘 들어 이야기 하기 시작한다. 기다린 보람이 있구나 하고 생각한다.

이슬모 : 1학년 때 한꿈 하면서 싸웠는데, 그때 나의 상황을 다 이야기 해줬다. 그러면서

규칙을 정하기로 했다. 엄마가 원하는 것과 이슬이가 원하는 것을 서로 이야기하고 그걸 정하기로 했다. 지금 잘 지켜지고 있다.

현아모 : 나도 중2 때 규칙을 정했다. 아이와 함께 세련되기 위해서 규칙을 정했다. 근데 지금 생각해보면 규칙 정하기가 아이의 자존감을 떨어뜨리고 무능한 존재로 느끼게 만든 것 같다. 너무 많은 규칙을 세우고 그것을 지키지 못하는 경험을 했던 것이다. 그리고 규칙을 계속 개정해나갔다. 왜 그랬는지 모르겠다. 규칙은 정말 지킬 수 있는 규칙인가 아닌가를 알 수 있어야 한다. 그렇지 않으면 부정적 경험을 계속 하게 된다. 아이마다 조절력이 다르다. 그리고 학년마다 조절 가능성도 다르다.

흔들리지 않고 기다리는 부모는 흔치 않다. 많은 부모들이 수없이 흔들리고 방황하지만 결국 아이를 믿고 기다리는 것이 최선이라는 결론을 내리게 된다. 중요한 것은 '기다림'이 아니라 '믿음'이다. 믿지 못하고 기다리는 것은 좌불안석이다. 컴퓨터에만 빠져 있던 아이를 어떻게 믿고 기다려야 하는 것일까? 우리가 내린 결론은 다음과 같다.

우선은 생명의 힘에 대해 신뢰가 필요하다. 생명은 스스로 극복하고 견뎌내는 힘을 가지고 있다고 믿고 주어진 상황이나 갈등에 대한 대처능력 또한 생명 스스로 학습한다고 생각했다. 불안하고 걱정되지만 아이를 믿고 기다리는 것이 결국 아이를 올바르게 성장시키는 길이라고 생각했다.

그리고 혼자서 기다리는 것보다는 기다리는 것이 옳다고 지지해주는 각종 모임을 찾아다녔다. 반 모임, 학년 모임, 선배학부모, 교양강좌, 학부모 아카데미 등 이우의 철학을 믿고 지지하는 사람들을 만나 나의 교육철학을 단단하게 만들려고 노력했다. 또한 부모 자신이 행복해져야 이를 보고 자라는 아이들 또한 행복할 수 있다는 생각으로 동아리 활동 등을 통해 스스로 행복해지려고 노력했다. 다행히도 이우에는 많은 학부모 동아리들이 있다.

또한 필요하다면 제3자의 도움도 받았다. 상담을 통해 효과를 본 부모들이 있다. 청소년 상담은 부모 상담을 동반하는 경우가 많은데, 부모 상담을 통해 아이 자체가 달라지는 게 아니라 아이를 바라보는 부모의 시선이나 태도가 달라짐으로써 아이와의 관계가 회복되는 데 도움이 된다.

갈팡질팡하는 아이를 바라보며 기다리다 지쳐갈 때, 다른 이에게 속내를 털어놓는 것이 꺼려진다면 선생님께 도움을 청해보면 좋다. 실지로 아이를 잘 키우기 위해서는 선생님과의 소통이 필수적이다. 다만 늘 기다리라고 말씀하시는 이우 선생님들도 인식의 스펙트럼이 매우 넓고, 그것을 구현해 내는 방식이 다르다. 선생님 개개인의 교육철학이나 지향에 따라 '기다림'이란 단어가 갖는 정의, 온도, 대응 방식이 모두 다르다. '기다림'이란 단어는 매우 추상적이기 때문에 100인 100색의 해석이 가능하다. 그러니 선생님의 판단에 모든 것을 맡길 수도 없다. 또 학교에서의 기다리라고 하는 메시지를 어떻게 해석할지도 중요하다. 흔들리고 멀리 가버린 아이를 기다리기만 하다가 자칫 방치가 되어버릴 수도 있다. 그렇지 않도록 부모가 아이에 대한 민감성을 키울 필요가 있다. 그만큼 아이와의 관계형성이 중요하고, 아이에 대한 무한 신뢰가 필요하다. 내가 낳았다고 해서 아이가 내 소유물은 아니다. 모든 것을 부모의 기준과 가치관에 따라주길 바라는 것은 인격적 관계를 맺는데 방해가 될 것이다. 오히려 아이 모습 그 자체를 인정하고 부모는 부모의 삶을 열심히 살아내면 되지 않을까?

2. 아이들에게서 배우다

우리 부모들은 아이들이 조금씩 성장하는 모습을 보면서 기다릴 수 있었던 것이 아닐까 싶다. 아이들은 배운 대로, 그리고 자신이 느낀 대로 말하고 행동한다. 가치관이 이러니저러니 하면서 잘난 척하던 부모들은 그런 아이들 앞에서 부끄러움을 느낀 적이 한 두 번이 아니다. 아이들 때문에 부끄러웠다고 말하는 부모들은 많다. 예를 들어 대학진학에 도움이 될까 싶어 학생회 활동을 권유한 엄마의 속내를 알아채는 아이가 있고, 인터넷강의를 듣게 하기 위해 일본 여행을 제안한 엄마의 욕망을 귀신같이 집어낸 아이도 있었고 모피를 입지 않기로 해서 아이에게 칭찬을 받은 엄마가 털이 달린 옷을 입지 못한 이야기 등등.

■ 꼼수를 조언하다 부끄러워지다

아들 녀석이 중3시절 밤12시가 다 된 시간에 몹시 당황한 얼굴로 컴퓨터 앞에 앉아있었다. 무슨 일이냐고 물었더니 과제를 제출해야 하는데 내용 작성은 끝났지만 참고자료 그림 첨부가 뜻대로 되지 않는다며 계속 시도하고 있다는 것이다. 과제 제출마감을 2,3분 남겨둔 시간에. 이우학교는 과제 제출 마감시간을 지키지 않으면 0점 처리 된다는 걸 잘 알기에 그 말에 나는 몹시 당황했다. 며칠 전부터 그 과제를 열심히 하고 있는 것도 보았고 그림 첨부를 하느라 과제를 제출하지 못한다면 너무 억울할 것 같아 안타까운 마음에 '그림 첨부 하지 말고 지금 그냥 과제를 올려, 일단 시간 안에 제출하고 이후에 천천히 수정해서 수정 자료를 올리는 게 낫지 않겠어? 그러면 선생님께서 감점은 좀 하시더라도 0점을 주시지는 않을 거야, 얼른 지금 그냥 올려!'라며 아들에게 조언을 했다.

아들은 내 말에 대답도 않고 끙끙거리며 그림 첨부를 하고 마감시간을 넘겨 과제를 제출했다. 그 모습에 나는 넌 왜 그렇게 융통성이 없냐? 요령도 없고 그럴 거면 진작 해서 미리 올리던가하며 잔소리를 해댔다. 내 말을 묵묵히 듣던 아들은 마감시간을 코앞에 두고 제출하려고 한 것은 내 잘못이 맞지만 과제를 완성하지도 않았는데 시간 맞춰 올리고 후에 수정해서 올리게 되면 수정시간도 뜨는 것은 물론이고 그런 꼼수로 점수를 받고 싶지 않다고 했다.

오 이런! 아들 말은 틀린 게 아니다. 편법이 난무하고 요령이 노력보다 좋은 결과를 얻고 묵묵히 일하는 사람보다 법을 피해서 꼼수를 부리는 사람이 성공하는 정의롭지 못한 세상을 혐오하고 욕하면서도 과제 0점만 생각하느라 아들에게 꼼수를 부리라고 잔소리하는 나를 아들은 그날 몹시도 부끄럽게 했다.

■ 아들 앞에서 고해성사

아들은 고등학교 들어와서 고학년 선배들과 우리 사회 속에 만연한 성차별, 여성에게 관습적으로 강요하는 것들, 억압과 강요된 성 정체성 등에 관해 방학 동안 함께 공부하기도 하고 깊은 관심을 가지고 종종 나와 대화를 나누기도 했다. 이 사회에서 여자를 언제든지 공격당할 수 있는 잠재적 피해자로, 자신을 비롯한 남자들을 잠재적 가해자로 생각하는 그 아이의 생각이 너무 도가 넘어서는 건 아닐까 우려한 적도 많았다. 하지만 교육의 경험이든 관심의 문제든 내가 아들보다 젠더 감수성이 떨어진다는 것을 확실히 느끼게 된 사건이 있었다.

아들딸과 함께 식사를 하면서 밥을 잘 먹지 않는 딸에게 무심코 '우리 딸 벌써 중학교 2학년인데 밥 잘 안 먹어서 키도 안 크고 큰일이다. 그냥 너는 쪼매한 예쁜이로 살아야겠다. 키가 늘씬하게 크면 쌍꺼풀 없는 눈도 어울리는데 너는 키가 작으니까 나중에 동그랗게 쌍꺼풀 수술하는 게 더 귀엽고 예쁠 것 같지 않니?'하며 딸의 외모 계획을 한창 이야기하고 있는데 아들의 착잡한 시선이 느껴졌다. 아들의 시선을 느낀 나는 잠시 심호흡을 하고 고해 성사를 해야만 했다. 아들의 말로 직접 듣는 비판은 좀 아프니까.

'그래 방금 나는 밥을 안 먹는 니 동생의 행동을 건강의 문제가 아닌 외모와 연결해서 비판했고 큰 키, 날씬한 몸매, 쌍꺼풀 있는 눈, 귀여운 외모를 니 동생의 의사와 상관없이 옳은 것으로 받아들이라고 은연중에 강요했고 나의 이 행동은 장차 니 동생이 자기 자신의 가치를 판단할 때 사회적으로 강요된 외모로 소중한 자신을 판단하게 하는 오류를 범하게 악영향을 미치는 잘못된 행동이다. 잘못했다' 아들은 '아시면 됐어요'라고 한 마디하고 다시 밥을 먹기 시작했고 딸은 나를 두고 엄마와 오빠 사이에 도대체 무슨 일이 벌어진 거야 하는 황당한 얼굴을 하고 있었다.

■ 아이는 훨씬 더 어른을 잘 안다. 부모를 꿰뚫어보고 있다

이우중학교 아이들은 이우고등학교를 지원할 것인지 말 것인지를 놓고 중학교 3학년이 되면 1년 동안 고민한다. 이우고등학교는 고등학교 교육과정의 목표를 대학진학에 두고 있지 않기 때문에 대학진학을 목표로 하는 아이들에겐 매우 불리하다. 만약 좋은 대학을 가는 것을 목표로 한다면 이우고등학교 진학은 꽤 심각하게 고민해야 할 문제다.

아이는 중3 여름방학 내내 분당지역의 일반 고등학교를 방문하여 학교 시스템을 조사하면서 이우고로 진학할지 일반고로 진학할지 고민하였다. 그리고 최종적으로는 이우고등학교 진학을 선택하였다. 이우고등학교 원서 접수를 코앞에 둔 어느 날 아이에게 이야기 했다.

"이우고등학교 가면 대학은 못 간대. 알고 있는 거지?"

내 말에 아이의 대답은 참으로 날 부끄럽게 만들었다.

"좋은 대학을 못 간다는 거겠지. 전국에 내가 갈 대학이 하나도 없겠어?"

순간, 내 맘속에 깊이 박혀 있던 학벌에 대한 기준을 아이에게 들켜버렸다는 것을 깨달았다. 너무 깊이 박혀 있어 나조차도 깨닫지 못했던, 대학의 기준을 말이다. 아이 말이 맞았다. 이우고 가면 대학 못 간다는 말은 서울에 있는 대학이나 기타 누구나 다 한번쯤은 들어봤음직한 제법 폼이 나는 그런 대학을 못 간다는 뜻이지, 지방 어느 이름 없는 대학까지 못 간다는 의미는 아니었다. 아이는 엄마의 말에 숨어있는 대학에 대한, 학벌에 대한 민낯을 그대로 보고 있었다.

대학 안가도 좋다고 수없이 아이에게 말해왔다. 그러나 그렇게 초월한 듯이 이야기 했던 내 자신 조차도 실은 마음속에 대학에 대한 기준이 있었던 것이다. 지잡대라고 불리는 그러한 대학들은 대학이라고 여기지 않았던 것이다.

3. 이우의 가치를 실천하다

초등학교 입학, 중학교 입학, 고등학교 입학, 아이들만 새로운 환경에 처하는 것이 아니다. 부모도 마찬가지다. 아이는 물론이요, 부모들도 나름의 적응이 필요하다. 이우학교도 마찬가지다. 이우에서 잘 생활하기 위해서는 이우학교에 잘 적응해야 한다. 그런데 이우에서의 적응은 만만치 않다. 일반 학교들에 비해 학생수도 적고, 부모들이 해야 할 일도 많고, 무엇보다 일반적으로 한국 사회가 추구하는 가치와 학교가 지향하는 교육의 가치가 다르기 때문이다. 이우학교의 교육 가치와 이념을 잘 이해하고 그것과 호흡을 맞춰나가지 않으면 자칫 아이와 부모 모두 커다란 혼란에 빠져 괴로운 시간을 보낼 수 있다.

이우학교가 지향하는 가치는 어떤 것일까?

이우학교가 지향하는 첫 번째는 공동체적 삶이다. 이우학교의 교육 이념은 구호에 그치지 않는다. 이념과 비전은 아이들을 가르치는 목표이며, 내용이 된다. 아이들은 수업에서뿐만 아니라 모든 학교생활에서 이우의 교육이념과 비전, 가치, 철학에 맞춰 교육을 받는다. 무엇보다 중요한 가치는 '공동체적 삶'이다. 아이들은 철저하게 공동체 안에서의 위치와 역할, 책임에 대해 학습한다. 그리고 공동체적 삶은 부모들에게도 요구된다. 그러나 부모들은 공동체적 삶에 대한 경험이 적다. 막연하게 공동체적 삶이 좋고 필요하다고 생각하지만 그게 구체적으로 무엇이고 어떻게 해야 하는지에 대해서는 잘 모른다.

지금의 부모들은 무한경쟁에서 이겨야 살아남는 사회에서 성장한 세대들이다. 1960, 1970년대 이후 엄청난 사회경제적 변화 속에서 살아남은 세대로 이웃과 함께 사는 삶, 공동체적 삶이 익숙하지 않다. 그저 갈등 없는 가벼운 공동체적 삶을 사는 수준이다. 하지만 이우에 온 이상 그 정도 수준에 머물 수는 없다. 학교는 끊임없이 공동체적 삶을 이야기하고 부모들에게 무언의 메시지를 던진다. 그렇다면 부모들은 공동체적 삶에 대해 얼마나 더 치열해져야 하는가? 다음의 인터뷰는 이우 초기의 학부모들의 치열했던 모습을 생생하게 보여준다.

인터뷰에 등장하는 백두대간은 학부모와 학생이 함께 백두대간을 등반하는 산행 동아리이며, 이우학교 백두대간 동아리 동문회(이하 이백동동)는 백두대간 종주를 끝낸 기수들의 모임이다.

이우학교 백두대간 동아리 동문회(이백동동) 회장님 인터뷰

Q1 백두대간 동아리는 소외된 주변의 아이들에게도 백두대간을 경험할 수 있는 기회를 취지로 동천동의 성심원과 성남 청소년 학교 아이들이 함께 산행을 하도록 지원하고 있습니다. 처음 이 일을 어떻게 하게 되었는지……

A 한때 이우학교 내에서 학교 울타리를 벗어나 지역사회를 위해 공헌하자는 인식이 확산된 적이 있었어요. 이백동동에서도 한번 해보자는 의견이 있어서 '성심원과 함께하는 청소년학교(이하 함청)'라고 하고 함께 백두활동을 시작했지요. 처음엔 한두 명 정도가 참여를 지원했지만 이후 인원이 4명으로 늘어났습니다. 개인적으로 나는 초기에 함청과 성심원의 아이들이 받을 상처와 혹시 발생할지 모르는 안전사고 때문에 반대했습니다. 이우학교의 학생들은 그들에 비하면 부유한 가정에서 자랐고, 이우의 학부모들은 아이 교육에 관심이 엄청 많지요. 이에 반해 성심원이나 함

청 친구들은 경제적, 정서적으로 많이 소외된 아이들입니다. 이우 부모들은 이 아이들이 받을 상처에 대해 무방비 상태였고, 그래서 학부모들이 회비 형식으로 찬조금을 걷어서 아이들에게 등산장비를 사주고, 산행에 참석시키는 것에 대해 조금 회의적이었습니다.

그러나 성심원을 운영하는 주체인 원장수녀님과 담당 수녀님은 적극적이고, 성심원에 계셨기 때문에 문제가 발생하면 즉각적인 대응이 가능했고, 이백동동 집행부나 각 기수 대장들과 소통도 원활했습니다. 반면에 함청 친구들은 각기 흩어져서 생활하다 보니 여러 가지 문제가 있었지요. 어쨌든 함청 오일화 센터장님하고 많이 이야기하면서 선생님 한 분이 함께 산행을 했으면 하는 요구가 있어서 10기는 한 달 정도, 12기는 내내 동반산행을 하면서 소통이 많이 개선되었지요.

아직도 해결하지 못한 문제는 성심원과 함청 친구들이 이우학교 학부모와 아이들에게 받는 상처입니다. 특히 함청 친구들은 아직도 부모의 관심과 따뜻한 사랑이 필요한 아이들이지요. 아이들 입에서 "나도 나중에 저런 가정을 꾸려서 아이와 함께 백두를 하고 싶다"는 이야기를 듣기도 합니다. 우리가 상상하기 어려울 정도로 아이들은 상처를 많이 받고 있고, 흡연, 음주, 예절, 산행복장 등등. 아직도 그 아이들과 넘어야 할 과제들이 많이 남아있습니다.

Q2 이러한 일들이 어떤 의미가 있으며 어떻게 실현되고 있다고 생각하십니까?

A 이번 지원사업의 의도는 소외계층 청소년을 정서적으로 지지하고 그들의 사회적 책임감 형성을 돕는 데에 있습니다. 소외계층 청소년들이 처한 경제적 어려움, 부적절한 가정환경 등은 사회성 발달이나 정서, 행동에 부정적 영향을 미치지요. 그래서 소외계층 청소년은 일반 청소년보다 사회성 발달이 산만해지거나, 반사회적 행동이나 문제행동 참여하거나 친구와의 갈등 경험, 동료집단의 압력 등을 더 많이 받으며, 외로움, 우울감을 더 느끼게 됩니다. 이들에게 활발한 사회 참여 기회를 제공해서 정서적 지지망을 형성하도록 하며, 조직캠핑 활동을 통해 사회적으로 성장할 수 있도록 돕고, 공동체 참여를 통한 유대관계 형성을 통해 사회성 및 사회적 책임성을 형성할 수 있게 해줄 수 있습니다. 또한 이 프로그램은 학교 밖 교육 공간 제공을 통한 지속가능한 프로그램이기도 합니다.

함께 산행을 하면서 동료, 선후배, 부모님 등 다양한 관계 속에서 만나고 소통하고 협업하면서 '더불어 살아가는 삶'의 경험을 쌓고 삶의 역량을 기를 수 있게 됩니다. 함께 음식을 나누어 먹고, 힘들면 배낭도 나누어지고 끌어주고 밀어주고 하면서 '배려', '예절', '공동체', '나눔' 등의 덕목을 체험할 수 있는 기회를 제공하지요. 제 생각일지는 모르지만 가장 확실한 것은 우리 모두에게 잊지 못할 추억과 경험이 되었습니다.

Q3 백두대간을 통해 공동체적 삶을 실현하기 위한 노력에 어떤 어려움이 있었는지? 앞으로 과제는 무엇이라고 생각하십니까?

A 사람마다 각기 백두대간을 시작하는 의미는 다 다릅니다. 백두는 분명한 공동체입니다. 2년여 기간을 함께 웃고, 울고, 마음 상하고 화해하고 하면서 서로를 알아가는 시간을 갖습니다. 서로 소통하고 협력하기 위해 필요한 시간이지요. 백두종주가 막을 내리면 백두식구 끼리는 공동체적 삶을 실현하게 되지요. 각 기수마다 특색이 있어 조금씩은 색깔이 다르지만 큰 줄기는 다르지 않을 겁니다. 이우 백두의 산행과 더불어 일어나는 모든 행동은 공동체적 삶의 연습입니다. 백두를 통해서 얻을 수 있는 것들은 우선, 나를 돌아보는 시간, 꿈을 찾아 떠나는 동행, 산행을 통한 사색의 시간입니다. 이 시간은 자아성찰의 기회를 제공하며, 자아 존중감을 높이는 기회가 되고 또한 환경의식도 향상됩니다. 백두대간 산행은 자연(숲)의 중요성을 직접 느끼는 살아있는 환경교육의 장이며, 기후변화를 막고 생태계를 보존하기 위한 실천의 삶을 사는 것이기도 하지요. 그 외에 이우학교에서 추구하고 있는 타자에 관심을 가지고 타자를 절대적으로 환대하는 태도와 타자와의 소통과 협력을 추구하는 능력, 사회적 약자 혹은 소수자와의 연대능력, 공정하고 평등한 사회를 위한 노력과 공유와 협력에 기초한 대안적 경제 모델의 추구 하는 등등을 보이지 않게 실천하는 교육의 장입니다. 산행을 주도하는 대장님들이 아이들에게 솔선수범을 보여줬으리라 기대합니다.

Q4 이우 학부모 선배로서 지금의 이우의 학부모들에게 해주고 싶은 말이 있다면?

A 이우학교가 정답은 아닙니다. 그동안 이우학교가 추구하였던 여러 가치를(입학원서를 쓰던 마음) 따르고 실천하고자 노력을 하였으므로, 나의 가치도 다시 한 번 되돌

아보는 기회를 가질 수 있는 것이 백두라면, 그 가치를 내 삶에 녹여 실천을 하는 과정도 필요합니다.

이우를 졸업한 이후에도, 또한 은퇴 후에도 함께 할 수 있는 사람들이 이백동동 회원이 아닐까 생각합니다. 비슷한 가치를 지닌 사람들이 인생2막과 3막을 함께 보낼 수 있는 시니어클럽(가칭)을 만들까 생각 중인데 동참하시지요.

요즘은 학교를 가도, 처음 이우학교 만들 때처럼 가슴이 뜨거워지지 않습니다. 이우학교를 졸업하고 나면 학교에 대한 관심이 점차 줄어들게 됩니다. 이런 관심을 모아 연결해 줄 수 있는 '끈'이 이백동동 일겁니다. 인터뷰 덕분에 추억의 시간을 한번 되돌아보는 시간을 가지게 되었습니다. 좋은 기회를 주셔서 감사드립니다.

이백동동 회장님을 인터뷰하면서 이우학교 초기의 선배들의 삶은 지금보다 훨씬 치열했다는 것을 알게 되었다. 선배 부모들은 그야말로 이우의 모든 것이 도전 그 자체였다. 아무것도 없는 무無에서 학교를 만들어냈다. 다른 선택지는 없었다. 학부모들이 없으면 학교 존립 자체가 어려웠던 시절이었다. 초창기 부모들은 돈도 엄청나게 기부했다. 그러한 재정적 투자 자체가 이우에 대한 애정이고, 책임감의 표현이었다. 지금의 우리나 앞으로 들어올 이우의 부모들은 이우의 역사와 초창기의 어려움을 알아야 한다.

지금 우리 기수(2013년 이우중학교 입학 또는 2016년 이우고등학교 입학한 기수)의 부모들은 어쩌면 이미 안정된 학교여서 이우를 선택할 수 있었을지도 모른다. 그렇다면 지금 우리가 생각하는 이우공동체는 어떠한가? 우리는 이우가 지향하는 공동체적 삶의 가치를 얼마나 잘 지켜내고 있는가? 이우학교가 반드시 지켜내고자 하는 공동체적 삶은 그냥 얻어지는 것이 아니다. 모든 구성원들의 참여와 노력을 필요로 한다.

공동체적 삶을 실천해가는 학부모들

2019년에 입학하는 신입학부모들을 위한 안내서에 보면 이우학교와 관련된 다양한 공동체 활동이 소개되어있다. 너무 많아 다 소개하기는 어렵다. 그 중 몇 가지만 소개하면 다음과 같다.

이우생활공동체

2003년 더불어 사는 삶을 지향하고 실천하는 학생, 교사, 부모가 모여 '이우생활협동조합'을 만들었다. 이후 '이우생활공동체'로 이름을 바꾸었는데, 친환경농업을 하는 농민과 연대해 건강한 먹거리를 공동구매, 판매하고 마을의 어려운 이웃들을 돕기 위한 각종 사업, 행사들을 기획, 진행하고 있다. 마을 텃밭, 문화행사, 강연, 지역 축제나 나눔 이벤트, 방과후교실 등을 열기도 하고, 사회문제에 대한 집회에 참여하는 등 이웃과 다른 생명체와 함께 살아가는 삶을 실천하면서 마을 안에서 중요한 역할을 해나가고 있다. 이우학교의 가치를 삶을 통해 구현하고자 했기에 3주체가 함께하는 조직이 만들어질 수 있었다. 이우생공 사무실은 이우학교 학부모회들이 늘 모이는 마을 사랑방 같은 공간이기도 하다.

사회적 협동조합 '사다리'

이우학교 학부모와 교사들이 중심이 되어 만든 비영리법인이다. 마을공동체를 기반으로 사회적 기업과 협동조합, 마을기업의 창업을 돕기 위한 교육과 컨설팅을 하고 있다. 특히 이우고등학교 졸업생들을 포함하여 청년들이 마을에서 대안적 진로를 찾을 수 있도록 돕고 있다. 그 밖에도 다양한 문화 강좌 등을 열기도 한다.

해피쿠키

직접 만든 건강한 쿠키와 케이크, 빵을 만들어 먹고 싶은 마음에서 동네 엄마 10명이 모여 시작한 작은 빵집이다. 모든 제품은 우리밀, 유기농 설탕, 방사유정란, 우유버터 100%, 우유생크림 100%, 천연 바닐라 에센스, 국산 팥, 국산 대추 등 자연에 가장 가까운 재료로 만들어진다. 이외에도 공정무역 커피와 직접 담은 다양한 차를 마실 수 있다. 마을 안에 건강한 먹거리를 제공하는 건강한 일터이자, 커뮤니티 공간이다.

문탁네트워크

나이, 직업, 성별에 관계없이 누구나 지식을 생산하고 순환시키는 '대중지성'의 장으로 인문학을 공부하는 공간이다. 같이 공부만 하는 게 아니라 공동체 주방에서 같이 밥을 해먹으며 일상을 공유한다. 이 밖에도 마을의 청년, 청소년들의 공부를 돕고 지원한다.

이외에도 마을 안에는 시장경제와 다른 마을경제를 실험하는 마을 작업장 '월든'과 공간을 통해 각자의 삶을 공유하는 '파지사유', 마을 독립서점 '우주소년', 느티나무 도서관 등 다양한 공간과 실험들이 다양하다. 대부분의 조직들이 이우학교 학부모들이었거나 학부모인 사람들이다. 이런 공동체 공간 운영이 쉽지 않다. 수익을 목적으로 하지 않으니 지속가능성이 항상 위협받는다. 그렇지만 늘 그렇게 흔들리면서도 쓰러지지 않고 수년을 버티고 있다. 아마 그 또한 여럿이 함께이기 때문에 가능한 일일 것이다.

함께하는 청소년 학교

2007년 이우학교 부설 연구기관인 '함께하는 교육연구소'에서는 지역에서 청소년 운동을 하시는 분들과 함께 지역교육 네트워크 활동을 시작하였는데, 이것이 '함께하는 청소년 학교(함청)'다. 한 아이를 키우기 위해서는 마을이 필요하다는 취지에서 시작되었다.

"함청은 아동기를 지나서 지역아동센터를 갈 수 없는 지역의 위기의 청소년들을 돕기 위한 곳이다. 중학교 1~3학년 학생들이 와서 학년별 수업을 듣기도 하고 연극제, 록페스티벌 등 다양한 프로젝트를 진행한다. 예술 캠프나 자전거 캠프 등 프로그램도 있고 매월 생일파티도 열린다. 모든 과정은 이우학교 교육과정과 같이 아이들이 준비위를 꾸려 자주적으로 진행한다. 함청에서 아이들은 소속감을 느끼며 관계를 배우며, 공동체성을 배우며 자라간다. 위기의 청소년들을 돕기 위해 지역 내 네트워크를 구축하고 사업을 진행하기 위해서 정부 공모사업이나 기업 후원금을 모금하는데 그래도 늘 재정은 부족하다. 45명이나 되는 아이들을 돌보는 데 턱없이 부족한 교사는 많은 자원봉사자들로 채워질 수밖에 없다. 이우 부모들은 함청을 다양한 형태로 지원하고 참여하고 있다.

자신이 처한 상황과 상관없이 모든 아이들은 안전하고 건강하게 자라야 한다. 위기 청소년들의 문제는 그들의 책임이 아니다. 어른들과 마을이 그들을 보듬어야 하고 건강한 어른으로 키울 책임이 있다. 이우의 부모들이라면 더욱 더 그러해야 한다.”(「함께 여는 교육」(이우학교 소식지) 2016년 겨울호 중에서)

이우에서 우리가 경험한 공동체적 삶

지금도 이우에는 이러한 공동체적 삶의 실천이 있다. 그리고 그 영역은 더욱더 커질 것이다. 그런데 과거에 비해 공동체 활동에 참여하려고 하는 사람들은 점점 줄어들고 있다. 앞으로는 참여율이 더 낮아지지 않을까, 그것이 곧 이우학교가 지향하는 가치, 공동체적 삶의 약화로 이어지는 것이 아닐까 많은 부모들이 걱정하고 있다.

공동체적 삶을 지향하는 것과 그것을 직접 실행하는 것은 굉장히 다른 문제다. 공동체적 삶을 실지로 실행하는 데에는 많은 노력이 들고, 그 과정에 서 어려움, 갈등, 번거로움을 겪기도 한다. 여러 가지 사업을 기획하고 추진하는 과정 자체가 힘들뿐만 아니라 조직과 사람의 관계 속에서 피로를 느끼기도 한다. 이우에 들어왔다는 것은 이런 어려움과 문제를 만나게 된다는 것을 의미하기도 한다. 하지만 그 어려움이 있기에 부모들도 성장해 나간다. 이우학교는 아이들만 성장하는 곳이 아니다. 부모도 같이 성장하는 곳이다. 그리고 이러한 부모성장의 과정은 선택이 아닌 필수다. 그것이 이우학교가 지향하는, 이우학교를 설립했던 목표를 지켜나가는 방법이다. 공동체적 삶을 포기하는 순간, 이우학교의 특별함은 사라질 것이다.

■ 중3 부모들의 마을장터

2015년, 이우중학교에 들어온 지 3년. 그동안 공동체 삶에 적극적으로 참여해 열사람 몫을 하고 있는 엄마, 아빠들도 있었지만 그렇지 못해 아쉬움이 있었던 엄마들 몇몇이 모였다. 동천동에는 격월로 열리는 마을장터, '해도두리'가 있는데, 거기에 한자리를 얻어 집적 만든 냅킨아트 제품을 판매해 그 수익금을 지진으로 고통 받고 있는 네팔에 보내기로 했다.

우선 냅킨아트 중급 경력을 소유한 원준 엄마가 팔을 걷어붙였다. 원준 엄마는 무거운 재료를 카트에 끌고 이리저리, 생공으로 집으로, 혼자 남대문시장까지 나가 재료를 구입하고 여기저기 초보자들의 부름에 기술을 전하고 가르치러 종종걸음을 쳐야했다. 3번에 걸쳐 아침부터 저녁까지 생공에 자리 깔고 엄마들이 시간 나는 대로 집안일, 회사일 그 바쁜 시간 최대한 짬을 내어 처음 하는 작품이지만 예술혼을 불살라 40점이 넘는 작품을 만들었다. 해도두리 장터가 열리던 날, 자식 같은 내 작품이 팔리나 안 팔리나 노심초사 지켜보았다. 자기가 만든 작품이 팔린 걸 확인하는 엄마들의 기쁜 얼굴을 생각하면 지금도 웃음이 난다.

그런데 생각만큼 잘 팔리지 않았다. 슬슬 실망감이 높아지던 그 때, "짜잔~"하고 영주에서 산삼농사를 짓고 있는 인이 엄마가 나타났다. 직접 농사지어 만든 찐한 산양삼 엑기스를 풀어 고생한 엄마들의 몸을 충전시켜줬다. "힘이 불끈!!!" 그 뿐만 아니라 엄마들이 햇볕에 하루 종일 얼굴 탈까 그늘막을 쳐준 자상한 희성아빠, 뒷정리 도와주신 승이아빠, 장터에 나와 물건도 사주고 시원한 음료수도 사주신 중3 엄마 아빠들 모두 감사했다.

시간을 내주고 힘을 보태고 맘을 보태준 우리 학년 엄마들, 모두 즐거운 경험이었다. 며칠 동안 힘들게 만들었던 물건들을 팔아 남은 수익금 316,850원을 우리 기수 이름으로 네팔 지진복구 후원금으로 보냈다. 큰돈은 아니지만, 그거 팔겠다고 몇날 며칠을 고생하긴 했지만 그래도 다 함께 모여서 뭔가를 도모했다는 점, 그 결과도 좋은 곳에 사용되었다는 점, 그렇게 우리가 함께 살아가고 있다는 걸 느낀 점 모두 어디서도 경험할 수 없는 것들이었다. 그렇게 해서 우리는 함께 살아가는 방법을 하나하나 배워가고 있었다.

■ '점'을 찍다, 식구의 '정'을 나누다

― '졸업하는 학부모들이 이우 가족들에게 대접하는 떡국 한 그릇, 떡국이우'.

예정된 날이 다가오자 걱정이 커졌다. '뭘 얼마나 준비해야 하지?', '200명 이상 먹을 음식을 누가 만들지?', '일할 사람은 둘째 치고, 다들 먹으러 올까? 안 오면 어떡하지?', '아, 이 이우떡국은 도대체 왜 하는 거지?'

'의례依例'에 따르면 된다 하지만 의미 없이 '그냥' 전해 내려오는 것은 없을 터. 우선 본래의 가치를 찾아보았다. 학교 홈페이지에서 탄생 이야기부터 뒤졌다. '단순히 떡국을 먹는 데서 그치는 게 아니라 학교에 대한 고마움과 사랑을 확인하고 따뜻한 마음도 함께 나누는 자리가 되면 어떨까요?' 2012년, 제일 처음 시작한 8기 선배부모들의 마음은 이랬다. '이우의 열매인 졸업생들에게, 그 열매가 영글도록 애써 오신 선생님들과 학부모님들에게, 이우를 성장시켜주시고 가족이 되어주신 분들에게 소박하지만 감사의 마음 가득 담은 떡국을 준비했습니다.'

그리고 그 다음 해, 9기 선배학부모들은 이렇게 이어가고 있었다. '미운

정 고운 정 들었던 학교와 이우 사람들과 잘 헤어지기 위해 소박하게 준비한 자리, 잘 가라고 인사해주세요.' 그리고 또 그 다음해, 10기 선배학부모들의 화답은 11, 12, 13기로 이어 내려왔다. 결국은 '가족'의 다른 말 '食口'. 떡국 한 그릇을 나누며 이우는 온전히 한식구임을 확인했던 것이다.

이우고 14기가 준비한 '떡국이우 시즌7, 이우에 점點 찍다' 주제가 정해지자 준비는 일사천리로 진행됐다. 솜씨 좋은 엄마, 아빠들이 전날 밤부터 모여 생공방을 꾸몄다. 천성이 알뜰한 엄마들은 함께 장을 봤다. 너나없이 집에 있던 식재료를 들고 모였다. 2018년 마지막 토요일, 이른 아침에 다 같이 모여 떡국을 끓이고 간을 맞췄다. 기름을 두르고 전을 지졌다. 앞치마를 매고 '또 다른 이우 식구'들을 맞았다. 누구는 요리 솜씨를, 누구는 설거지 내공을 발휘했다. 종일 있지 못하면 시간을 나눠 손을 보태기도 했다. 12월의 마지막 토요일, 한낮 최고 영하 2도의 매서운 날씨. 하지만 '떡국 이우'가 열린 생공은 온종일 훈훈했다. 저마다의 얼굴에 별 모양 '점'을 찍으며 사진 한 장씩을 남겼고 따듯한 졸업 축하인사를 건넸고, 3년, 6년 이우에서의 소중한 기억들을 나눴다. 2백명이 넘는 이우식구들이 다녀갔고, 자발적인 학교 기부금도 3백만 원이나 넘게 모였다.

세상 모든 변화의 시작은 사람과 사람의 작은 만남이라고 했다. 함께할 때 우리는 더 넓은 세상과 만난다. 함께할 때 우리는 비로소 성장한다. '더불어 사는 삶'으로 끓이고 '식구의 정'으로 간 맞춘 마음 한 그릇. 그래서 오래오래 지키고 싶고, 맛보고 싶은 그것이 '떡국이우'이다. (이우고 14기 세현아빠)

4. 이우학교 학부모회

　이우학교 부모들은 학교 운영의 공동 주체다. 형식적으로가 아니라 직접적으로 그러하다. 형식적 학부모 자치 기구이자 동시에 실질적 의사결정에 참여할 수 있는 통로이다. 그리고 학년, 반 학부모회는 학년 선생님들이나 담임 선생님과의 소통 통로 역할을 한다.

　이우학교 학부모회에는 여러 영역별 위원회가 있다

- **교과지원위원회** : 이우중 · 고등학교의 교육과정을 매개로 학교와 학부모 사이에서 소통하는 위원회다. 6개 학년 학부모들과 함께 활동하면서 좀 더 폭넓게 학교생활을 경험할 수 있으며, 주된 활동은 교과포럼, 진로네트워크 활동이 있다.

- **교육문화위원회** : 교문위는 이우학교에서 학부모들을 대상으로 이루어지는 다양한 교육과 문화 프로그램을 담당하는 위원회다. 이우교문위는 2005년 10월 8일 처음 설립되었다. 초창기에는 이우교육문화포럼이라는 이름으로 (고)신영복, 황대권 선생님들도 모시고 포럼을 진행하였으며 학부모와 교사 전체 MT인 '꿈꾸는 이우공동체'를 기획하였다. 2012년부터 학부모 교양강좌를 시작, 학교와 마을이 함께하는 강좌를 기획하면서 정혜신, 강수돌, 정재승, 김찬호, 김진경 등 다양한 분야의 강사를 초청하여 강좌를 개최하고 있다. 2017년에는 '이우톡톡'이라는 이름의 토크 콘서트를 기획하여 강연 중심의 강좌에서 벗어나 적극적인 참여를 유도하는 새로운 소통 형식으로 큰 호응을 얻기도 했다.

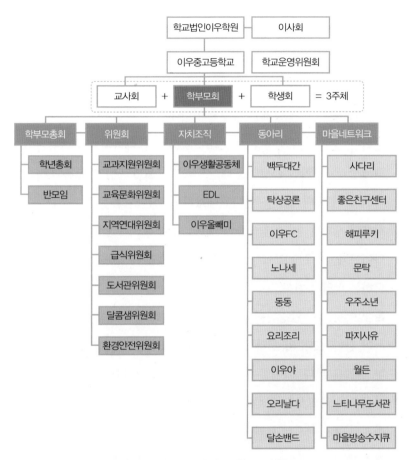

| 학교법인이우학원 | 이사회 |
| 이우중고등학교 | 학교운영위원회 |

교사회 + 학부모회 + 학생회 = 3주체

| 학부모총회 | 위원회 | 자치조직 | 동아리 | 마을네트워크 |

학년총회	교과지원위원회	이우생활공동체	백두대간	사다리
반모임	교육문화위원회	EDL	탁상공론	좋은친구센터
	지역연대위원회	이우올빼미	이우FC	해피루키
	급식위원회		노나세	문탁
	도서관위원회		동동	우주소년
	달콤샘위원회		요리조리	파지사유
	환경안전위원회		이우야	월든
			오리날다	느티나무도서관
			달손밴드	마을방송수지큐

이우학교 조직도(학부모회 중심), 「이우백서」 중에서, 2019

- **급식위원회** : 이우학교의 급식은 유기농이니 친환경이니 하는 단어에 국한된 상업적 영농이 아닌 인간을 생각하는 영농에 의해 생산된 농산물을 함께 소비하는 것을 지향한다. 이우학교의 철학과 더불어 삶, 상생을 바탕으로 하여 학생급식 생활지도나 학부모 급식도우미 제도 등의 운영 원칙이나 식재료 원칙 등이 결정된다. 이에 중고등학교 전 학년에

걸쳐 각 반별로 선정된 학부모 급식위원이 모여 급식위원회를 구성한다. 학부모 급식 자원봉사와 관련해 검수, 모니터링, 도우미 지원 등의 업무 외에도 다양한 영역에서 이우의 급식 정신을 펼친다.

- **도서관위원회** : 책을 주제로 다양한 영역에서 활동을 이어가는 도서관위원회다. 분과로는 책세상, 에르디아 토론파티, 아카이브로 나뉘는데, 〈책세상〉은 각 학년 학생들을 대상으로 고전 200권 읽기, 토론과 사유의 시간 갖기 등의 활동을 한다. 〈에르디아 토론파티〉는 책을 읽고 느낀 서로의 생각을 '비경쟁 토론'방식으로 충분히 주고받는 활동이다. 〈아카이브〉는 이우학교 학생들의 중요한 일들을 수집하고 기록하며 목록화하는 작업을 한다.

- **환경안전위원회** : 환경위원회는 아이들을 위한 심미적, 물리적 환경을 만들어 간다. 교내 외 생활 공간 곳곳을 깨끗하고 아름답게 가꾸는 다양한 일들을 한다. 아이들이 즐겁고 행복하게 생활할 수 있는 쾌적하고 아름다운 학교를 지향한다. 환경위는 사실 몸을 많이 움직여야 한다. 하지만 그 이상으로 보람도 있다.

- **매점위원회** : 교내 매점 '달콤샘'에서 활동하는 분과위원회로, 그 시작은 2003년 선생님들의 지도하에 학생 자치활동인 학생협동조합으로 출발했다. 여러 가지 이유로 경영이 어려워지자 학부모님들의 자원봉사로 운영 중이다. 아이들과 호흡하며 학교를 알아가기 좋은 활동으로 달콤샘위원과 물품위원으로 나누어 활동을 펼치며, 물품위원은 학생 물품위원과 함께 신제품 선정 등 물품 구입에 관한 활동을 진행한다.

- **지역연대위원회** : 2015년 2월 학부모총회 의결로 지역연대위원회가 새

롭게 탄생하면서 이우 학부모회가 학교 울타리 너머 마을로, 지역으로 새로운 발걸음을 내디뎠다. 지역연대위원회의 시초는 2014년 4월 16일 세월호 참사 직후 결성되어 1년간 마을과 사회 곳곳에서 활동한 '이우학부모 세월호 참사 비상대책위원회'라고 할 수 있다. 이후 두 차례의 공청회를 거쳐 비대위를 발전적으로 해체하였고 학부모회 산하 정식 위원회로 거듭났다.

지역연대위원회는 학교 밖 지역단체와 주민들과 함께 대안적 삶의 가치를 찾고 실천한다. '일상에서 변화의 중심에 서자'는 모토 아래 우리 아이들의 삶의 배움터를 지역으로 확장하고 지역과 사회를 보다 건강하게 가꾸어 나간다. 이우공동체와 생활의 터전이 되는 지역 커뮤니티와의 가교 역할을 하며 지역 주민과 함께 더불어 살아가는 이우 정신을 실천하는 위원회다.

(2019 신입학부모 엠티 자료 「이우생활백서」에서 발췌)

■ 학부모 총회

　중학교 입학 후 한 달이 어떻게 흘러갔는지, 정신없이 시간이 지났다. 학부모 교육에 여러 가지 행사 때문에 아이가 학교를 다니는 건지 내가 학교를 다니는 건지 알 수 없는 나날이었다. 그 와중에 첫 번째 학부모 총회가 열렸다. 초등학교 땐 총회가 늘 낮에 열렸다. 학교에서 날짜 정하고 공지를 하면 시간 되면 부모들은 참석만 하면 되었다. 그나마 전업주부나 참여 가능했다. 그런데 이우학교는 저녁시간에 학부모 총회가 열렸다. 엄마뿐만 아니라 아빠도 꼭 참여해야 했다. 날짜 정하고 프로그램 짜고 자료 준비하고 공지까지……. 모든 것이 학부모들이 알아서 해야 하는 그야말로 학부모 총회였다.

　내용은 학교 교육 운영 목표와 계획, 선생님들과의 인사, 학부모 임원 소개, 교감선생님의 말씀과 학년 선생님들의 당부 그리고 학교 재정 상황 공유 등이었다. 2시간이 넘도록 진지한 회의가 계속되었다. 퇴근 후 저녁도 못 먹고 와서 집중력 있게 이야기를 듣기 어려웠지만 하나하나 중요한 내용들이어서 최대한 논의에 집중했다. 예정되었던 시간을 훌쩍 지나버렸다. 드디어 학부모 첫 학년 총회가 끝났다.

　첫 총회를 끝내고 학년대표의 자기고백과도 같은 소회가 학교 게시판에 올라왔다.

　"처음 치른 총회여서 그랬을까요? 나름 시간을 배정도 한다고 했는데 장소도, 빔 설치도, 미숙한 점이 있었네요. 간식 준비에, 회의 준비에 고생하신 임원님들, 사진을 찍고 서기를 해주신 부모님들, 수고 많으셨습니다. 시간에 쫓겨 가슴 졸이며 급하게 오셨을 여러 학부모님들 늦은 시간 그리고 긴 시간동안 야간 수업(?)을 받으시느라 고생 많으셨습니다."

　처음 해보는 중학교 학부모 노릇, 거기다 학년대표라는 책임을 맡아 처음 치른 학부모 총회. 실수나 미흡한 점이 없었을 리 없다. 모든 것이 낯선 것들뿐이었다. 그렇지만 예상보다 훨씬 많이 늦어진 시간에 끝났는데도, 다들 집에 가지 않고 새벽까지 뒤풀이를 하며 이야기를 이어간 부모들이었다. 이런 에너지가 도대체 어디서 나오는 것일까? 모여서 아이들 공부 이야기를 하는 것도 아니고 돈 버는 이야기를 하는 것도 아닌데 부모들의 이야기는 끝날 줄 몰랐다. 무엇이 그렇게 즐겁고 재밌는 것일까?

　세상에서 알게 모르게 서로를 견제하며 비교하며 무시하며 긴장 관계에서 사람을 만나던 중년의 남자와 여자들이 아이를 매개로 사람들을 만났다. 거기엔 상대방이 어떤 사람인지, 얼마나 가졌는지 알 필요도, 생각할 필요도 없다. 사회생활에서 만나기 어려운, 어릴 적 동네 친구처럼 긴장하지 않고, 경계하지 않고 만나서 편하게 이야기 할 수 있는 그런 친구를 마흔 넘어 만난 것이다. 이 나이에 어디 가서 이런 편한 사람들을 만날 수 있을까? 일반 학교에 가서 다른 학부모들과 아이들 이야기 안하고 성적이나 대학 이야기 안하고 이렇게 편하게 이야기 할 수 있을까? 어쩜 이우중학교 신입 학부모들은 술이 아니라 그 기쁨과 편안함에 취해 갔던 게 아닐까 싶다.

힘든 회의 뒤 새벽 2시까지 총회 뒤풀이를 마친 뒤 학년대표의 고백, "슬슬 겁이 납니다. 앞으로는 뒤풀이 없는 총회를 해야겠네요. ㅎㅎㅎㅎ." 그러나 그렇게 되었을 리 없다. 그 뒤로 6년 동안 부모들은 동네친구가 되어 틈만 나면 술 마시고, 공차고, 밥 먹으면서 오래오래 행복하게 잘 살고 있다고 한다.

5. 학부모 자치활동

사실 이우학교는 특별하다. 우선 경쟁률이 높다. 높은 경쟁률을 뚫고 이우학교에 들어왔다는 자부심이 이우 학부모들의 의식 속에 있다. 또 이우 부모들은 교육열이 높다. 대학진학의 기준은 강남 학부모 못지않게 높다. 어찌 보면 '이우 올빼미' 같은 활동의 원동력 중 하나가 바로 이 뜨거운 교육열과 이우라고 하는 '특별한' 학교에 들어온 부모로서의 자부심일 것이다.

우리가 특별하고 좋은 학교에 아이를 보낸다는 자부심을 지켜내기 위해서는 학교에서 아이들이 훌륭하게 잘 성장해야 한다. 그것을 위해 학부모가 해야만 하는, 할 수 있는 것이 있다면 헌신적으로 할 준비가 되어있는 사람들이 이우 학부모들이다. 특히 다른 학교와는 달리 이우학교의 학부모활동에는 아빠들이 빠지지 않는다.

이우의 아빠들

대한민국의 교육은 아빠보다는 엄마의 책임으로 되어있는 듯하다. 아빠는 부지런히 나가서 돈을 벌어다 주고 엄마가 아이교육의 대부분의 문제를 혼자서 해결한다. 대학교 문제는 물론이고, 사교육 등도 대부분 엄마의 입김으로 결정된다. 일반학교의 학부모회 활동은 주로 엄마들이 참여하는 활동이다. 하지만 이우에서는 엄마만이 아니라 부모, 부부가 다 함께 아이교육에 개입하고 관여하는 것을 독려한다.

이우의 학부모회 활동에서 두드러지는 특징을 꼽으라면 아빠들의 참여를 빼놓을 수 없다. 과연 이우학부모 활동에서 아빠들의 활동은 어떤 의미를 가지는 것일까? 아빠들은 학부모활동을 하는 과정에서 엄마와 마찬가지로 스스로 변화한다. 경쟁이 치열한 사회에서 살아남으려면 어떻게 해야 하는지 아빠가 더 잘 알고 거기에 맞춰서 아이들을 일정한 방향으로 교육하고자 하는 아빠들도 많다. 하지만 그들의 이런 생각도 아이들과 함께 변화한다.

■ 우리 아빠가 이렇게 달라졌어요

아이는 오랜 기간 교사의 꿈을 가지고 있었으나 나는 명문대학에 진학하여 판사가 되어 사회 정의를 실천하며 살아가기를 원했다. 사회 지도층으로 들어가야 나의 영향력을 발휘할 수 있기 때문에 내 아이가 사회정의 실현을 위해 사회 지도층에 들어가 자기의 목소리를 내는 삶을 살게 하고 싶었다. 그러기 위해 학교 공부를 열심히 하기를 원했고 부족하다면 온갖 사교육을 동원해서라도 명문대학에 입학할 수 있게 뒷바라지를 하는 것이 나의 역할이라고 생각했다. 당연히 외고나 자사고에 진학을 할 것이라 생각했는데 갑자기 '이우학교'라니……. 큰아이 때 잠시 들어본 적이 있었지만 잘 알지도 못하는 이우학교를 딸이 가고 싶다고 하니 허락은 했지만 사실 속마음은 떨어져도 상관없다는 생각이었다.

그런데 이우학교를 보내면서 아이가 가혹한 입시 경쟁으로부터 자유로운 삶을 살면서 자신이 원하는 진로를 스스로 찾아가는 모습을 지켜보는 것이 올바른 부모의 역할이라 것을 알게 되었다. 아이가 다양한 사회체험과 활동을 통해 시야를 넓히고 자기의 삶을 찾아가고 만들어 가는 것에 만족하는 것을 보면서는 이우학교에 합격한 것이 행운이라는 생각을 하게 되었다. 그렇지만 아이가 이런 과정을 통해 성장하여 사회에 영향력 있는 목소리를 낼 수 있을지는 의문이다. 그래도 이우학교의 가치관과 철학이 배어있는 아이를 볼 때 다양한 방법으로 자기 목소리를 낼 수 있는 사람으로 성장할 것이리라 기대하고 있다.

첫아이는 자사고를 다녔는데, 입시는 잘 모르겠다. 아들이 기숙사에 있었고 좋은 학교에 보냈으니 학교가 알아서 잘 지도해 주겠지 믿었다. 지금은 좀 후회가 된다. 내가 아이에 대해 좀 더 알고 관심을 두었다면 더 좋은 성과를 내지 않았을까 하는 미련이 남아있다. 둘째도 다르지는 않다. 그러나 옆에서 어떻게 지내는지 지켜보았고 과제 등을 할 때 아빠의 조언을 구하는 등 최소한 무엇을 하고 지내는지는 알게 되었다. 예전에 관심을 두지 않았던 사회문제, 역사 등에 관심을 두면서 딸과 대화하는 시간도 많아졌고 무슨 생각을 하는지도 아들에 비해 많이 알게 되었다. 그러나 그렇다고 해서 딸의 미래에 대해 전부 믿고 안심하는 건 아니다. 미래에 대한 불확실성이 많이 존재하기 때문에 둘째는 잘 키웠다고 말하기는 이르다. 하지만 지금 모습을 보면 자신이 하고 싶은 일을 잘 찾아 갈 것 같다는 믿음이 생긴 건 사실이다.

아이를 이우학교에 보내고 나서 나도 변화하기 시작했다. 이우학교 학부모 새로배움터에서 부터다. 그 후 이우학교 학부모 오리엔테이션, 각종 동아리, 학부모 위원회를 통해 이우의 가치를 배우고 이해하고 실천하면서 변화가 있지 않았을까 생각한다. 나는 50%쯤 변화 되었을지도 모르겠다. 이우에 만족하지 못하는 사람들의 의견도 충분히 이해가 가기 때문이다.(이우고 14기, 이슬이 아빠)

학부모 자치활동(1) 이우 더불어 리그 EDL

이우인이여! 잠자는 근육을 깨워라! 매해 3월이면 중1부터 고3까지 학년별 학부모를 비롯해 졸업생 학부모, 졸업생이 각 팀을 이루어 이우만의 7인제 축구리그를 시작한다. 이름하여 EDL(이우E · 더불어D · 리그L). '백두대간'과 더불어 이우학교 학부모 동아리 중에서 가장 역사가 깊고 모든 학년의 모든 학부모(아빠)들이 자동으로 소속되는 활동이다. (물론 강제로 나와야 되는 것은 아니다. 하고 싶은 아빠들만 참여한다.) 단순히 학부모들의 축구 모임이라기보다는 축구와 응원을 통해 서로 협력하고 소통하는 열린 모임이다.

3월 중순 개막식을 시작으로, 10월 말 폐막식까지 각 학년별 팀이 구성되어 한여름 폭염기를 제외한 일요일 오후 2시 이우학교의 운동장에서 열띤 경기가 펼쳐진다. 매주 일요일마다 4팀이 참가하며, 정규리그는 각 팀과 1게임씩 총 7게임(축구경기+풋살경기, 맘 페널티킥)으로 운영된다. 게임 종료 후 상대팀과 친목도모를 위한 뒤풀이를 진행하며 경기 준비 및 마무리, 간식준비는 학년별로 번갈아 준비한다. EDL에서 활동하는 아빠들은 공만 차는 것이 아니라 학교의 각종 행사나 궂은 일이 있을 때는 제일 먼저 앞장서서 든든한 역할을 해낸다. 또 입학 이후 학교 교육 방침이나 교과 과정, 또는 아이에 대해 이해하지 못해 불안하거나 불만이 쌓일 때 EDL을 통해 학교와 아이들을 이해하고 다시 바라볼 수 있는 기회를 얻는다. 아빠들에게는 중요한 소통의 장이다. 자신의 인식의 폭이 확장되고 성장하게 된다.

■ 맨땅에 헤딩?

중학교에 입학하니 학교 게시판에 축구 대진표가 올라왔다. 중1부터 졸업학부모, 교사, 졸업생까지 모여 2주에 한 번씩 경기를 한단다. 동네마다 조기 축구회가 잘 된다는 건 익히 들어 알고 있었지만, 학교에서까지 학부모들끼리 축구라니. 학부모회 전통으로 수년째 계속되고 있다니. 그리고 얼마 후 반대표인 태정아빠로부터 공지가 올라왔다.

"지금까지 만나 뵌 많은 분들의 의견을 모아 아 '팀명' 및 '유니폼' 선정을 위한 투표를 진행합니다. 짧으면 3년, 길면 6년 이상 쓰게 될 팀명이자 유니폼입니다. 모두 관심을 갖고 신중하게 투표해 주시기 바랍니다.

팀명은 1번 맨땅 2번 개발 3번 오리발 4번 위너스 5번 핵심선수단 6번 시나브로 7번 분수분수 8번 신명입니다. 자, 다음은 유니폼입니다. 1번 크로아티아 2번 브라질 3번 함부르크. 맘에 드는 번호를 댓글로 달아주세요. 일생에 어쩌면 다시없을 단 한 번의 기회입니다. 스스럼없이, 주저없이 댓글로 투표해 주시기 바랍니다." 그 투표결과, 우리 학년의 팀명은 '맨땅'이 되었고, 그렇게 6년 동안 '맨땅에 헤딩'하는 학년이 되었다.

■ 아이처럼 웃고 뛰놀다

남편은 소위 말하는 아이가 명문대에 가기 위한 3가지 조건 -첫째, 할아버지의 재력, 둘째 엄마의 정보력, 세 번째 아빠의 무관심-중 세 번째 조건에 딱 부합하는 아빠였다. 아이의 모든 교육문제는 엄마에게 맡겨두고 '난 아무것도 몰라요~그런 것 몰라요~ 그저 건강하게 자라다오.' 하는 아빠였다. 게다가 어려운 논의를 하는 회의 자리도 싫어하고 그저 열심히 일하고 운동하고 집에 오면 일찍 자는 단순하고 성실한 삶을 사는 사람이었다.

그가 처음 이우학부모가 되었을 때 아마도 학교 학부모들의 분위기는 이해할 수도 이해하고 싶지도 않았을 것이다. 입학전형 때부터 부모가 함께 1시간 넘게 면접을 보고, 입학 후에는 새로 배움터, 신입 학부모 엠티, 한 달에 한 번 반모임, 분기별 학년 총회, 부모가 같이 가야하는 담임 면담, 수많은 학부모 강좌, 학부모 반 엠티, 학부모 학년 엠티 등등. 처음 일 년 남편은 "도대체 이우 학부모는 회사도 안 가고 돈도 안 버냐?"며 우는 소리를 했다. 그런 남편에게 나는 대안을 제시했다. '이우의 다른 활동은 원할 때만 참석해도 되니 딱 하나 당신이 잘하는 축구만 해라' 그렇게 남편은 이디엘 EDL에 발을 들여놓게 되었다.

남편은 선·후배 학부모, 선생님, 졸업생아이들과 공을 차며 학교에 오는 것이 자연스러워졌고 팀 목표가 '우승'이 아닌 '우~습'이고 반칙을 하면 경고나 퇴장이 아니라 치마 입고 뛰기이며, 승점보다 응원점수가 높은 EDL에서 아이들처럼 웃고 뛰어놀며 그렇게 이우 학부모가 되었다.

학부모 자치활동(2) 올빼미

우리나라의 안전에 대한 불감증은 한두 해의 일이 아니다. 역사적으로도 안전에 대한 관심이 적었고, 그로인해 수없이 많은 사건사고들을 겪었다. 올빼미 활동은 아이들이 주로 하교하는 저녁 8시~11시까지 3시간 동안 하굣길의 안전을 학부모들이 돌봐주는 활동으로 분당경찰서로부터 공식적으로 인정받는 자치 방범 활동이다. 매월 참여할 날짜를 신청하고 하루에 4~5명 정도가 참여한다. 자전거 이용 지도를 하거나 버스정류장까지 가는 길을 에스코트 해주기도 하고, 혹시 있을지도 모를 교내외 위험 상황에 대비해 순찰을 돌기도 한다. 야광조끼를 입고 경광봉을 들고 걸어 다니기만 해도 마을의 위험요소는 줄어든다. 이외에도 학교 행사가 있을 때는 이면도로 주차 안내를 하고 매년 3월에는 신입학생과 학부모들을 위한 교통지도도 한다.

올빼미 활동을 하면서 참여하는 부모들과 안전의 중요성에 관해 많은 이야기를 나눈다. 안전의 중요성에 관한 이야기들은 안전에 대해서 한 번 더 생각할 수 있는 기회가 되고, 이 이야기들을 가정에서 아이들과도 공유한다. 일종의 상호학습의 기회가 되는 것이다.

■ 아빠들이 참여하는 이 활동의 의미는?

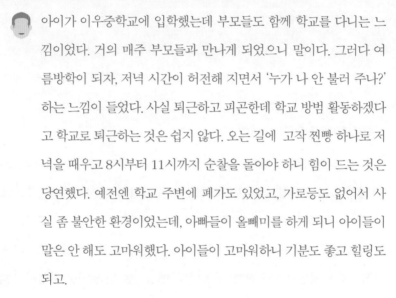

아이가 이우중학교에 입학했는데 부모들도 함께 학교를 다니는 느낌이었다. 거의 매주 부모들과 만나게 되었으니 말이다. 그러다 여름방학이 되자, 저녁 시간이 허전해 지면서 '누가 나 안 불러 주나?' 하는 느낌이 들었다. 사실 퇴근하고 피곤한데 학교 방범 활동하겠다고 학교로 퇴근하는 것은 쉽지 않다. 오는 길에 고작 찐빵 하나로 저녁을 때우고 8시부터 11시까지 순찰을 돌아야 하니 힘이 드는 것은 당연했다. 예전엔 학교 주변에 폐가도 있었고, 가로등도 없어서 사실 좀 불안한 환경이었는데, 아빠들이 올빼미를 하게 되니 아이들이 말은 안 해도 고마워했다. 아이들이 고마워하니 기분도 좋고 힐링도 되고.

엄마, 아빠, 선생님이 항상 아이들 주변에 있어서 아이들이 필요로 할 때 도움을 줄 수 있는 관계가 되었다는 것에 의미가 있다. 수십 가지의 학부모 활동이 있고 각 활동들마다 장단점이 있다. 때론 오버하는 거 아닌가란 느낌이 드는 활동도 있다. 이우의 3주체에서 부모는 학교와 학생, 이 두 주체를 도와주고 지지해주는 역할을 해야한

이우학교 사용설명서

다. 부모가 교육을 이끄는 주체가 되어서는 안 된다. 그저 울타리처럼, 늘 주변에 함께 있으면서 도움이 필요할 때 도움을 주는 게 모든 이우 학부모 활동들의 의미라고 생각한다. 개인적으로는 직장이나 가정에서는 배울 수 없는 것을 학부모활동에서 배우기도 한다. 나이나 살아온 환경이 다 다른 사람들과 이런 저런 얘기를 하다보면 배울 점이 많다. 예를 들어 앞으로 어떻게 살아야 하나 하는 인생의 지향에 대해서도 생각해 볼 수 있는 계기가 된다. 아이를 학교에 보냈을 뿐인데 내 자신의 삶에 대해 진지하게 고민해 볼 수 있는 기회가 주어지리라고는 생각지 못했다.

나는 개인적으로 일이 힘들 때 올빼미를 하면서 마음이 치유되는 경험을 했다. 사람들을 만나 이야기를 들으면서 어려움을 잊게 되고 새로 시작할 수 있는 힘을 얻었다. 꼭 어려운 시기가 아니었어도 좋은 일을 하면서 힘을 얻었을 것이다.

아이가 초등학교 다닐 때는 아빠들은 학부모 활동을 해본 적이 없다. 중학교 입학했을 때 학교 환경 개선에 필요한 일들에 대해 많은 아이디어들을 나눴었다. 많이 바뀐 건 아니지만 이런 저런 이야기들을 하면서 생각하고 말할 수 있는 분위기 자체가 좋았다. 나 스스로 학교에 대한 애정을 표현하는 계기가 되었다. 그리고 아이들과 걸어가면서 우리 아이에게는 직접 듣지 못하는 이야기를 다른 아이들을 통해서 이 얘기 저 얘기를 듣게 된다. 자기 부모한테는 쉽게 이야기

하지 못하는 것들이다. 이것저것 얘기해주는 것들을 통해서 많은 걸 알게 된다. 우리 아이가 중학생이었을 때 고등학생들로부터 고등학교생활에 대한 이야기를 듣고 고등학교에 대해서도 이해할 수 있어 좋았다.

다른 이우학부모 활동들은 대부분 같은 학년 중심으로 이루어지는 반면 이우올빼미는 다양한 학년의 부모들과 함께 활동하기 때문에 선배 학부모들에게 유익한 이야기를 많이 들을 수 있었다. 학교와 아이들에 대한 많은 정보를 가장 빨리, 많이 들었고, 학습할 수 있었다. 이우올빼미는 맨 정신으로 3시간 동안 학교에 관한 전반적인 이야기를 하는 모임이다. 궁금한 것을 쉽게 해소할 수 있었다. 가장 유익했던 점은 학교에 대해서 짧은 시간에 많은 걸 배울 수 있었다는 것이다. 학교 개교 초기 학부모들은 학교의 재정에 많은 보탬이 되었고, 2010년 국가 지원을 받고 난 후에는 학부모들의 역할도 달라졌다. 우리는 아이와 학교의 울타리의 역할을 하고 있는 것 같다. 아마도 부모 역할은 학교 상황이 변하면서 계속 바뀔 것이다.

■ 이우올빼미 활동이 전통이 되면 좋겠는데……

공동체는 나와 다른 사람이 함께 잘 사는 것을 목표로 하는데 그러기 위해서는 소통하고 배려하고 조금씩 손해 보려는 마음가짐이 필요하다. 올빼미도 그렇다. 아침에 교통 정리하는 데 자기만 편하려고 학교 앞까지 차를 타고 오는 것을 가끔 본다. 함께 잘 살려면 배려하는 의식, 내 아이가 네 아이고, 네 아이가 내 아이라는 의식이 필요하다.

사회생활을 하다보면 후배들, 신입사원에게 일을 줬을 때 잘 소화해내는 사람이 있는가 하면 못하는 사람도 있다. 이우학교의 경우 자기주도성을 키우고 스스로 기획하고 실행하는 힘을 키워주는 것이 장점이라고 생각한다. 이우에서는 아무것도 안하던 학부모들이 학교 나와서 이것저것 활동을 하게 된다. 그 점을 알고 와야 한다.

일반학교와 이우학교와의 차이를 운전면허를 따는 것으로 비유해 볼 수 있다. 일반학교는 면허문제집을 사서 공부해서 S자 T자 연습하고 공식에 따라 면허를 딴다. 하지만 이우학교는 그렇게 하지 않는다. 우선 들판에서 차의 원리부터 시작해 어떻게 안전하게 운전할 건지, 차가 어떻게 가고, 코스 연습 없이 전반적으로 차와 도로에 나갔을 때의 상황에 대해 가르친다. 그러니 시간이 많이 걸리고 기다려 줘야 한다. 부모가 이 아이가 운전면허를 딸 때까지 한 달이건 두 달이건 오랜 시간 기다려줄 수 있는 마음을 가지고 와야 한다. 단, 이 아이가 도로에 나갔을 때 대응 능력이 있다.

■ 과잉보호 아닐까?

올빼미를 하는 이유는 사실 늦게까지 남아있는 소수의 학생을 위한 것이다. 대부분은 부모가 와서 아이를 안전하게 데리고 간다. 그런 부모의 경우에 올빼미 왜 하나 할 수도 있다. 하지만 이우학교 주변 환경은 충분히 작은 사건들이 일어날 수 있는 여건이다. 그러니 가만히 있을 수는 없다. 이곳에 방범대가 있다는 걸 알리기 위해서 일부러 학교에서 꽤 멀리까지 방범을 나간다. 동네 사람들도 올빼미를 알고 있다. 그러니 혹 나쁜 맘을 갖고 있었던 사람일지라도 쉽게 범죄를 저지를 수 없을 것이다. 방범대원이 있다는 것을 알리는 것만으로도 범죄를 예방할 수 있다. 억지로 올빼미에 참여하라고 강요할 필요는 없다. 자발적인 사람들만 참여하면 된다. 제일 강하고 건강한 군인들도 행군할 때는 많은 것을 통제한다. 그 이유는 사소한 데서 사고가 나기 때문이다. 평소에 우리 아이들에게 사고가 나지 않을 것 같고, 실제로 잘 나는 것은 아니다. 그렇지만 사고가 나게 되었을 때 모든 사람들이 겪는 고통은 너무 크다. 나는 그런 사고가 일어나질 않길 바란다.

지금까지 큰 사고는 나지 않았다. 하지만 알 수 없는 일이다. 물론 올빼미가 있다고 날 사고가 안 나고 안 날 사고가 나는 건 아닐 것이다. 이우학교 아이들은 자전거로 등하교 하는 아이들이 많다. 올빼미는 들이 자전거를 탈 때 후미등을 켜라는 얘기도 해주고, 후미등도 달아주고, 헬멧 쓰고 다니라고 아침저녁으로 얘기해주고 챙겨준다. 아이들은 귀찮아하면서도 우리의 말에 따른다. 올빼미 활동으로 부모들이 관심 가져주니 그나마 아이들의 사고가 안 나고 있다고 생각한다.

우리는 잘 모르고 지나갔지만 2016년에 학교 주변에서 크고 작은 사고들이 약 10건이 있었다. 동네에 자전거 도로가 없어서 자전거로 통학하는 아이들에게 위험은 상존한다. 올빼미 초창기에 헬맷 이용 학생이 3명 정도였다. 5년 후엔 60% 정도 쓰고 다닌다. 처음엔 스타일 망친다고 헬맷을 절대 안 쓰던 아이들이 요즘은 쓰고 다닌다. 그게 안전하다는 것을 깨달았기 때문이다. 수시로 안전에 대해 캠페인을 하고 헬맷 쓰는 것을 권유하고 환기를 시킨다. 일상적으로 주장하는 게 아니라 잊을 만할 때 환기시킨다. 이우에서 좋은 교육을 받고 아이들이 잘 자라 사회 곳곳에서 자기의 역할을 잘 해내는 것이 필요하다. 그게 올빼미의 의미다.

열심히 올빼미 활동을 하셨던 분들 중에서도 개교 초기 환경에 비해 안전 환경이 많이 개선되었으니 이젠 올빼미활동을 할 필요가 없지 않느냐고 하는 분도 있었다. 학부모들의 지속적인 방범활동은 이 근처에선 나쁜 짓 하면 안 된다는 인식을 자리 잡게 해서 안전에 대한 예방책이 되기도 한다. 그리고 실제로 먼 곳까지 혼자 걸어가는 학생들이 있는데 직접적인 사고와 연결되진 않지만 아이들 하교에 도움이 되는 순간들이 있었다.

올빼미 활동은 당장 내 아이를 위한 건 아니다. 요즘은 일찍 집에 오니까. 하지만 일종의 품앗이라고 생각한다. 나는 처음 같이 어울리는 아이들이 다 내 자식이라고 생각한다고 하는 선배들 이야기를 들고 하게 되었다. 처음엔 어색했는데 아이들 반응을 보면서 우리 딸도 저렇게 크겠구나 하는 생각이 들었다. 아이를 더 잘 이해하게 되었다고나 할까. 딸을 낳고서 한국 사회에서 여자의 위치, 입장을 생각해 본 적이 있다. 과잉보호라고 하는 데 안전에서 지나친 건 없다고 생각한다. 과잉보호라는 표현은 우리의 활동이 아이들이 성숙할 기회를 막는다는 의미인데 이우의 아이들은 절대 그렇지 않다. 그러니 과잉보호는 아니다.

이우학부모 동아리(2019 신입학부모 엠티 자료 '이우생활백서'에서 발췌)

- **이우 백두대간 종주 탐사대** : 2년에 걸쳐 백두대간을 완주하는 산행 모임으로 2004년에 시작되었습니다. '열 사람의 백두 완주보다 백 사람의 백두 한걸음을 소중히 하자는 것이 백두인의 마음입니다. 때론 산에서 때론 계곡에서 서로 웃으며 아이와 마주 볼 수 있다는 것이 새벽 시간에 일어나 산으로 향하는 이유입니다.' 바로 이것이 백두대간의 존재이유입니다. 격주로 금요일 밤에 출발해 토요일까지 산행이 진행됩니다. 백두종주를 하고 난 어느 엄마는 "백두 덕에 건강은 얻었지만 연골을 잃었어"라고 소감을 밝히기도 했답니다.

- **탁상공론** : 탁구를 핑계 삼아 세상 노는 맛을 즐기는 모임입니다. 육체 건강을 위한 탁구장 테이블과 마음 건강을 위한 공론의 테이블이 두 개 마련되어있습니다.

- **이우FC** : 하늘에서 돌만 안 떨어지면 축구 하는 이우FC는 회원의 건강과 화목 그리고 이우학교와 우리 사회의 발전에 기여함을 목적으로 합니다. 회원의 경기력 향상을 위한 행사, 회원과 가족의 경조사, 친목 도모 등 본 회의 목적과 관련된 사항을 진행합니다.

- **노래로 나누는 세상, 노나세** : 놀이터 없는 '정글'을 떠나, 지금 이곳에서 제대로 놀며, 노래가 삶을 풍요롭고 행복하게 해줌을 체험하기 위해 노래합니다. '혼자'의 노래가 즐거움이라면, '우리'의 노래는 공감과 치유의 울림이기에, 우리는 함께 인생2막을 노래합니다.

- **연극 동아리 동동** : 우리 모두에게는 저마다의 꿈이 있습니다. 마을은 우리에게 그 꿈을 펼칠 고마운 장입니다. 동동에서 소중한 꿈을 모아 무대 위에 함께 꽃피워봅시다.

- **요리하는 아빠들의 모임, 요리조리** : 당신도 요섹남이 될 수 있습니다. 지금까지 당신이 맛본 음식에 대한 기억은 잊어라! 요리조리에 가입하는 당신! 미식의 세계로 안내합니다. 덤으로 노후대비!

- **이우야구팀, EWOOYA** : 이우야에서 수많은 새 친구를 만나고 있습니다. 같이 뛰고, 땀 흘리며 때로는 경쟁하고, 협력하면서 승리를 위해 함께 뒹구는 이우야는 배 나온 중년들의 해방구입니다.

- **오리날다** : '오리날다'는 오카리나를 연주하며 음악과 삶을 지향하는 동아리로 이우학교 학부모와 지역 주민이 함께 소통하며 공연과 봉사도 하고 있습니다.

- **달보다 손가락 마을밴드** : '달보다 손가락'은 음악을 사랑하고 합주의 즐거움을 누리고 싶은 이우학교 학부모님과 마을 주민으로 구성된 밴드입니다. 현재는 5개 팀(팀달팀, 보팀, 손팀, 가팀, 락팀)이 매주 합주를 진행하며, 매년 정기공연과 지역행사에 초청공연을 하고 있답니다.

이우학교에서 빠지면 안 되는 사람들은 바로 부모들이다

「이우학교 십년사」에 보면 개교 직후 학부모들이 이우학교의 빈 부분을 얼마나 많이 채워줬는지 알 수 있다. 학생들의 자기탐구 과제나 진로탐색을 도왔고, 도서관에 책을 채우면서 도서관답게 만들어줬으며, 학교 정자를 만들고, 시설들을 보수해줬다. 이우생활협동조합을 만들어 함께 사는 삶의 모습을 실제 보여줬으며, 학교 앞 동막천 살리기 운동을 하고 학교 주변에 들꽃을 심으며 생태적 삶을 실천했다. 셀 수 없을 정도로 많은 부모들의 헌신과 희생을 통해 이우학교는 지금의 모습을 갖출 수 있었다. 그리고 이런 활동이 가능하도록 중심 역할을 해준 것이 바로 학부모회였다고 기록되어있다.

학부모회는 지금도 이우학교를 운영하는 데 중요한 주체 중 하나이다. 물론 '주체'라는 단어를 각자 다르게 해석 가능하고 때론 '학교를 좌지우지 할 수 있는 권한'으로 해석되기도 한다. 그러면서 혼란과 갈등을 가져

오기도 한다. 하지만 그런 과정을 통해 오히려 이우학교의 철학이나 가치
는 다시 한 번 조명되고 서로의 모습을 통해 배우며 성장한다. 이견 때문
에 갈등을 겪더라도 참여하는 부모가 학부모회 활동에 참여하지 않고 교
육 소비자로 살아가는 부모보다 훨씬 더 이우 가치에 부합한다.

3

더 남은 이야기들

소중한 경험으로 남은 이우의 생활

이우고 14기 김세원

내가 생각하기에 이우학교에서 배우는 지식이 특별할 것은 없다. 내게 이우학교가 특별한 이유는 삶을 살아가는 데 있어서 실존주의적인 고민을 하게 해주었기 때문이다. 세상 흐름대로 살아가는 것 말고, 사회가 주입해 주는 것, 수동적으로 살아가는 삶 말고, 내가 나로서 이 세상에 어떻게 존재할지를 고민하게 만든 게 이우학교에서의 지난 3년이었다. 내가 이 세상을 어떻게 주체적으로 살아가고 존재할지를 고민하게 하는 게 이우에서의 생활이었다. 주체성을 선물해 준 곳이었다.

이우학교는 놀이터랑 같다. 어느 정도의 경계가 지워져 있고 그 안에 있으면 안전하다. 별 다른 걱정 없이 내게 주어지는 자극들 중 내가 원하는 것을 따라갈 수 있는 기회가 주어져 있다. 그것만으로도 이우학교는 좋은 학교라고 할 수 있다. 왜냐면 일반 학교에선 그런 게 가능하지 않을 것이기 때문이다. 학교에서 나는 주인이었다.

■ 이우수업 프로젝트과 당활동

나는 이우수업, 철학, 실천 방법 등을 바탕으로 아이들이 직접 수업을 만들고 해보는 프로젝트를 진행했다. 한 해 2~3번 정도 진행되고, 이우고 12기 총학생회에서 처음 정식 프로젝트로 탄생했다. 그 일환으로 고1 때는 비폭력 대화 수업을 했다. 입학해서 아이들끼리 이야기 할 기회가 많았지만 나도 모르게 무의식적으로 나오는 폭력적 대화 때문에 친구들과 깊이 있고 진정성 있는 대화가 어려웠다. 폭력적 대화라는 게 욕을 하거나 정말로 폭력성을 담은 언사를 말하는 게 아니다. 남을 함부로 규정짓거나 내 기준으로 재단하거나 하면서 나도 모르게 상대방에게 상처를 주는 그런 언어다. 그런 대화는 상대방의 맘을 닫게 하고 깊이 있고 진정성 있는 대화를 어렵게 만든다. 수업을 통해서 이들이 알지 못했던 자신들의 언어에 대해 다시 한 번 되돌아보는 계기가 되었다. 또 다른 수업은 '이우 이후'에 대한 것이었다. 이우학교에서 대안적 교육을 받는다고 하더라도 졸업하면 어떻게 되는지 궁금했고, 고민이 되었다. 졸업 후 선택할 수 있는 진로가 무엇이 있으며, 어떻게 살아야할지, 대안적 삶이란 무엇인지에 대한 문제의식을 가지고 다 같이 모여서 공부했다.

고2 때는 가장 중요한 키워드가 '대학'이었다. 하지만 학교에서 대학에 대해 터놓고, 노골적으로 이야기하는 것은 쉽지 않았고 대학에 대한 두려움과 걱정은 계속 되었다. 결국 대학입시라는 주제를 피할 것이 아니라 고민해봐야겠다고 생각했다. 대학을 가야 한다면 그 이유가 무엇이며 가지 않는다면 그 이유는 무엇인지를 조사하고, 찬반으로 나눠서 각자의 입장에 따라 토론을 했다. 다른 학생들은 대학진학 이유와 비진학 이유에 대한 토론을 들으면서 자신의 생각을 정리하기 시작했고 그에 따라 대학진학 찬성과 반대의 자기 근거를 만들어갔다. 막연하게 가야하지 않을까가 아니라 더 분명한 진학의 이유를 알게 되었다. 또한 비진학을 택한 아이들도 대학을 가지 않는 분명한 이유를 알게 되었고 확신을 가지게 되었다. 이렇게 우리는 수면 아래에 있던 '대학'이란 주제에 대해 수업하면서 막연한 두려움과 걱정을 씻어낼 수 있었다.

2학년 12월에는 '졸업식'에 대한 이우수업을 했다. 1년 밖에 남지 않은 이우에서의 시간을 어떻게 보내야 할지, 고3 시간을 어떻게 보내야할 지에 대한 고민으로 한 수업으로 고1 때 '이우 이후'라는 수업의 심화과정이라고 볼 수도 있다. 우리는 가상 졸업식을 준비했다. 고등학교 2년을 졸업하고 일 년을 더 다닐지 말지를 선택하게 하는 수업이었다. 이우학교를 졸업하고 싶은 이유와 더 다니고 싶은 이유를 스스로 고민해가면서 남은 고3 일 년을 어떻게 지나면 될지에 대해 스스로 깨닫고 다짐해보는 계기가 되었다.

고2때는 후배 고1 대상 이우수업을 했다. 이우고는 이우중을 졸업한 약 60%의 학생과 그 외의 중학교를 졸업하고 오는 '비이우중 학생' 약 40%로 구성된다. 이들 사이에는 무엇인가 모를 불편함이 있다. 이우학교의 문화

이우학교 사용설명서

와 일상 대화의 언어는 비이우중 학생들에게 위화감을 주었고, 이우중 학생들과의 관계를 어렵게 하는 요인이 되곤 했다. 선배가 되니 후배들의 그런 불편함이 보였고 고1 후배들에게 수업을 제안했다. 원래부터 원래인 것은 없다는 것을 가르쳐주는 수업이었다. 이우수업은 스스로 기획하고 준비하고 진행하는 수업이다. 매주 밤늦게까지 회의했지만 그 시간들이 힘들지 않고 참 좋았다. 해치우는 일이 아니라 우리가 잘 살 수 있는 방법을 고민하고, 이 공동체가 더 좋은 공동체가 될 수 있도록 만들어보는 시간이었다.

아이들은 이우학교가 하나의 공동체임을 배운다. 자신이 속한 공동체가 잘 되길 원한다. 내가 불행한 이유, 내 친구가 불행한 이유를 민감하게 알아채고 왜 그런지 함께 해결하고자 한다. 예를 들면 대학에 관해서도 걱정하고 우려하는 이유를 직면해서 스스로 정리해 내면 그 문제로부터 좀 더 자유로울 수 있다고 생각했다. 그리고 이런 과정에서 아이들과 학교 내에 조그만 변화들이 보였다.

이것이 바로 생활정치다. 이우학교엔 당활동이 있는데 학생 자치에서 중요한 과정이다. 이우의 당활동은 각자의 삶의 내용을 모으고 그 삶의 맥락 안에서 변화를 만들어가는 과정이다. 당활동 속에서 온갖 생각, 삶의 이야기, 지금까지 겪었던 일들, 철학과 방향성 등이 압축적으로 모아진다. 당공청회를 준비하면서 하나의 학생회 활동 방향성이 나온다. 마치 하나의 철학적 담론을 만드는 것과 같다. 내가 만들었던 당은 우주당이었다. 우주당에서는 학생들의 소소한 일들 모두가 자치이고, 사소한 것들을 긍정하는 것이 중요하다는 가치를 만들었다. 당공청회를 하면서 우주당의 이런 정신과 가치를 공론화시켰다. 당론을 잘 정리하고 스스로 납득하고 유권자들도 설득해나가는 과정을 통해서 이우 학생 공동체 전체가 우리가 제안한 가치에 대해서 고민하게 되었다. 매우 소중한 경험이었다.

■ 귀중한 경험으로 남은 학생자치 시간

나는 입학할 때부터 학생자치에 관심이 많았다. 학생자치 시간은 학년회가 준비하기도 하고 학년회가 아닌 친구들이 건의를 하기도 한다. 문제는 의무가 아니라 자발적으로 참여하는 데 있었다. 아이들이 재미있고 쉽게 접근하도록 하는 것이 필요했다. 그것을 준비하는 과정이 내 인생에 많은 도움이 되었다고 생각한다. 사회에 나가서 일을 할 때 다른 사람들과 소통하는 방식이 중요한데 학생자치를 통해서 그것을 배울 수 있었다.

이 글을 쓰는 지금은 대학에 입학하고 한 달이 지난 시점이다. 대학에서 진행되는 회의는 매우 빠르고 효율적이다. 사람의 주관이나 가치가 드러날 일(안건)도 없고, 그럴 시간도 없다. 이우학교에서 회의가 길어지는 이유는 내가 중요하게 생각하는 이유를 다 이야기 하고 다른 의견을 갖고 있는 아이들의 이야기를 다 들어주고 토론해야 했기 때문이다. 이견을 무시한 채 다수결로 의사를 결정하는 데 급급한 게 아니라 왜 다른 생각을 하고 다른 감정을 느끼고, 다른 판단을 하는지를 듣는 과정이었다. 그러면서 상대방을 이해하게 되고 알게 된다. 하지만 대학에선 그런 과정은 없었다. 앞으로도 없을 거란 느낌이다.

친구인 나민이도 비슷한 경험을 했다. 나민이는 고등학교 졸업 후 지식순환협동조합(지순협)에 들어갔다. 나름 대안적 교육을 지향하고 있어서 이우학교와 비슷할 거란 기대가 있었다. 지순협도 2주에 한 번씩 학생회의가 있는데 여기도 매우 효율적으로 진행된다. 의견이 나오면 그것에 대한 의사결정은 다음 회의 안건으로 넘긴다. 삶의 공유가 안 되고 모든 게 다수 결로 결정된다. 좀 더 촘촘한 세칙을 만들고 그 세칙 안에서 남에게 피해를 주지 않고 행동하도록 규제하는 식이다. 그런 회의가 조금 실망이 되었다.

결국 이우학교의 자치교육, 자치 문화는 누구나 쉽게 할 수 있는 게 아니란 생각이 든다. 훈련이 필요하다. 타인의 이야기를 끝까지 들어주고 그래서 그 사람과 만나는 순간까지 가는 게 이우학교에서의 회의이다. 이런 게 과연 일반 세상에서 가능할까? 이런 기회나 경험이 주어질까? 훈련 없이 그런 게 가능할까?

■ 공감의 능력을 키워준 이우

학교 일상 속에서 일어나는 문제는 세상 그 어떤 문제보다도 우리들에게는 중요했다. 문제가 생기면 아이들은 결코 소홀히 하거나 가볍게 지나치지 않았다. 그러다보니 오후 수업이 끝난 뒤 시작되는 학생들의 회의는 밤 12시까지 끝나지 않을 때가 많았다. 밤 11시면 학교가 문을 닫는데 몇 시간에 걸쳐 회의를 했지만 결론을 내지 못하는 경우도 있었다. 그러면 학교에서 나와 길거리나 편의점에 앉아서 회의를 계속 이어나가야 했다. 그런데 그때 여지없이 부모님한테서 전화가 왔다. 대부분이 어디서 뭘 하고 집에 오지 않는지 닦달하고 채근하는 전화였다. 부모님들은 우리가 무슨 고민을 하고 무슨 논의를 하고 있는지에 대해선 물어보지 않았다. 그저 밤늦게까지 쓸데없는 걱정과 논의는 그만하고 집에 들어오라고 닦달할 뿐이었다. 나름 아이들을 이해하고 관대하다는 이우학교 부모들도 열아홉이 겪는 인생의 문제에 대해서는 공감해주지 못했다. 당장 오늘밤 이야기해야 하는 일이라는 게 열아홉에겐 절대 존재할 리 없다는 태도였다.

그런데 이우학교를 다녀보니 주변으로부터 공감을 받아본 친구가 더 많이 공감해준다는 걸 알게 되었다. 학생들을 가장 많이 공감해준 건 친구들 그리고 선생님들이었다. 특히 선생님들이 많이 공감해주셨기 때문에 아이들도 다른 사람을 공감하는 걸 배울 수 있었다. 수업을 빠지면 다른 학교에선 "수업을 빠지면 안 된다. 그게 원칙이다." 라고 하지만 이우학교에선 "그 학생이 왜 수업을 빠질 수밖에 없었을까, 무슨 문제가 있었던 게 아닌가, 수업이 만족스럽지 않아서인가?" 하고 우리의 문제로 받아들이고 토론을 하게 되면서 공감적인 태도를 취하는 게 강화가 되었다.

하지만 이런 식의 공감이 늘 좋기만 한 것은 아니다. 다른 학생들의 처지를 다 이해하다보니 내게 몰리는 일의 부담을 나눌 수가 없었다. 참여하지 않는 학생들이 모두 나름의 이유가 있고 그걸 다 듣고 나면 억지로 참여를 요구하거나 일을 나누기가 쉽지 않은 거다. 그래서 결국은 몇몇 리더들에게 일이 몰리기도 하고 나는 왜 바보같이 이걸 다 하고 있나 하는 생각에 빠지기도 한다. 그러면서도 결국엔 맡겨진 일을 하게 된다. 일반 학교라면 이런 바보 같은 일을 할 리가 없다.

우리 사회에서는 이해와 공감을 배우기가 어렵다. 그런 면에서 이우학교는 이 시대에 정말 필요한 능력을 가르치는 학교라고 할 수 있다. 부모들도 동의해주지 않는 일들, 아이들에게 정말 심각한 인생의 문제들을 공감해주고 얼마든지 이야기 하도록 허락한다. 이것만으로도 학교가 고맙고, 안전하다고 느낄 수밖에 없다. 이우에서 우리는 충분히 시도하고 경험해보고 성장할 수 있는 것이다.

■ 학생들의 소리에 귀기울여 주는 학교와 선생님

학교가 학생들의 모든 고민에 관심을 가져주는 건 아니다. 늘 적극적으로 피드백을 해주는 것도 아니다. 하지만 최소한 학생들이 갖고 있는 문제의식이나 고민을 잘라 내거나 의미 없는 것으로 치부하지 않는다. '지금 때가 어느 땐데, 뭐 그런 걸 고민하고 있어.'라거나 '아니 그건 우리학교에 맞지 않아. 그런 건 고민할 필요가 없어.'라고 하지 않는다. 학생들이 조금은 감정적이고 막무가내로 문제제기를 하고 대자보를 붙이더라도 그 자체를 받아들인다. 오히려 학생들이 대자보를 붙이면, 학교는 말한다. "다시 한 번 고민할 수 있는 기회를 줘서 고맙다."라고. 이런 학교의 태도가 학생이 보더라도 조금은 놀랍다. 이게 이우학교 교육의 차별점이자 강점이다.

고3이 거의 끝나가던 즈음, 대자보가 붙었다. 대학입시 준비 과정에서 쌓였던 선생님과 학생들 간의 문제에 관한 것이었다. 이우학교 선생님들이 성적을 볼모로 잡고 자신의 권력을 악용하는 일은 없을 거라고 믿는다. 그래서 선생님들 입장에선 좀 억울한 면이 있을 수도 있고 오해받는 선생님도 있을 거라고 생각한다. 선생님들이 진심으로 대해주고 있다는 건 알기 때문에. 하지만 아무리 진심이라도 과정에서 실수는 생길 수 있다.

어쨌거나 학생들이 대자보를 붙여 선생님들의 문제점에 대해 공개적으로 문제제기 했을 때 나름 억울하다고 느꼈을 선생님도 있는데, 선생님들은 그렇게 이야기 하지 않으셨다. 오히려 "입시 제도가 과거랑 많이 바뀌었다. 제도가 바뀌면서 선생님의 의도와는 다르게 선생님에게 주어진 권한이 커졌다. 그러다보니 학생들이 성적을 볼모로 선생님들이 학생들을 막 대한다고 느낄 수밖에 없었겠구나 싶다"라고 이야기 하면서 나름 학생들의 입장을 이해하기 위해 노력하는 선생님들을 보면서 조금 놀라기도 했다. 공감 받았을 때 공감 능력도 생긴다. 이성적으로 설득하는 것보다 감성적으로 설득하는 게 더 먼저다. 그걸 배울 수 있었다.

종빈이의 14기 백두 참가기

2014년 10월 9기에서 백두대간을 완주했을 땐 그래도 가끔은 백두를 다시 찾을 줄 알았다. 졸업하고 되돌아보니 바쁜 학교생활에 치여 한 번도 그러지 못한 것이 아쉽다. 체력이 많이 떨어진 지금 9기에서 완주했다는 얘기를 하면 민망할 테니까, '완주 얘기는 되도록 안 해야지.' 집에서 생각했다.

백두에서 다시 만난 감각과 풍경, 그리고 사람들이 참 반가웠다. 첫 오르막을 지나 능선에 접어들자 동쪽 하늘에 구름 띠 사이로 해가 떠올랐다. 순식간에 세상은 주황빛으로 덮였다. 굳어있던 몸이 깨어나고 가벼워졌다. 내가 가장 좋아하는 시간이다. 온몸을 감싸며 불어오는 바람에 두 팔을 벌리고, 낙엽을 스틱으로 포삭포삭 꽂으며 걸었다. 내리막에서 다리가 풀리면 이 나무 저 나무를 손으로 잡으면서 뛰어 내려갔다. 쉴 때 앉아버리면 다리가 풀리지만 낙엽 덮인 땅이 너무 푹신해서 참지 못했다. 방방 뛰는 아이들이 먼저 가도록 비켜서는 어른들, 누가 오기 전까지는 밥을 못 먹는다며 울려대는 무전 소리, 몸이 새것이라서 좋겠다는 아저씨의 푸념까지. 모두

304   이우학교 사용설명서

백두를 떠올리면 같이 생각날 것이다.

나는 울산에 있는 대학으로 가는 탓에 곧 친구들과 멀리 떨어진다. 친구와 함께 걸으며 마지막 이야기를 나누기에는 축복받은 구간이었다. 서로에게 그 길을 가는 이유가 무엇이냐고 묻는다. 나의 불안, 너의 불안을 늘어놓다가, 이렇게 저렇게 다시 만나자는 약속을 한다. 헤어지기 전 서로의 갈 길을 바라봐주는 벗이 있다는 건 소중한 일이다.

챙겨 온 것이 없어서 반찬도, 간식도 얻어먹기만 했다. 선두에서 말린 망고도 나눠주셨고, 내려와서는 콘스프와 호떡도 주셨다. 처음 왔는데도 사진도 찍어주시고 말도 걸어주셔서 산행 내내 어색하지 않았다.

친구 때문에 9기 완주 사실을 들킨 터라, 산행 후반에 한 아이가 눈을 휘둥그레 뜨며 물었다.

"완주했는데 왜 또 와요?"

한 번쯤 친구와 산에 가고 싶었던 것 외에 별다른 이유는 없었다. 그런데 아는 사람도 없이 대뜸 백두 14기 산행을 신청할 수 있었던 건, 이우 백두가 '환대'가 있는 곳이기 때문이었다. 이우의 어른들은 나의 자식이 아니라고 해서 나 몰라라 하지 않는다. 나는 내가 앞으로 나가야 할 사회가 인간성을 잃어가는 것을 볼 때마다 이우의 공동체가 소중하게 느껴지고, 나의 어린 시절을 좋은 어른들에 둘러싸인 채 친구들과 산길을 달리며 보낼 수 있었다는 것에 감사하다. 졸업하는 나와 동기들이 세상을 조금이라도 더 따뜻한 발걸음으로 걸어간다면 그것은 우리가 학생 시절 경험한 공동체 때문이라고 믿으며, 언젠가는 우리도 돌고 돌아 사람 냄새나는 공동체를 다시 찾을 것이라고 막연히 생각하고 있다.

세월호 이후에 어른들이 외쳤던 구호가 떠오른다.

'아이들을 지켜라!'

나의 어린 시절은 이우, 그리고 백두의 어른들이 지켜주었다고 생각하기 때문이다. 첫 만남에 폐만 끼친 것 같아 죄송스럽습니다. 앞으로 다시 만나기는 힘들겠지만, 이우 백두대간 14기가 무사히 종주를 마치길 기도하겠습니다.

이우학교 성년식을 추억하며

이우고 10기 권오연 · 14기 권오경 엄마 김정은

2016년 2월말, 큰 아이가 졸업한지 꼭 1년 만에 반가운 얼굴들이 다시 모였다. 5월에 있을 10기 아이들의 성년식을 준비하기 위한 모임이었다. 고3 때의 학년 대표단이 중심이 되고 필요한 분야의 능력자 학부모님들이 함께하는 '10기 성년식 준비팀'이 결성되었다.

이우학교의 성년식은 졸업한 이듬해에 부모님들이 준비하여 아이들과 선생님들을 초대해서 진행되었는데, 지금은 정부에서 정한 성년이 일 년 앞당겨지면서 현실적으로 여러 가지 어려움 때문에 10기를 마지막으로 없어진 행사이지만, 당시만 해도 개교 이래 전통이 되어온 중요한 행사 가운데 하나였다.

성년식의 형식은 아마도 선배 학부모님들의 고증과 고민을 거치면서 다듬어져 내려왔을 것으로 생각되는데 조선시대의 성년례를 적당히 간소화시킨 것으로 보면 될 것 같다.

우선 가례라 하여 자녀에게 성인의 복장을 입히는데 남자는 사모관대, 여자는 당저고리치마에 족두리를 썼다. 그리고 초례라고 성년자에게 술을 내리고 술 마시는 법도를 가르치는 의식이 있었고, 명자례라고 성년자에게 이름대신 사용할 자를 내리는 의식에서는 한 명씩 돌아가면서 자신이 지어온 자의 의미를 발표하는 시간을 가졌었다.

형식의 엄격함을 따진다면 무척 어설퍼 보일 수도 있겠지만 당사자들은 만족했고 준비하기에도 만만치 않은 행사였다.

식전행사로 참석하신 분들께 차와 다과를 대접했는데 기수 별로 가장 많은 정성과 에너지를 쏟아서 준비했던 것이 바로 이 부분이었던 것 같다. 마치 경쟁이라도 하듯이. 10기의 경우 소박하게 우리가 직접 할 수 있는 선에서 준비하기로 했는데 진우 어머니 이희란님이 완전 전문가였기 때문에 실제로 소박하진 않았다. 전날 학교 요리 방에서 직접 떡을 찌다가 팔을 데이고는 병원에서 팔에 붕대를 감고와 다시 일하시던 모습이 떠오른다. 초례에 사용한 안주도 직접 준비하셨는데 육포와 함께 봄철에만 나는 참숭어 알을 말려 만든 어란이라고, 듣도 보도 못한 고급 안주였다. 술도 졸부이신 하늬바람님의 도움을 받아 삼양주를 직접 담가서 사용했다. 또 떠오르는 분은 세라 어머니인데 바쁘신 가운데 최소한의 비용을 가지고 예쁜 꽃과 화분으로 행사장을 장식해 주셨다. 참석자들이 가슴에 달 코사지도 세라어머니의 지도로 함께 만들었는데 아직도 우리 집 선반 위에 장식품으로 놓여있다.

어느 기수나 마찬가지라고 들었는데 행사 자체의 의미에 대해 물음표를 던지는 부모님들도 있었고 참석을 원치 않는 아이들도 많이 있었다. 준비

과정에서 생각보다 참석자가 적어 걱정도 하고 이견을 제시하는 부모님들과 이야기하면서 회의적인 생각도 들었지만 행사를 마친 후 참석자 개개인의 만족도는 높았던 것 같다. 개인적으로도 졸업 후 일년 반 만에 공식적으로 학교라는 공간에 다같이 있다는 사실 자체에 감격스러움을 느꼈던 기억이 난다.

요즘 같은 시대에 성년식 자체에 무슨 의미를 부여한다는 것이 우습게 느껴질 수도 있다. 하지만 형식을 떠나 청소년기를 함께 보낸 친구들과 그들이 어린이로부터 성인이 되도록 자라는 모습을 지켜봐 온 선생님, 부모님들이 한자리에 모여 서로 축하하고 격려하며 성인이 된다는 것의 의미를 같이 나누는 기회를 갖는 것은 소중한 경험이었다고 생각한다.

올 2월 둘째가 고등학교를 졸업했다. 그리고 내년 봄, 성년이 된다.

내년 5월엔 이우학교 성년식이 다시 부활하여 큰애 때 경험했던 그 소박한 감격을 다시 한 번 경험해 보고 싶다. 이우의 좋은 전통이 사라지지 않고 다시 부활했으면 한다.

이따금씩 이우학교에 대한 질문을 받는다. 이우학교 다닐 때 어땠는지, 어떤 점이 좋았는지, 어떤 점이 힘들었는지. 대답하기가 쉽지 않다. 졸업한 지 한참이 지나서 기억이 잘 안 나기도 하고, 당시에 느꼈던 어려움이 학교의 문제인지 개인의 문제인지 구분하기가 어렵다. 지금의 이우학교가 어떤 모습인지도 모르는데 지난 시간을 되돌아보는 게 추억담 이상의 의미가 있을까?

두 가지 감정이 있다. 이우학교에 대한 불만과 이우학교를 그리워하는 마음. 창피한 이야기지만 20대 중반까지 이우학교에 대한 불만으로 가득 차 있었다. 선생님들은 자기만 옳다고 우기는 꼰대라고, 386들의 이루지 못한 꿈으로 유지되는 학교라고 페이스북에 휘갈기곤 했다. 그런데 한편으로는 그곳을 그리워했다. 처음 이우학교에 입학했을 때를 돌이켜 보면, 전에는 한 번도 느껴보지 못한 해방감을 느꼈다. 중학교생활에서는 항상 또래 집단에 어울리는 캐릭터를 연기해야 했다. 연예인을 좋아하고, 성적에 신경 쓰고, 적당히 욕도 할 줄 아는. 이우학교에서는 그럴 필요가 없었다. 내가 좋아하는 책과 영화에 대해 마음껏 떠들 수 있었다. 자신을 있는 그대로 드러낼 수 있는 곳이 있다니 놀라웠다.

물론 시간이 지날수록 불만이 커져갔다. 선생님들이 선호하는 학생의 모습이 명확하게 보였다. 활동도 열심히 하고, 성적도 잘 나오고, 토론 시간에 '진보적인' 의견을 말하는 학생. 즐거움은 열등감으로 변해갔다. 공부와 활동을 동시에 챙기긴 힘들었고, 토론 시간에는 무슨 말을 해야 할지 몰랐다. 이우학교는 분명 내가 원하던 분위기의 학교였지만, 그곳에서 인정받는 일은 너무 힘들었다. 차라리 일반학교에 다니면 마음이 편했을까. 내가 인정받지 못하는 건 한국사회의 획일적인 교육 때문이라고 정신승리를 하면 됐을 테니. 그러나 이우학교에 간 걸 후회하느냐고 묻는다면 그렇지는 않다. 환경 동아리와 연극 동아리 등의 활동은 잊을 수 없는 추억이다. 훗날 대학 동아리가 시시하게 느껴질 정도로 말이다.

졸업 후에는 이우학교에 대한 감정이 여러 차례 변신을 거듭했다. 이우학교에 다니며 연극에 심취했던 나는 연극영화과에 진학했다. 그러나 예술대학의 폭력적인 문화에 겁을 먹고 얼마 안 있어 자퇴해버렸다. 그때 스스로에게 많이 실망했다. 내가 충분히 강하지 못하다는 사실을 깨달았다. 모든 일을 너무 낭만적으로 바라봤던 것이 아닌가하는 의문도 들었다. 이우학교가 그리웠다. 내가 즐겼던 모든 일이 이우학교라는 특수한 환경에서만 가능했던 것이 아닐까. 그런데도 나는 모든 문제가 이우학교 때문이라고 징징거렸던 게 아닐까. 나는 온실 속의 화초였다. 창피해서 한동안 이우학교 사람들과 연락하지 않았다. 다시 수능을 봐서 철학과에 진학했다. 딱히 철학에 관심이 있던 것은 아니었다. 막연히 인문대학에 가야겠다는 생각을 했었고, 그렇다면 당연히 철학과에 가야한다는 결론이 나왔다. 철학이야말로 가장 뛰어난 학문이라는 인식이 있었는데, 이 역시 이우학교의 영향이었던 것 같다.

1학년 때는 대학 생활에 별다른 흥미가 없었지만, 2학년 때 윤리학과 사회철학 수업을 듣기 시작하면서 전공 공부에 관심이 생겼다. 특히 하버마스와 푸코를 좋아했는데, 그들의 글을 읽을수록 주변의 환경과 나의 삶이 명료하게 보이는 것 같았다. 이 놀라운 깨달음을 전파하고 싶은 욕심이 생졌다. 글쓰기를 즐기게 된 것도 그즈음부터다. SNS에 철학을 공부하며 알게 된 점과 일상에서 느끼는 단상을 적기 시작했는데 생각보다 반응이 좋았다. 특히 이우학교 졸업생과 선생님이 좋아요를 눌러줄 때면 고등학교 시절에 느꼈던 지적 열등감을 보상받는 기분이었다. 동기들과 선생님들에게 이제 나도 이런 걸 이해할 수 있다고 말하고 싶었다.

그렇게 책을 읽고 글을 쓰던 나날이 이어졌다. 진로에 대해서는 별로 고민하지 않았다. 그냥 아무 계획이 없었으니까. 이렇게 좋은 책을 읽다보면 모든 일이 저절로 해결될 거라고 생각했다. 졸업이 다가왔을 때 사태의 심각성을 깨달았다. 주변을 둘러보니 다들 졸업 후의 진로를 고민하고 있었다. 지적 열등감을 해소하는 일에 심취하느라 정작 생존의 문제는 신경을 쓰지 못했다. 뭘 알고 있느냐는 더 이상 중요한 문제가 아니었는데 나 혼자 과거에 얽매여 있었다. 급하게 취업 준비를 하기 시작했다. 스펙이랄 게 거의 없었는지라 지원할 수 있는 곳이 없었다. 한동안은 언론사 시험을 준비했는데 해야 할 일이 너무 많다는 사실을 깨닫고 깨끗하게 접었다. 죽으라는 법은 없는 것일까, 때마침 서울출판예비학교의 편집자 과정이 시작되었고 큰 어려움 없이 합격했다. 대학교 시절에 책이라도 읽었던 것이 그나마 다행이었다.

서울출판예비학교는 취직과 연계된 과정이라 수료 후 바로 출판사에 취직할 수 있었다. 지금 내가 일하고 있는 곳은 인문도서를 전문적으로 내는 출판사다. 얼마 전 어떤 책의 3판 5쇄 파일을 만들었는데 이우학교 철학 수업에서 교재로 사용하던 책이었다. 이 책의 한 챕터를 발제했던 것, 친구들과 책의 내용을 두고 토론했던 것, 책의 내용을 잘못 이해해서 선생님께 지적받았던 것이 생각났다. 그때의 경험이 나를 여기까지 데려온 것일까. 이런 책을 읽는 것이 당연하다고 여겼는데, 그래서 지금 이런 책을 만들고 있는 것일까.

돌이켜보면 나는 이우학교에 다니며 평생 쓸 에너지를 다 써버린 것 같다. 이후 10년은 의욕 없는 날의 연속이었다. 아무것에도 흥미가 없었고, 딱히 하고 싶은 일도 없었다. "왜 그때만큼 열심히 하지 못할까" 늘 그런 생각을 할 만큼 이우학교에서의 시간은 나에게 하나의 기준으로 남아있다. 더 이상 아무 관계가 없는데도 이우학교 사람들에게 나를 증명하기 위해 살고 있는 것처럼 느껴질 때가 많으니까. 증명할 수 있다면 더 없이 기쁠 테지만, 증명을 못하니 자꾸 투덜거리게 되고 위악적으로 말하게 되는 것이다. "쓰레기 같은 학교야"와 "다시 돌아갔으면"이라는 극단적 반응을 오가는 이유도 그 때문이고. 그 시절을 다른 시간만큼 객관적이고 냉정하게 바라보지 못하는 게 마음 아프다.

미래의 이우 학부모들에게

이우고 14기 나누리 아빠 나홍주

■ 아이를 믿고 기다리자

세상은 험난하고 경쟁에서 도태되면 낙오자가 될 것만 같다. 주변의 아이들은 사교육과 부모의 뛰어난 정보력으로 우리 아이보다 훨씬 앞서 나가는 것만 같다. 좋은 대학과 좋은 직장, 높은 연봉이 행복의 충분조건이 아니라는 것을 알면서도 우리는 자꾸 불안해 진다. 이우학교 학부모라고 예외는 아니다. 그러나 우리는 기다려야 한다. 사실 믿고 기다리는 것 외에 부모가 할 수 있는 일은 별로 없다.

이우학교는 우수한 인재들이 많은 학교이다. 학업능력뿐 아니라 예체능에도 재능을 보이는 아이들이 많다. 이런 아이들은 긍정적인 자존감이 형성되어있고 학교 행사에도 적극적으로 참여하는 경우가 많다. 그 속에서 내성적이고, 소극적인 아이는 자존감을 찾는 데에 다소 오랜 시간이 걸릴 수 있다. 무기력해 보이기도 하고 실제 좌절을 겪기도 한다. 그러나 언젠가는 꼭 자신의 길을 찾아낼 것이다. 이우학교에서는 다양한 활동(그림자극, 농촌봉사활동, 해외통합기행, '한여름 밤의 꿈' 공연, 졸업작품전, 축제, 체육대회, 각종 동아리 활동 등)들을 통해 자신의 소질과 진로를 탐색할 수 있도록 안내하고 있다. 실제 많은 아이들이 학교 활동을 통해 자신의 재능과 개성을 발견하고 진로를 결정했던 사례들이 많다.

이우학교 학창시절은 내가 무엇을 할 때 행복한지를 찾아내기 위해 발버둥 치는 과정이라 생각한다. 어쩌면 고등학교 졸업 때까지 그것을 찾지 못할지도 모른다. 하지만 등 떠밀려 왜 가야하는지 모르고 비싼 등록금 내며 남들 따라 가는 대학 보다 내가 무엇을 좋아하고, 무엇을 하고 싶은지를 찾아 대학진학 여부를 결정하는 것이 훨씬 중요하다고 생각한다. 대학은 꼭 가야하는 것도 아니지만, 간다고 해도 꼭 스무 살에 가야만 하는 건 더더욱 아니기 때문이다. 부모는 아이의 성장을 믿고 기다려 주어야 한다.

모든 생명은 비바람과 역경을 헤치고 자라날 힘을 씨앗일 때부터 가지고 태어난다는 어느 목사님의 말씀을 듣고 공감한 적이 있다. 우리 아이들은 성장하며 많은 시련을 겪겠지만 그 시련을 극복할 수 있는 힘도 그 안에 함께 있다는 것을 부모가 믿었으면 좋겠다. 또한 아이가 진정 올바르게 자라길 원한다면 부모가 올바르게 살아가면 된다. 아이는 부모의 뒷모습을 보며 자란다. 부모가 훌륭한 인격을 갖도록 노력하다 보면 어느새 부모를 닮아있는 아이를 발견할 거라 믿는다. 다행히도 이우학교 학부모들 중에는 인격적으로 배울만한 사람들이 많이 있다.

부모 불안의 가장 큰 요인은 경제적 빈곤에 대한 걱정 때문일 것이다. 그러나 경제적 풍요와 빈곤은 상대적인 개념이다. 앞으로의 복지 사회는 분배에 더 치중할 것이고 사회보장이 강화될수록 먹고사는 일은 크게 걱정하지 않아도 될 것 같다. 그러나 인간은 사회적 동물이기에 먹고사는 것만으로 행복해지기 어렵다. 주변과 비교하게 되고 욕심을 가지게 된다. 그렇기에 본인의 신념과 철학이 중요하다. 지인 중엔 치과의사도 있고 시민운동가도 있다. 나이 50이 되어 보니 경제적으로 수입이 훨씬 많지만 자신의 일을 사랑하지 못하는 치과의사의 삶보다 경제적으로 풍요롭진 않아도 자신의 신념을 따라 사는 NGO활동가의 삶이 보다 생동적이고 가치롭다고 느껴진다. 남들과 비교하지 말고 내 삶의 주인으로 살 수 있는 힘을 기르는 게 중요하다고 생각한다.

■ 선생님을 활용해라

불안하고 갈팡질팡하는 아이를 바라보며 속 태우고, 아이와 옥신각신 하지 마라. 다른 부모들에게 속내를 털어놓는 것이 꺼려진다면 선생님을 찾아가면 된다. 이우학교는 부모와 선생님과의 소통이 매우 활발하고 열려 있다. 실제로 아이를 잘 키우기 위해서는 선생님과의 소통이 필수적이다.

다만 이우학교 선생님들도 인식의 스펙트럼이 매우 넓다. 학교의 비전과

목표엔 동의하지만 그것을 구현해 내는 방식이 다르다. 선생님 개개인의 교육철학이나 지향에 따라 '기다림'이란 단어가 갖는 정의, 온도, 대응 방식도 모두 다르다. 기다림이란 단어는 매우 추상적인 개념이기 때문에 100인 100색의 해석이 가능하다. 즉 사용하는 사람에 따라, 처한 상황에 따라 다다르다. 그러니 선생님의 판단에 모든 것을 맡길 수도 없다. 또 학교에서의 기다리라고 하는 메시지를 어떻게 해석할지도 중요하다. 흔들리고 멀리 가버린 아이를 기다리다가 자칫 방치가 되어버릴 수도 있다. 그렇지 않도록 부모가 아이에 대한 민감성을 키울 필요가 있다. 그만큼 아이와의 관계형성이 필요하고, 아이에 대한 무한 신뢰가 필요하다.

■ 아이와 좋은 관계를 맺기 위해 노력해라

잘 기다리기 위한 방법 중 또 다른 한 가지는 부모와 아이와의 좋은 관계가 필요하다. 내가 낳았다고 해서 아이가 부모의 소유물이 아니다. 모든 것을 부모의 기준과 가치관, 잣대에 따라주길 바라는 것은 인격적 관계를 맺는데 방해가 될 것이다. 오히려 아이 모습 그 자체를 인정하고 부모는 부모의 삶을 열심히 살아내면 된다.

그러나 때론 흐트러짐 없이 자신의 인생을 완벽하게 살아내는 듯한 부모의 모습이 아이에겐 넘을 수 없는 벽처럼 느껴질 수도 있다. 현세대들은 부모세대보다 못하는 첫 세대라는 말이 나오고 있다. 아이들 스스로도 자신들이 과연 부모만큼 사회적, 경제적 능력을 갖출 수 있을지 불안해하고 있다. 그러니 완벽해 보이는 부모의 모습을 보이는 것이 중요한게 아니라 오히려 부모의 어려움을 솔직히 이야기 하는 게 서로의 벽을 허무는 데 필요하다. 부모가 아이들의 버팀목이 되는 동시에 친구 같은 존재가 되어야 한다. 그러나 십대 청소년을 키우는 부모 입장에서 아이와의 대화처럼 어려운 일도 없다.

결론적으로 말하자면 기다림에 대한 정도는 없다. 단지 부모는 아이들이 지나치게 잘못 나가지 않도록 커다란 울타리만 쳐줄 뿐, 그 안에서 아이들에게 자유를 주고 지켜봐야 할 뿐이다. 물론 부모는 보호자이기 때문에 기본적으로 보호자로서의 역할과 권리가 있다.

■ 바쁜 부모가 되자

아이는 내팽겨 치고 부모만 이우생활에 빠져 행복해야 한다는 말이 아니다. 아이한테 몰입하지 말고, 부모가 부모 자신의 삶을 살아야 한다는 말이다. 이우에는 엄청 많은 학부모 모임, 동아리, 학교 내에서의 활동이 있다. 이러한 활동을 하면서 이우의 교육, 방식에 대해 학습하게 되기도 하고, 또 다른 부모들의 경험을 통해 나를 돌아보게도 되며 불안감을 없앨 수도 있다. 그러니 학교 활동에 적극 참여해야 한다. 학부모들과 자주 만나서 이야기 듣고, 수용하고, 거르고, 내가 갖고 있는 '기다림'의 의미를 다듬는 과정이 필요하다. 절대 혼자서는 못 기다린다. 학부모활동은 그래서 의미가 있고 중요하다.

당신은 어떤 부모입니까

이우학교에 환상을 갖게 된 분들에게

누군가가 이우학교가 좋은 학교냐고 묻는다면 우리는 망설이지 않고 좋은 학교라고 말할 것이다. 그러나 '내 아이를 그 학교에 보내면 좋을까요?'라고 묻는다면 신중하게 생각해보라고 말할 것이다. 정말로 이 책을 읽고 이우학교에 대한 환상에 빠져 자녀를 보내고 싶다는 생각을 하게 된 부모가 있다면 더 신중하게 생각해보기를 권한다. 그 이유는 첫째, 이 책은 2013년부터 2018년, 그리고 2019년 봄 지금까지, 특정한 기수만의 경험일 뿐 이우학교의 모든 면을 보여주는 것은 아니다. 비교적 별 사고 없었던 우리 기수이기도 했지만 그나마 학교에서 겪은 갈등과 어려움은 사적인 일이라 생생하게 실을 수 없었다. 그렇기에 이 책을 보면서 이우학교 진학을 고민하는 사람들이 있다면 그야말로 참고만 해야 할 것이다.

둘째로, 수업을 비롯한 학교생활의 목표는 그야말로 목표이고 희망일 뿐이지 모든 아이들이 다 자신을 들여다보고 더불어 사는 관계를 형성하고 자신의 가치관을 배운대로 만들어나가는 것은 아니기 때문이다. 이 책을 읽고 '내 아이도 이우학교에 가면 이렇게 성장하겠구나' 하는 생각은 착각이다. 이우학교 아이들 중에는 학교생활에서 많은 어려움을 겪기도 하고, 진로를 결정하지 못한 채 졸업하거나 중간에 학교를 그만두는 경우도 있다는 것을 알아야 한다. 이우학교의 비전과 미션은 '실험과 상상'이다. 이것은 아이들이 상상하고 도전할 수 있는 기회가 주어진다는 의미도 있지만 그만큼 끊임없이 시행착오를 겪는 불안한 상태에 놓일 수 있다는 의미라는 것을 알아야 한다. 마지막으로 이우학교의 학부모 노릇은 쉽지 않다. 학교의 가치관을 잘 이해하고 교육소비자가 아닌 주체로써 역할에 최선을 다할 각오를 해야 한다. 학교에 아이를 맡겨두면 잘 성장하겠지 한다면 큰 오산이다. 학교 시스템과 교사의 역할보다 아이 성장의 가장 큰 책임은 부모에게 있다는 것을 기억해야 한다. 이우학교는 든든한 재정이 뒷받침되지 못하는 민립民立학교로 학부모는 학교 재정에도 책임감을 가져야 하고, 충분하지 않은 학교의 자원과 실수하고 시행착오를 겪는 교사들을 이해하고 응원해야 한다. 무엇보다 내 아이만을 위한 욕망을 드러내는 순간 큰 저항과 외면 당하는 아픔을 겪게 된다. 공동체적 삶을 위해 내 욕심과 가치관을 버려야 할 때가 있다. 대개 그런 순간은 내 아이가 학교에서 힘들 때 찾아온다. 그러니 이우의 학부모는 정말 힘들다.

이 책을 읽고 공동체적 삶을 주저하는 분들을 위해

이우학교엔 굉장히 많은 가치와 개성들을 가진 부모들이 모여있다. 촘촘한 관계망 속에서 잦은 학부모 활동 속에서 개개인의 차이와 다름은 갈등의 원인이 되기도 한다. 그러나 누군가의 부딪힘 속에서 나를 되돌아보게 되기도 하고 나의 모난 부분이 깎여나가기도 한다. 나의 많은 것들이 수정되면서 다듬어지고 완성되어간다. 그런 과정을 피하고 싶다면 굳이 이우학교에 올 필요가 없다.

이우학교는 아이들만 배우고 성장하는 곳이 아니다. 부모도 함께 성장해야 하는 곳이다. 또 아이들만 성장해서도 안 된다. 좋은 부모가 되기 위한 배움과 성장을 넘어서 올바른 인생 선배로, 좋은 한 사람이 되기 위한 성장이 이 시대에 절실히 필요하다. 부모의 성장은 구체적으로 어떤 것일까?

책을 읽고 느낀 사람도 있겠지만 이 책의 핵심 주장은 '더불어 함께 살기'이다. 인간은 원래 서로를 돕게 태어났다. 그것은 자연스러운 일이다. 수백만 년 동안 인류가 살아남은 것은 협동과 협력 때문이었다. 그 능력은 교육을 통해 강화되어 왔다. 그러나 지금, 교육의 장인 학교는 더 이상 협동과 협력을 가르치는 곳이 아니다. 협력보다는 개인의 삶, 개인의 성과, 개인의 성공을 중시하고 그것을 가르친다.

이와는 반대로 이우학교는 '함께 사는 법'을 가르친다. 일체의 경쟁을 경계한다. 사교육을 금지하는 이유도, 입시 언어를 지양하는 것도 이 때문이다. 누군가가 누군가를 밟고 일어서야 하는 경쟁을 촉발하지 않는 것이 우리가 잘 살아남는 방법이라고 생각하기 때문이다. 그것을 학생에게만 가르치는 것이 아니라 교사 스스로도 그런 삶을 경주하고, 부모들에게도 그렇게 살아달라고 부탁하고 있다. 이우학교에도 성과와 성공을 중시하는 삶의 방식을 유지한 채 대학진학만을 목표로 들어오는 부모들이 있다. 그게 잘못되었다거나 나쁘다는 것이 아니다. 이 글을 쓰는 우리도 모두 그런 삶을 살아왔다. 다만 그런 삶의 방식들 때문에 이우학교의 공동체성에 실금이 가고 있을 뿐이다.

이우학교는 살아있는 생명체와 같아서 교사, 학생, 부모들이 어떻게 관계를 맺고 어떻게 상호작용 하느냐에 따라 그 방향과 모습, 대응이 달라질 수 있다. 즉, 어떤 지향을 가진 사람이 들어와 어떻게 생활하는가에 따라 이우학교는 많이 달라질 것이다. 이런 변화에 때론 저항하고, 때론 적응할 것이며, 때론 포기하는 경우도 있을 것이다. 그러니 만약 공동체적 삶을 꿈꾸는 사람이라면 주저하지 말고 이우학교에 지원해보길 권한다. 그리하여 이우학교가 상상하고 실험하는 공동체적 삶을 포기하지 않도록 지지해주었으면 좋겠다. 함께 하면 가능하다.

부모란 무엇인가?

여성학자 박혜란의 책에 보면 '아이는 믿는 만큼 자란다'는 말이 나온다. 맞다. 아이는 믿는 만큼 자란다. 이 책을 꼼꼼히 읽은 사람이라면 이우 학부모란 아이를 기다리는 게 일인 사람들이라는 것을 느꼈을 것이다. 다른 사람들이 어떤 삶을 살든 그들과 비교하지 않고, 아이가 자기 삶의 주인으로 살 수 있는 힘을 기르게 하는 것이 이우교육이고, 그 아이의 힘을 믿고 끝까지 지켜보고 기다려주는 게 이우 부모의 역할이다. 그런데 문제는 그 기다림이 쉽지 않다. 과연 어떻게 기다릴 수 있을까?

아이들의 삶에 몰입하지 말고 부모 자신의 삶에 몰입해야 한다. 부모 자신의 삶을 살면 된다. 매일 밤 학원 앞에서 아이를 기다리고, 일타 강사를 만나 커리큘럼을 짜고, 실력 좋은 코디선생님이 아이의 인생을 좌지우지하게 하는 게 부모의 역할은 아니다. 대부분 아니라고 생각할 것이고, 우리 모두 아닌 것을 알고 있다. 그런데도 우리가 그런 부모의 역할에 몰입하는 이유는 뭘까? 왜 아이의 성공과 부모의 행복을 일치시키는 걸까? 왜 부모 자신의 행복을 위한 삶을 살지 않을까?

올바른 교육의 기본 전제는 학교나 교육시스템이 아니라 부모들의 변화다. 엄청난 심리적 압박감과 경제적 어려움, 정서적 피로감을 갖고 있으면서도 현재의 교육시스템에서 벗어나려 하지 않는다. 부모가 변하지 않으면 학교도 교육도 아이도 그 무엇도 바뀌지 않는다. 아이한테 잘 살라고 하기 전에 부모부터 잘 살아야 한다. 부모가 스스로 가치 있고 행복한 삶을 살아간다면, 부모 이전에 좋은 인생 선배이자 어른으로써 살려고 노력한다면, 아이는 자연스럽게 그 부모를 따라오게 되지 않을까? 바로 지금 그런 삶을 시작해보자.

○ 나의 아들은 운이 좋은 사람이다. 이우에서 존경하는 스승을 만났고 그 스승에게 많은 사랑과 배움을 얻었다. 진솔한 대화를 나눌 수 있는 친구를 만났고 친구를 통해 내가 아닌 사람에게 공감하는 방법을 알았다. 세상 밖을 내다보았고 자신을 둘러싼 세상 속에서 존엄한 존재로, 시민으로 어떻게 살아야할지 진지하게 고민하고 '더불어 사는 삶'이라는 이정표도 가지게 되었다. 자신을 들여다 볼 줄 알게 되었고 남을 이해하려는 성인이 되었다. 아들을 사랑하는 엄마로써 이런 자식의 청소년기를 볼 수 있어서 좋았다. 또한 아들과 별개로 세상을 바라보는 시선과, 삶의 가치관이 비슷한 사람들을 만나 의미 있는 일들을 함께 할 수 있었고 이렇게 함께 책을 쓰면 마무리 할 수 있어서 나 또한 운이 몹시 좋은 사람이다. 세상 모든 곳이 그러하듯 이우학교 또한 모든 아이와 모든 부모가 행복할 수는 없다. 그러니 나의 아들과 나는 몹시 운이 좋은 사람이다.

— 이우중 11기, 이우고 14기 졸업생 학부모 장은정

○ 큰아이를 이우에 보내고자 했던 바람이 물 건너가고 다시 도전한 둘째 덕분에 이우의 가족이 되었다. 솔직히 밖에서 바라볼 때 가지고 있던 것처럼 무지개 빛 환상은 이제 없다. 누구보다 치열히 고민하고 아파하며 아이는 성장했고 지금도 3년의 배움으로 새로운 곳에서 또 치열하게 살고 있다. 쉽게 갈 수 있는 길을 어렵게 가고자하고, 혼자 편하게 살 수 있는 길을 더불어 가겠다며 꾸역꾸역 가고 있다. 부모 마음이야 내 자식은 쉽고 편하게 갔으면 싶다. 그래도 본인이 가고자 하는 길을 묵묵히 지켜볼 수 있는 힘을 이우를 통해 배웠고 특히 이 책을 쓰며 나는 더 많이 배웠다. 아직 많이 부족하지만……

진실로 이 책을 통해 이우와 함께하지 않아도 아이의 성장통을 바라보며 함께 아파해 주고 공감해 주며 기다려 줄 수 있는 부모가 많아지기를 바래 본다.

— 이우고 14기 졸업생 학부모 안이숙

○ 나의 매월 다이어리에는 반모임, 학년모임, 위원회 활동, 학부모 아카데미 등 이우학교 학부모 일정이 빼곡하다. 학부모들끼리 '이우 야간대학'을 다니는 것 같다고 한다. 얼마 전 가족모임에서 따뜻한 저녁밥을 차려주지 못해 미안하다고 했더니 이제는 스스로 챙길 수 있으니 맘 쓰지 말라고 한다. 딸아이는 이우에서 얻은 재산이 '이런 생각을 하는 자신'이라고 한다.

나 또한 그렇다. 6년간 빼곡한 일정을 통해 '이런 생각을 하는 사람'이 되어 좋다. 세상이 말하는 특정한 삶의 방식이 아닌 내가 좋고, 바라는 가치를 알게 되어 좋다. 사람은 자신이 보고 경험한 것을 넘어서기 어렵다고 한다. 이 책을 준비하는 과정에서 이우에서의 6년의 경험의 의미를 재정리할 수 있어 감사하다.

— 이우중 11기, 이우고 14기 졸업생 학부모 하길임

○ 자녀의 교육에 있어 가장 중요한 것은 학교가 아니라 부모의 교육철학이다. 그런 면에서 이우학교(엄밀히 말하자면 이우학부모들)는 세상과 주변에 흔들리는 부모의 철학을 다잡게 해주는 다소간의 역할을 한다. 청소년기 자녀를 위해 부모가 할 수 있는 일은 생명의 힘에 대한 믿음과 상처받은 자녀에 대한 공감과 격려 이외에는 없다. 부모가 행복하지 않으면서 아이가 행복하길 바라는 것만큼 어리석은 일도 없다. 내가 행복해야 자녀를 믿고 관찰할 힘도 생긴다. 내게 공감하고 위로하고 격려해줄 에너지가 남아있지 않다면 아이와의 관계는 결코 원만할 수 없다. 그러니 온갖 촉수를 아이를 향해 들이댄 채 일희일비 하지 말고 부모 자신이 행복해지려 노력하는 게 필요하다. 사회문제에 관심 갖고 행동하고 시민운동에 동참하고 보다 좋은 세상 만들기 위해, 보다 나은 내가 되기 위해 노력해야 한다. 그러면 어느덧 부모의 뒷모습을 보고 자란 멋진 아이가 등 뒤에 서 있는 것을 보게 되리라 확신한다.

— 이우중 11기, 이우고 14기 졸업생 학부모 나홍주

○ 대학이 인생의 남은 날을 보상해주던 시대도 지나고, IMF를 지나 석사, 박사까지 고학력자들이 넘쳐난다. 경쟁에서 뒤쳐지면 어떻게 하나 하는 불안감으로 하멜의 '피리 부는 사나이' 속 에 앞선 무리를 쫓아가다 줄

지어 물에 빠진 쥐떼처럼 남들과 같은 길을 가면 우리는 과연 행복에 이를 수 있을까? 그 속에서 내 아이의 행복을 보장할 수 있는 무언가를 나는 찾지 못하였고, 내가 직접 모든 것을 교육하지 못하는 상황에서 가족의 인생관, 가치관, 교육관에 가장 근접한 학교를 찾았다. 부모와 아이, 학교가 삼주체가 되어 사용자로서 불만과 요구에 앞서, 문제 인식의 시작으로부터 해결까지 함께하는 모든 이들이 주체가 되어 하나 하나 만들어가는, 살아 있는 학교였다. 그곳에서 우리는 함께하는 삶의 기쁨을 맛보았다.

이제 이우를 기점으로 학교 담장을 넘어, 마을에서 사회로 그간 우리가 경험한 이우(더불어 삶)를 다수의 사람들과 어떻게 나눌 수 있을지 고민하고, 불안과 혼동의 사회에서 우리의 경험이 조금의 위안과 희망이 되길 바라며, 소중한 시간들을 되돌아보고 이 책을 통해 사회 구성원의 일원으로 어떻게 살아가야 할지 생각할 기회를 준 용감한 킴미와 세상 모든 이우들에게 감사 드린다.

— 이우중 11기, 이우고 14기 졸업생 학부모 최수아

○ 누군가 '무식하면 용감하다' 했다. 이우학교가 얼마나 힘들고 치열한 학교인지 세상에 제대로 알려주리라는 오만함으로 책 쓰기를 시작한 지 딱 2년 만에 책이 완성되었다. 내 무모함 때문에 같이 책을 쓴 부모들은 물론이고 많은 사람들이 고생했다. 2주마다 만나 3~4시간씩 토론을 했고, 많은 선생님과 아이들, 선후배 부모님들이 인터뷰에 시간을 내주셨다. 그러나 그렇게 했음에도 이 책엔 이우학교가 어떤 학교인지 거의 담지 못한 느낌이다. 정말 세상에 알려줘야 할 이야기들이 있는데, 예를 들면 세월호

활동이나 촛불 집회 참여 이야기 그리고 반모임이나 학부모 축제 같은 알맹이 같은 이야기들은 필력의 한계로 꺼내보지도 못했다. 그런 의미에서 이 책이 세상에 나와 자기 자랑만 늘어놓은 채 이우학교에 대한 또 다른 환상만 심어주는 책으로 전락하는 게 아닌가 싶어 두려움마저 든다.

우리가 경험한 이우학교는 이우학교 역사 수백 페이지 중 한 페이지에 불과하다. 다른 페이지엔 더 많은 흥미진진한, 뜨거운, 벅찬 그리고 아픈 이야기들이 있고, 그런 역사는 앞으로도 계속 새롭게 쓰일 것이다. 부디 좋은 어른이 되고자 애쓰는 부모들이 이우학교에 들어와서 또 다른 빛나는 역사를 써주길 소망한다. 그렇게 해서 또 다른 역사의 한 페이지, 한 페이지가 세상에 또 나와 주길, 그래서 우리가 쓴 이 책은 그저 과거 속으로 사라지길 바랄 뿐이다. 좋은 어른으로 성장하기 위한 선한 싸움을 할 많은 후배 부모들의 건투를 빈다.

— 이우중 11기, 이우고 14기 졸업생 학부모 김미선

이우학교 사용설명서

모두가 행복한 교육공동체를 꿈꾸다

개정판 1쇄 발행 2019년 11월 28일
　　　 2쇄 발행 2023년 7월 1일

지은이 | 201동 모임
펴낸이 | 박유상
펴낸곳 | 빈빈책방(주)
디자인 | 기민주

등　록 | 제2021-000186호
주　소 | 경기도 고양시 덕양구 중앙로 439 서정프라자 401호
전　화 | 031-8073-9773
팩　스 | 031-8073-9774
이메일 | binbinbooks@daum.net
페이스북 | /binbinbooks
네이버 블로그 | /binbinbooks
인스타그램 | @binbinbooks

ISBN 979-11-90105-03-3 03370